Dorothea Friedrich

Max Schmeling und Anny Ondra

Dorothea Friedrich

Max Schmeling
und
Anny Ondra

Ein Doppelleben

ULLSTEIN
BERLIN

Der Verlag Ullstein Berlin ist ein Unternehmen der
Econ Ullstein List Verlag GmbH & Co. KG

Satz und Lithos: LVD GmbH, Berlin
Druck und Bindung: Clausen & Bosse, Leck
Gesetzt aus der Minion
Printed in Germany

ISBN 3 89834 030 9

Inhalt

Prolog

Die Frau läßt das Kind einfach stehen. Ihr Blick ist starr geradeaus gerichtet. Sie rennt beinahe. Sie will nur eins: weg hier, die rettende Limousine erreichen. Dem Mann aber tut das ratlose kleine Mädchen mit der weißen Schleife im Haar und dem großen Blumenstrauß dann doch leid. Er beugt sich kurz hinunter und sagt etwas. Dann aber spurtet er schleunigst der Frau hinterher und steigt hastig zu ihr ins Auto. Der schwere Wagen braust davon. Der enttäuschten Menge bleiben die Jubelrufe im Hals stecken.

Und dabei hatten sich die Berliner alles so schön vorgestellt. Nach monatelangen Dementis hatten die beiden Publikumslieblinge Anny Ondra und Max Schmeling endlich Farbe bekannt – überführt von der lächerlichen deutschen Unsitte des Aufgebots, in diesem Fall im Standesamt Charlottenburg. Und so war den neugierigen Berlinern die standesamtliche Trauung der Filmschauspielerin Anny Ondra und des Boxers Max Schmeling an jenem 6. Juli 1933 nicht verborgen geblieben.

Die Presse – genauso düpiert – schlug sich am nächsten Tag prompt auf die Seite der mißgestimmten Fans und kritisierte pikiert das feindselige Verhalten des frischvermählten Paares gegenüber der gönnerhaften Öffentlichkeit. Denn war es nicht großzügig gewesen, sich für die Hochzeit dieses Versagers überhaupt noch zu interessieren? Vier Wochen zuvor war Max Schmeling in New York gegen den – jüdischen – Boxer Max Baer in der zehnten Runde k. o. gegangen. Zur Wiedergutmachung hätte doch »unser Maxe« die Berliner Göre nicht nur kurz trösten, sondern sich auch noch dankbar ihren Strauß schenken lassen können. Aber Schmeling folgte lieber gehorsam Annys Spuren. Im Privatleben spielte er schon lange nach ihren Regeln: Heimlichkeiten über Heimlichkeiten. Ob gemeinsamer Kinobesuch oder Stippvisite zum Oktoberfest nach München: Max Schmeling mußte sich bizarre Verkleidungen gefallen lassen. Perücken, Schlappmützen und Sonnenbrillen waren an der Tagesordnung. Anny Ondra wollte es so, viel nachdrücklicher als Max Schmeling selbst. Er hatte längst perfekt gelernt, sich bei jeder Gelegenheit lächelnd den Fotografen zu stellen: beim Dreschen des Punching-Balls, beim Bogenschießen, beim Dauerlauf mit Hund – stets ausgeglichen, immer gutgelaunt. In Amerika hatte er begriffen, wie wichtig der »Ballyhoo« war, das Tamtam um einen prominenten Boxer, der gefälligst selbst dafür zu sorgen hatte, daß die Arenen voll wurden. Anny Ondra war allenfalls zu gestellten Homestories bereit, die sie im makellosen Tagesanzug gesittet und wohlanständig in ihrer gepflegten Wohnung zeigten. Für Max Schmeling war die Heirat eine Erleichterung: Die Versteckspiele konnten aufhören.

Die kirchliche Trauung am 20. Juli 1933 in Bad Saarow wurde mit der Berliner Schickeria enthusiastisch gefeiert. Einige Freunde fehlten allerdings schon. Und als die Feier vorbei war, fiel der nachdenkliche Blick des Brautpaars auf den japanischen Ahorn, das Geschenk Adolf Hitlers.

Die Dame mit den kleinen Füßen

Auf einer Parkbank in Prag saß einmal ein ganz besonders hübsches junges Mädchen. Es wollte von dieser Bank partout auch dann nicht weichen, als ein großspuriges Filmteam aufkreuzte und den Platz für sich beanspruchte. Schließlich gab die Crew klein bei und machte das Mädchen selbst zur Darstellerin. Dem Film *Die Dame mit den kleinen Füßen* bekam das sehr gut; und das Mädchen machte große Karriere. Was für ein schönes Märchen. Denn nur das glückliche Ende ist wahr. Anny Ondra war privat eher schüchtern. Sie mußte sich willkommen fühlen, bevor sie aus sich herausgehen konnte. Eine Bank in einem Park verteidigen gegen eine Horde wildgewordener Filmjüngelchen? Kaum. Doch um den Karrierestart jeder großen Schauspielerin ranken sich nun einmal Legenden. Jeder will es gewesen sein. Und so hatte auch das Debüt Anny Ondras viele Väter. Eine zweite Legende besagt, Karel Lamač habe zunächst vor allem die schönen Beine der schlittschuhlaufenden Anny im Park – wo sonst! – entdeckt. Wahr ist, daß Fräulein Ondra da schon längst nicht mehr entdeckt werden mußte.

Anny Ondra war die Tochter eines k.-u.-k.-Offiziers und wurde am 15. Mai 1902 im polnischen Tarnów geboren. Sie wuchs in Pola, Theresienstadt und Prag auf. In Pola an der Adria bekamen ihre Eltern und ihr Kindermädchen schon einen ersten Eindruck von Annys unstillbarem Verlangen, anderen zu gefallen. Wenn sie von weitem einen Freund der Familie kommen sah, der die Angewohnheit hatte, das kleine Mädchen auf die Wange zu küssen, rief sie: »Wischt mir rasch die Nase ab, Onkel kommt!« In Prag widmete sich die Klosterschülerin lieber dem Theaterspiel als der Schule und besuchte leidenschaftlich gern im Nationaltheater die Märchen- und Ballettvorstellungen für Kinder. Zu Hause spielte sie zunächst mit Puppen und dann mit ihren Freundinnen Märchen nach.

Eine Theaterlaufbahn schien unvermeidlich, denn schon Jahre vor ihrem ersten kessen Blick in eine Filmkamera hatte Anny Ondra nach längerem Ballettunterricht erste Rollen am Theater gespielt. Zum Beispiel die Cadidja in Frank Wedekinds *Die Büchse der Pandora,* eine alles andere als harmlose Rolle. Ihrer Mutter, der strengen Frau Ondrak, war das eindeutig »genug Schminke«. Über die zwölfjährige Cadidja, die uneheliche Tochter von Magelone, dargestellt von Anny Ondra, unterhalten sich einige Männer:

»GRAF CASTI-PIANI: Sag mal, Teuerste, wie kommt es denn eigentlich, daß man deine niedliche kleine Prinzessin heute zum erstenmal hier sieht?

MAGELONE: Findest du sie wirklich so entzückend? – Sie ist noch im Kloster. Sie muß nächsten Montag wieder in der Schule sein./…/

JOURNALIST HEILMANN: Was die für hübsches Haar hat!

CASTI-PIANI: Sehen Sie sich mal die Füße an! Die Art, wie die geht!

PUNTSCHU: Weiß Gott, die hat Rasse!

MAGELONE (lächelnd): Aber haben Sie doch Mitleid, meine Herren; sie ist ja noch vollkommen Kind!

PUNTSCHU: Das würde mich verdammt wenig genieren! – (zu Heilmann) Zehn Jahre meines Lebens gebe ich darum, wenn ich das gnädige Fräulein in die Zeremonien unseres Geheimkultes einführen könnte.«

So dachte wohl bald ganz Prag. Und erbittert widersetzte sich Anny Ondras Mutter dem Versuch begieriger Filmemacher, ihre Tochter auch noch in ihr halbseidenes Milieu locken zu wollen. Die ersten, die gierig ihre Hände nach Anny ausstreckten, waren Gustav Machatý und Přemysl Pražký. Wie fast alle jungen Filmenthusiasten waren sie in Personalunion Drehbuchschreiber, Regisseur und Schauspieler. Ihrem Freund Rudolf Myzet hatten sie von ihrer grandiosen Filmidee und der mühseligen Kleinarbeit bei der Suche nach hübschen Frauenfüßen erzählt. Denn in Ondras Erstling ging es um die überbordenden Phantasien eines Privatdetektivs, der sich im Rahmen seiner kriminalistischen Recherchen an die Spur besonders zierlicher Fußabdrücke heftet. Frauen mit winzigen Füßchen sollten folgerichtig kecke Kundinnen eines Schuhputzjungen mimen oder ganz einfach auf einem kleinen Teich Schlittschuh laufen. Für Myzet keine Frage: eine Paraderolle für Anny Ondra! Freund Machatý (der 1932 Hedy Lamarr mit Nacktaufnahmen in *Ekstase* weltberühmt machen sollte) nahm Anny in Augenschein und war begeistert. Nicht nur von ihren schlanken Fesseln. Insgesamt gefiel ihm die blutjunge Blondine ausnehmend gut. Ach ja. Schlechte Zeiten für Mutter Ondrak. Ihr Verhängnis: Der Freund der beiden Jungfilmer war gleichzeitig Untermieter der Ondraks und von seinen Kumpeln dazu auserkoren, den hartnäckigen Widerstand der Mutter zu brechen. Rudolf Myzet, Anfang dreißig, ging taktisch vor und begleitete die Damen Ondrak nun solange von der Abendvorstellung des Svanda-Theaters nach Hause, bis er die widerstrebende Mutter endlich soweit hatte. Nach knapp einer Woche war es geschafft. Anny Ondra war im Filmgeschäft. Sie war siebzehn Jahre alt.

Myzet hatte gegenüber den Ondra-Damen große Namen wie Lillian Gish und Mary Pickford beschworen. Das war Zukunftsmusik. Denn tatsächlich war die tschechische Filmindustrie zunächst gar nicht vorhanden. Die Verleiher verliehen, was im restlichen Europa auch verliehen wurde: Filme amerikanischer Produktion. Es kostete die enthusiastischen einheimischen Filmemacher jedesmal viel Überredungskunst, ihre Werke in den Kinos in Prag und anderen Großstädten unterzubringen. Die Produktionsbedingungen waren mehr als bescheiden. Oft befanden sich die Ateliers in heruntergekommenen Werkstätten in Hinterhöfen. Um so beachtlicher der Elan, mit dem sich die Kinobegeisterten an die Arbeit machten. Nur ein Gesetz galt ehern: Spielst du bei mir, spiel ich bei dir. Besonders oft spielte Karel Lamač. Er wurde schnell zum Dreh- und Angelpunkt des jungen tschechischen Kinos. So sah er als einer der ersten *Die Dame mit den kleinen Füßen.* Und sah Anny, jung, exzeptionell hübsch mit blonden Locken, wie sie dem Schuhputzer wohlgeformte Waden und halbhohe Schnürstiefelchen offerierte, voller Unschuld und doch schon so wachsam, daß es mit der Unschuld nicht so weit her sein konnte.

Gegen Ende des Ersten Weltkriegs hatte Karel Lamač, der 1897 in Prag geboren worden war, als Kameramann gedient. Seitdem beschäftigte ihn die technische Seite des Filmemachens ebenso wie die künstlerische. Nie ließ ihn der Gedanke los, Filme in Farbe drehen zu wollen. Auch auf diesem Gebiet forschte er ununterbrochen; seine Überlegung der Prismamethode habe sich heute durchgesetzt, stellt Martin Frič 1958 fest. Eigentlich war Lamač Apotheker wie sein Vater, doch auch der hatte einst auf ganz anderem Terrain gegrast: Karel Lamač senior war Tenor am Prager Staatstheater gewesen. Seinem Sohn hatte er die Begeisterung für die Kunst und die Musikalität vererbt: Lamač spielte akzeptabel Geige und gründete mit Freunden das Orchester »Die Philharmoniker von Košiř«, das er dirigierte. Ein Hansdampf in allen Gassen, nebenher noch Illusionist und durchaus salonfähiger Bühnenzauberer, was sich in seinen Filmen widerspiegelt: Manche Kunststückchen hat er Anny Ondra beigebracht, die damit brillieren durfte. Unmittelbar nach dem Krieg ließ sich Lamač von der Excelsior-Film in Prag als Praktikant anstellen, hatte aber bereits praktische Kamerakenntnisse bei der Firma Ernemann in Dresden erworben. 1918 stand er zum ersten Mal als Schauspieler vor der Kamera, im Jahr darauf schon vier Mal, und 1920 spielte er in fünf Filmen, bevor er im sechsten selbst Regie führte.

Doch bevor Lamač zum wichtigsten Regisseur von Anny Ondra wurde – die damals noch ihren Geburtsnamen Ondráková benutzte, manchmal auch das Pseudonym Ossia Valdová –, sollte es noch fünf Filme dauern. Doch schon bei den ersten Dreharbeiten nach ihrem Einstieg im Füßchen-Drama traf sie Karel Lamač. Er war so besetzt, wie ihn seine Kollegen am liebsten sahen: hemmungslos und sinnlich. Diesmal als Maler, der ein junges Mädchen vom Lande verführt und schwanger sitzen läßt. Der Vater der Maid fällt daraufhin rückwärts auf den Küchentisch und haucht röchelnd sein Leben aus. Ein hochmoralisches Epos, dessen Autorenfilmer Sidney M. Goldin nicht davor zurückschreckt, ein Kruzifix am Wegesrand zum Leben zu erwekken, als die vom Mob verfolgte junge Mutter mit Kind den Himmel um Hilfe anfleht. Christus persönlich, im bodenlangen weißen Gewand, schreitet zur Rettung der beiden, doch die junge Frau braucht bald keinen himmlischen Beistand mehr. Sie wird zur gefeierten Sängerin – im Stummfilm ein gewagter Handlungseinfall –, der Maler verliebt sich in sie, ohne sie wiederzuerkennen, und heiratet sie sogar. Sie straft ihn noch ein bißchen ab, doch dann steht dem Besuch des jungen Glücks im heimatlichen Dorf nichts mehr im Wege. Anny Ondra spielt hier nur die Schwester der Heldin, in bäuerlicher Tracht, lieb und nett. Das war der Stoff, aus dem damals Träume gemacht wurden. Ein stummes Melodram wie viele. Die Dreharbeiten zu diesem Film brachten Anny Ondra und Karel Lamač den ersten gemeinsamen Abstecher nach Berlin.

Und die erwachende tschechische Filmindustrie sowie das junge Paar verloren keine Zeit: Schon im nächsten Film waren Anny Ondra und Karel Lamač ein Liebespaar. 1920 beschwor der Film *Gesang des Goldes* das Hohe Lied der Liebe, des Erfindertums und der Bankgeschäfte. Gedreht wurde diesmal ausschließlich in Berlin im Atelier Am Zoo. Der Film ist verschollen; nur ein paar Standfotos zeigen Anny Ondra adrett und elegant gekleidet, wie es sich für des Bankiers niedliches Nichtchen geziemt. Sie lächelt bezaubernd zu Karel Lamač hinüber, und Regisseur Jan S. Kolár, der Koregisseur des Füßchen-Films, versäumt es nicht, ihre schönen Beine ins rechte Licht zu rücken: Sie steht erhöht. Und wird als Nichte Andrea den Erfinder Zoran heiraten.

Mit diesem Film begann eine Serie von Filmen, mit denen sich Anny Ondra und Karel Lamač als Traumpaar des tschechischen Films etablierten. In diesem Fall noch unter dem strengen Auge von Karel Lamačs Vater, der den Richter Kryl spielte.

Im Privatleben versuchte Anny Ondra der rigiden Aufsicht ihres eigenen Vaters zu entgehen. Im Film *Gilly zum ersten Mal in Prag* spielte sie 1920 erstmals unter der Regie von Karel Lamač, und der Freund Rudolf Myzet bezeugt, mit diesem Film habe die »lange, intime Freundschaft des Paares« begonnen. In Filmkreisen hieß es nur noch »L-O«, wenn man von den beiden sprach. Überall tauchten sie gemeinsam auf. Und zu diesem verheißungsvollen Paar habe sich bald der vermögende Zahnarzt »Dr. B.«, Dr. Alfred Baštýr, gesellt, ein gutmütiger und aufopferungsvoller Mann, den die klugen Filmleute kurz darauf zum Vorsitzenden der Organisation tschechischer Schauspieler- und Filmateliers ernannten, der aber vor allem stets der liebevolle Gönner des Traumpaares Ondra-Lamač war und blieb. »Dr. B.«, vertraute Anny Ondra klagend ihrem alten Freund Myzet an, »ist viel nachsichtiger als mein eigener Papa.« Offenbar in jeder Hinsicht.

In Dr. B.s prachtvoller Wohnung mit exotischen Hängegärten traf sich die Crème de la crème des tschechischen Films kultiviert bei Gebäck und Wein. Diese Filmelite unterschied sich durch diese Treffen bei Dr. B. vom gemeinen Filmvolk, das das Prager Café Rokoko zu seinem Hauptquartier erhoben hatte. Außerdem war der Zirkel um Dr. B. stets ganz besonders modisch und gut gekleidet. Hinter den Kulissen war allerdings Anny Ondra in den ersten Jahren oft damit beauftragt, sich Kostüme selbst anzufertigen, was ihr nicht schwerfiel, hatte sie doch als kleines Mädchen schon ihre unüberschaubare Puppenschar eingekleidet und auch die Puppentheaterfiguren, die ihr technisch begabter älterer Bruder für das Theater angefertigt hatte, perfekt ausstaffiert. *Gilly zum ersten Mal in Prag* war nur ein Spaß gewesen, ein Slapstick ohne rechte Handlung mit chaplinesken Verfolgungsjagden und skurrilen Einfällen. So wenn etwa Karel Lamač als Onkel Hron, der die Keutschheit seiner Nichte Anny verteidigt, mit einer Wäscheleine gefesselt und kopfunter aufgehängt wird.

Eine typische Lamač-Idee. Siebzehn Jahre später wird er Anny Ondra in der tschechischen Fassung von *Der Scheidungsgrund* vor den schmerzhaften Tritten ihres tanzunfähigen Partners Otomar Korbelár retten, indem er kurzerhand die beiden Tänzer an Seile bindet, sie vom Boden hochziehen und um die Kamera herumbaumeln läßt.

Martin Frič, ein enger Freund Lamačs und ebenfalls Regisseur, widmet dem Andenken Lamačs sogar einen kleinen Essay mit dem Titel »Lamač, der Erfinder«, in dem er eine ganze Reihe von praktischen und unnützen Dingen auflistet, die Lamač im Laufe seines Lebens austüftelte: einen Kartoffelschäler, einen unzerbrechlichen Spiegel, eine bereits mit Zahnpasta versehene Zahnbürste, einen Rasierpinsel mit Schutzbecher, der verhindert, daß einem das Wasser in die Ärmel fließt, eine Kombination von Stiefelknecht und Schuhspanner, einen Bügelautomaten oder einen automatischen Meßbecher – Dutzende von kleinen Patenten meldete Karel Lamač an, und die Produkte wurden auf vielen Jahrmärkten angeboten. Ein größerer kommerzieller Erfolg war die Erfindung einer laufenden Leuchtschrift, die er an einen großen französischen Konzern verkaufen konnte. Lamač setzte seine technischen Experimente auch in Deutschland fort. Hans Söhnker, der Lamač als »ungemein sympathisch, humorvoll und aufgeschlossen« bezeichnete, war einmal in Lamačs Wohnung am Kurfürstendamm zu Gast. Der Gastgeber führte eine verblüffende Erfindung vor, einen Plattenspieler, auf dessen Tonabnehmer zwei Prismengläser befestigt waren.

»Lamač legte eine Schallplatte auf. Wir trauten unseren Augen nicht, als beim Abspielen nicht etwa Musik erklang, sondern einige Szenen aus unserem Film komplett mit Bild und Ton auf eine gegenüberliegende Leinwand geworfen wurden. Ein Vorläufer der Audiovision im Jahre 1936!«

Lamač besaß selten Geld; hatte er doch welches, verlieh und verschenkte er es, selbst wenn er wußte, daß die Beschenkten nur üble Schnorrer waren. Wenn es um ihn selbst ging, war er gedankenlos. Jahre seines Lebens verbrachte er in der Eisenbahn, die unvermeidliche Zigarre rauchend, Notizen machend, liegend – immerzu liegend unterwegs zwischen Prag und Wien, Wien und Paris, Paris und London. In der einen Stadt bestellte er einen Anzug, sagte man, in der nächsten vergaß er einen, und wenn er schließlich in die dritte Stadt kam, bezahlte er dort endlich den vierten Anzug, den er schon längst nicht mehr trug. Was das Leben ihm bot, das nahm er, und für den Zigarrenraucher war die Welt, wie seine Freunde spotteten, ein einziger Aschenbecher.

Doch es gab auch eine andere Seite. Karel Lamač war ein Frauentyp. Heute ist das nicht leicht nachvollziehbar. Lamač hatte zwar ein interessantes, doch eher weiches Gesicht und neigte zur Dicklichkeit, die die Eleganz seines zuvorkommenden Auftretens nicht ganz auszugleichen vermochte. Im Film *Betragen ungenügend* unter Martin Fričs Regie schreckt er selbstbewußt nicht davor zurück, als zerstreuter Gymnasiallehrer äußerst absonderlich zu erscheinen. Seiner Wirkung auf Frauen konnte er sich dennoch sicher sein. Aber für eine ganze Weile hatte Anny Ondra das Monopol.

Das Traumpaar L-O kämpfte also weiter für den tschechischen Film. Anny Ondra zunächst vor allem mit ihrem guten Aussehen und ihrer natürlichen Frische, an der durchaus auch andere Regisseure interessiert waren. Am Ende der Stummfilmzeit hatte sie in zehn Jahren sechsundvierzig Filme gedreht, immerhin siebenundzwanzig davon nicht unter Lamačs Regie, zwei Drittel davon in ihrer Heimat, den Rest in Österreich und Deutschland. Dennoch: kein Vergleich mit Lamačs rastloser Tätigkeit, der in dieser Zeit an beinahe hundert Filmen beteiligt war, sei es als Regisseur oder als Schauspieler. Seine Drehbücher schrieb er selten selbst, doch schon 1923 gab er einen Leitfaden heraus, wie man literarische Vorlagen zu Drehbüchern umarbeiten solle.

Der berühmteste Drehbuchautor für L-O wurde Václav Wassermann. Ein vorzüglicher Kameramann, der in den dreißiger Jahren nach England emigrierte und international große Reputation gewann, machte das Team komplett: Otto Heller. Alle zusammen wurden in Prag nur noch als die »Starken Vier« bezeichnet, zu Recht. Denn ohne Lamačs sture Beharrlichkeit hätte der tschechische Film in den zwanziger Jahren keine Chance gehabt, ohne Anny Ondra kein Gesicht, ohne Wassermann keine Plots und ohne Heller niemanden, der all das ins rechte Licht zu rücken wußte. Komplett im Viererpack drehten sie jedoch während der Stummfilmzeit nur ganze drei Filme, nämlich *Fangt ihn!* im Jahr

1924, *Gevatter Bezousek* 1926 und *Blume aus dem Böhmerwald* 1927; sonst arbeiteten sie zwar sehr oft zusammen, aber meist in anderen Konstellationen.

1921 mußten wieder einmal die Diamantohrringe von Karel Lamačs Mutter versetzt werden. Seufzend gab sie nach. Die Ohrringe lagen öfter im Pfandhaus als bei ihr zu Hause. Denn L-O – bereits mit Otto Heller – packten ein ehrgeiziges Projekt an: *Der Ankömmling aus der Finsternis* war eine düstere Fantasygeschichte, die unter dem Titel *Redivivus* auch in Deutschland, Österreich, Frankreich und England in die Kinos kam. Die Ohrringe konnten also wieder im Pfandhaus abgeholt werden. Der Film war eine anspruchsvolle Zombiegeschichte im Alchimisten- und Rittermilieu, auch wenn Anny Ondra nicht viel zu tun bleibt als hübsch auszusehen, als junge Ehefrau eines Schloßherrn den Verführungskünsten eines Nachbarn zu widerstehen und sich von einem Wiedergänger durch den Wald schleppen zu lassen. Doch der Film geizte nicht an Ausstattung. Bei mittelalterlichen Kostümszenen und einer veritablen Turmsprengung wurde an nichts gespart.

Mit ihrem nächsten Film kehrten Ondra, Lamač und Heller wieder in die Gegenwart zurück. *Vergiftetes Licht* war eine Kriminalgeschichte, in der sich der Technikfreak Lamač ganz in seinem Element fühlen konnte. Er spielt den Ingenieur Milan Bell. Der Tod kommt unversehens durch die Glühbirne – vergiftetes Licht eben! Und der Schurke ist – Illusionist! Wieder sind Anny Ondra und Karel Lamač das Liebespaar. Und noch eine andere Konstante beginnt mit diesem Film: Anny Ondra, leicht bekleidet. Dieses Mal ist es ein kleinmädchenhaftes Schlafgewand im Stufenschnitt. Anny Ondra sitzt im Bett und nimmt ihre Geburtstagsgeschenke entgegen: Rosen und ein niedliches, pelziges, verspieltes Kätzchen. Die Kindfrau strahlt. Doch unterschätzen sollte man sie nicht: Sie steuert den Wagen in der rasanten Verfolgungsjagd, die den Krimi belebt; ein Auto jagt hinter einer Pferdekutsche des Roten Kreuzes her. Im Schlußbild küssen sich Anny Ondra, die ohne Umschweife auch im Film Anny heißt, und Karel Lamač alias Milan Bell. Die Premiere fand am 21. Oktober 1921 statt, nur eine Woche nach der von *Ankömmling aus der Finsternis.* Man war dabei, in der tschechischen Filmlandschaft Fuß zu fassen.

Kleine Ausflüge nach Wien inbegriffen. Sidney M. Goldin, der nur noch ein Jahr lang in Österreich arbeiten sollte und von 1929 in den Vereinigten Staaten für den jiddisch-amerikanischen Film tätig war, holte seine zwei Darsteller aus *Dort in den Bergen* nach Wien. *Hütet eure Töchter!* und *Führe uns nicht in Versuchung* waren 1922 das Ergebnis. Die Filme sind verschollen. Filme aus frühen österreichischen Produktionen sind kaum erhalten. Sie wurden oft einfach nicht für aufbewahrenswert gehalten, und der Krieg tat ein übriges. Der erste scheint im Halbweltmilieu gespielt zu haben, der zweite handelte von einem Holzfäller, der davon träumt, durch Raubmord reich zu werden. Und schließlich drehte Anny Ondra im selben Jahr ohne Karel Lamač unter der Regie von Thomas E. Walsh den Film *Zigeunerliebe,* der am 22. September 1922 in Wien Premiere hatte. Dieser Krimi um einen Zollwächter, der zwei Verbrecher unschädlich macht, wurde von der Sascha-Film produziert, doch dem legendären Begründer dieser Filmgesellschaft, Alexander Joseph Graf Kolowrat-Krakowsky, fiel Anny Ondra bei dieser Gelegenheit nicht weiter auf. Noch nicht. Sie war ein Gesicht unter vielen. Angeblich soll sie auch in *Sodom und Gomorrha* von Michael Kertész, der sich in Hollywood Michael Curtiz nennen sollte, mitgespielt haben, wie ein Presseheft in den dreißiger Jahren behauptet, doch in der Besetzungsliste finden sich weder ihr noch Karel Lamačs Name. Aber vielleicht reihten sich ja die beiden, weil sie ohnehin gerade in Wien waren, auch einfach bei den dreitausend Komparsen ein, die Kertészs biblisches Monumentaldrama belebten. In Kertészs *Der junge Medardus* nach Arthur Schnitzlers gleichnamigem Drama spielte Karel Lamač jedenfalls 1923 den Franz.

In gut einem Dutzend Filme verkörpern Anny Ondra und Karel Lamač das Liebespaar. Vor allem natürlich in den Filmen, in denen Karel Lamač selbst Regie führt, doch auch andere tschechische Regisseure haben ein Einsehen und besetzen das Paar nach dem Gesetz der normativen Kraft des Faktischen. Auch Regisseur Karel Anton gehört zu den Einsichtigen und erfreut das tschechische Publikum mit der Komödie *Die Entführung des Bankiers Fux*. Karel Anton sieht in Anny Ondra genau dasselbe wie sein Kollege Lamač: eine verführerische Kindfrau, die er dekorativ im kurzen Matrosenkleidchen und mit großer Schleife im Haar auf ein Fell vors Bett legt, wo sie sich zum Entsetzen ihrer Gouvernante der Lektüre des *Decamerone* hingibt. Kleinlaut schleicht Anny Ondra zum Vater, doch nicht ohne ihren Teddybären. Und Vater verzeiht prompt. Im Produktionsjahr 1923 wirkt die kleine Statue, die Karel Lamač alias Tom Darey besitzt, gewagt: eine neckisch nach vorn gebeugte Frauengestalt, die dem Betrachter den Po entgegenstreckt, so daß man sogar die Strumpfbänder sehen kann. Lamač-Darey bedeckt sie schnell mit einem Taschentuch. In Anny Ondras Lieblingsfilm *Kiki* wird sie selbst eine ähnliche Haltung einnehmen, und Karel Lamač wird mit der Zensur Probleme bekommen ... *Die Entführung des Bankiers Fux* ist ein ausgesprochen witziger Film mit vielen Slapstickeinlagen und einer hinreißend komischen Szene im Irrenhaus, in das der Detektiv, der für Karel Lamač die Tochter des Bankiers Fux, Anny Ondra, beschatten soll, eingeliefert wird. Schon damals kamen die jungen tschechischen Filmemacher auf die Idee, aus der Austauschbarkeit von verrückten und normalen Gesichtern komisches Kapital zu schlagen; *Einer flog übers Kuckucksnest* läßt grüßen.

Und noch ein Vorgriff auf die Zukunft: Lamač boxt. Genau zur gleichen Zeit, als Max Schmeling sich im Boxclub »Schäl Sick« in Köln-Mülheim verbissen und ehrgeizig seinem Training widmet, boxt Karel Lamač als Tom Darey spielerisch mit seinem Diener und betreibt Fitnesstraining. Die beiden wollen sich so für ihren aus verzweifelter Liebe geborenen, aber dennoch kriminellen Plan der Entführung des Bankiers Fux fit machen. Slapstickkapital schlagen Karel Anton und Karel Lamač aus dem Tragen der Boxhandschuhe: Lamač versucht damit zu telefonieren und ist im übrigen im anschließenden Finish mit seinem Diener Sieger durch technischen K. o.; der Diener winselt auf

Knien um Gnade. Selbstverständlich gibt es eine Gelegenheit für Anny Ondra, im Unterrock dazustehen: Zwei Frauen helfen ihr beim Anziehen, bevor sie in großer Garderobe einen fulminanten Auftritt hat. In der Sylvesternacht 1923 war Premiere in Prag.

Doch der tschechische Film steckte in einer schweren Krise. Die Zahl der im Land produzierten Filme sank dramatisch von achtunddreißig Filmen im Jahr 1922 auf weniger als die Hälfte davon im folgenden Jahr, und 1924 waren es nur noch neun einheimische Werke. Vier davon übrigens mit oder von Karel Lamač. Der wichtigste dieser Filme war *Das weiße Paradies,* wieder einmal mit den Publikumsmagneten Anny Ondra und Karel Lamač. Václav Wassermann erinnert sich an die Nächte vor der Premiere vom 1. August 1924:

»Der müde Lamač hatte den Film auf dem Tisch ausgebreitet und schlief nur zwei Stunden auf drei zusammengeschobenen Stühlen. Ich schnitt den Film und betitelte ihn. Alles war in nur 36 Stunden fertig. Die Fimverleiher hatten ihn überreden wollen, nur die Landschaftsaufnahmen zu behalten. Die Verleihchefs wollten den Film nicht, doch beim Publikum kam er toll an. Er war ein Riesenerfolg in Prag. Es ist nur Karel Lamačs unerschrockener Energie und seinem Einsatz zu verdanken, daß das Requiem für den tschechischen Film zu Ende war.«

Die Verleihgesellschaft der UFA kaufte die Weltverwertungsrechte für *Das weiße Paradies,* der in Deutschland auch unter dem Titel *Kristallprinzeß* lief. Der tschechische Film begann wieder etwas zu gelten. Karel Lamač hatte die Geschichte um Mutterliebe, gefälschte Testamente, geflohene Sträflinge und ein armes Mündel, das nicht weiß, daß es eine reiche Erbin ist, im Böhmerwald gedreht. Kolportage vom Feinsten. Anny Ondra hat darin eine kunstvolle Szene, in der sie aus den Nacht für Nacht zu spülenden Gläsern ein kunstvolles Schloß baut, das schließlich in sich zusammenbricht. Doch die Scherben brachten dem tschechischen Film Glück.

Wenig weiß man über den Ausflug Anny Ondras nach Berlin für den Film *Ich liebe dich* unter der Regie von Paul Ludwig Stein. Der Wiener Regisseur verließ anschließend Deutschland und drehte in Amerika konventionelle Dramen mit Stars wie Constance Bennett und Joel McCrea und in Großbritannien – unter anderem – einen von den vielen Musikfilmen mit Richard Tauber. Doch so wenig Nachhall *Ich liebe dich* auch gefunden haben mag: Anny Ondra war allein in Berlin gewesen. Lamač hatte mit diesem Film nichts zu tun gehabt. Sie hatte ein Zeichen gesetzt.

Sechs Musketiere, ein Film um sechs Rekruten in der österreichisch-ungarischen Armee, gibt Anny Ondra die Chancen, die eine Militärklamotte einer weiblichen Schauspielerin naturgemäß gibt. Doch in *Die Heirat der Nanynka Kulichova* sieht sie sich ganz unversehens in die zweite Reihe geschoben. Die Rolle der bräutlichen Heldin übernimmt ihre vier Jahre jüngere Jugendfreundin Jarmila Vacková, mit der sie einst auf zugefrorenen Teichen ihre Pirouetten drehte und deren Engagement im Theater sie ihr glühend geneidet hatte, denn Jarmila Vackowás Eltern hatten einer Bühnenlaufbahn ohne viel Aufhebens zugestimmt. Sie hatte Anny Ondras Lust auf das Theater heftig angestachelt, ihr Tanzkunststücke beigebracht, die Anny Ondra so komisch parodiert haben soll, daß der Direktor des Svanda-Theaters im Park – natürlich – auf sie aufmerksam wurde; noch eine Legende.

Wahr ist, daß Jarmila Vacková eine ausgesprochene Schönheit war, mit einem modernen, klaren Gesicht von einer gewissen Ähnlichkeit mit Shirley MacLaine. Die beiden Mädchen, die auch im Film Freundinnen sind, haben das gewisse Etwas, eine besondere Ausstrahlung, die die Momente, in denen sie gemeinsam auf der Leinwand zu sehen sind, magisch macht. Mehr davon hätten dem Film entschieden gut getan … Anny Ondra hat sich nur munter und aufgeregt zu geben, Karel Lamač als dem männlichen Trauzeugen verheißungsvolle Blicke zuzuwerfen und ihn so überraschend wie überraschend intensiv nach einem Tanz der jungen Leute im Wohnzimmer zu küssen.

Eine beinah tragische Rolle gedenkt der Regisseur Karl Anton Anny Ondra in *Mutter Kracmerka 1. In den Herrenstand* zu. Sie spielt die ledige, schwangere Nichte einer Frau, die mit ihrer Familie in der Lotterie ein Vermögen gewinnt. So sieht man Anny Ondra unvermutet trist am Wasser stehen mit der offenkundigen Absicht, sich hineinzuwerfen. Gerade noch rechtzeitig wird ihr das Familienglück eines Ziehharmonikaspielers vor Augen geführt, und sie hält in ihrer Phantasie selbst ein Baby im Arm. Dieses glückliche Bild läßt sie schleunigst vom Flußufer wieder nach oben kraxeln. Mutter Kracmerka, die Lottogewinnerin, rettet sie dann endgültig vor dem Verderben. In diesem Film werden Jarmila Vacková und Karel Lamač als glückliches Paar zum Happy-End geführt, das nach vielen Spaziergängen und Beinah-Küssen schließlich auf einer idyllischen Wiese zum Zuge kommt. Der Film verzettelt sich zwischen der Situationskomik, die sich aus dem jähen sozialen Aufstieg der Familie ergibt, und der Liebesgeschichte der unverhofft höheren Tochter mit dem Medizinstudenten. Ein zweiter Handlungsfaden um des Studenten Onkel und seine Jugendliebe Lilinka gibt der Stringenz der Geschichte endgültig den Rest, führt aber am Ende zu einer pittoresken Doppelhochzeit.

Um der Abhängigkeit von einflußnehmenden Produzenten zu entgehen, gründete Karel Lamač Ende 1925 mit Hilfe der Brüder Degl sein eigenes Atelier Kavalírka, eine mutige Initiative gegen die allmächtige AB-Film. Leider sind ausgerechnet vier der wichtigsten Filme, als deren Produzenten die Brüder Degl angegeben werden, heute unauffindbar. *Die Gräfin aus der Vorstadt* ist der erste dieser Reihe. Wieder sind nur ein paar Standfotos übrig; eines davon zeigt eine sehr kesse, selbstbewußte Anny Ondra in einem kurzen Kostüm, dessen pelzbesetzter Saum ihre Oberschenkel freigibt. Eine Hand frech auf die Hüfte gestemmt, die andere fordernd einem Mann zum Handkuß überlassend. Sie spielt die Tochter eines Wirts, die einen Grafen heiratet, was dessen Tante zu allerlei Intrigen gegen diese Mesalliance verleitet. Erneut ein Happy-End zwischen Anny Ondra und Karel Lamač. Aber man sieht es dem Foto an: Anny Ondra ist erwachsen geworden. Der folgende Film *Karel Havlícek Borovský* gilt ebenfalls als verschollenen. Er schildert das Schicksal des Schriftstellers Karel Havlícek Borovský in Prag in der Zeit der Revolution von 1848, die von Alfred Fürst zu Windischgrätz blutig niedergeschlagen wurde. Karel Lamač führte gemeinsam mit Theodor Pištek Regie.

Mit *Lucerna* wollte Karel Lamač wieder etwas ganz Neues ausprobieren; sogar seinem engsten Freund und Kameramann Otto Heller wurde seine Sprunghaftigeit manchmal zuviel, und er empfahl Karel Lamač genau zu dieser Zeit, sich doch auf das Schauspielern allein zu konzentrieren. Doch Lamač wollte und konnte das nicht. Er blieb nur im Gleichgewicht, weil er sich nach so vielen Seiten verausgabte. Und dann: Was wäre aus Anny Ondra geworden?

In *Lucerna* machte er aus ihr die erste – und vielleicht immer noch die einzige – Baumbesetzerin der Filmgeschichte. Im Streit zwischen einem Müller und der Obrigkeit soll ein alter Lindenbaum gefällt werden, in dem sich Anny Ondra als Waisenmädchen Hanicka versteckt. Karel Lamač schrieb auch das Skript zu diesem Film und ließ seinen schrulligen Ideen freien Lauf: Am Ufer des Waldbachs tummeln sich allerlei scheußliche, aber liebenswürdige Kobolde mit Schwimmhäuten, die wohl zu der Erkenntnis führen sollen, daß es zwischen Himmel und Erde viele Dinge gibt, von denen wir nicht einmal träumen. Sagen- und Märchenmotive geben dem Film einen eigentümlichen Reiz. Obwohl *Lucerna* gar nicht auf der üblichen Lamač-Linie lag, traf der Film den Nerv der Zeit und war beim tschechischen Publikum ein großer Erfolg. Die Hauptrolle der Fürstin, die alles zu einem guten Ende bringt, spielt Andula Sedláčková, eine damals gefeierte Theaterschauspielerin. Auch deswegen war man sich des Erfolgs dieses Films wohl sehr gewiß und startete ihn in vier großen Kinos gleichzeitig.

1938 drehte Karel Lamač nach seiner Rückkehr aus Deutschland zur Feier des zwanzigjährigen Geburtstags der tschechoslowakischen Republik und des Jubiläums der Abschaffung der Lehnarbeit ein Remake des Films und trieb mit einem seiner technikverliebten Experimente die Crew in den Wahnsinn. Die

Wassermänner wollte er unbedingt in ein Aquarium setzen und ließ sich das partout auch dann nicht ausreden, als seine Mitarbeiter einwandten, durch das extrem dicke Glas werde man nichts erkennen können. Dann solle man das Glas eben dünner machen! Ärgerlich beendete er die Debatte. Man gab nach, und wie vorauszusehen, zerplatzte das Aquarium nach einer bestimmten Füllmenge mit kolossalem Getöse, Wasser und Glasscherben ergossen sich ins Studio. Lamač grinste bloß, kaute weiter an seiner Zigarre und sagte trocken: »Der Zauber hat nicht funktioniert!«

In vertrautem Milieu spielte *Anny, kehr zurück!* Das Mädchen Anicka aus gutem Hause und der wohlhabende junge Jiří Landa sollen verheiratet werden, doch der Landstreicher Peter – eine Doppelrolle für Karel Lamač – sorgt für Konfusionen, als er dank seines von Jiří Landa geschenkten Mantels mit diesem verwechselt wird. Anny Ondra zeigt hier in einer kleinen Szene, daß sie inzwischen viel gelernt hat: Wie sie in der Gefängniszelle mit spitzen Fingern die Wolldecke von der Pritsche wegzieht, um sich schließlich doch auf der panischen Flucht vor Mäusen darunter zu verstecken, ist sehenswert. Lamač gibt ihr endlich einmal Zeit für eine Pantomime, die ihre Begabung sichtbar macht. Zum ersten Mal wendet sie in diesem Film eine Bewegung an, die ihr Markenzeichen werden wird: Schmollend legt sie den Kopf schräg und klimpert mit den Wimpern – ein unwiderstehlicher Anblick, der ihren herzförmig geschminkten Mund besonders zur Geltung kommen läßt. Wenigstens optisch wird allmählich deutlich, in welche Richtung sie gehen wird.

Auch ein Foto aus dem vermißten Film *Wie ein Kamel durchs Nadelöhr* belegt die gleiche Entwicklung. Anny Ondra als Zuzka steht am Bett ihres Vaters Pešta, den man sich als einen tschechischen Oblomow vorzustellen hat. Sie lächelt zu ihm herab, und der schräg in die Locken gedrückte Hut gibt ihr etwas Clowneskes. Wenig überraschend wird sie auch in diesem Film am Ende die Frau von Karel Lamač, der den reichen Erben Alík Vilím spielt. Frappant frivol die Handlungsidee, sie vor zwecks Happy-End erfolgter Trauung eine Nacht mit ihrem Verehrer verbringen und ein Kind erwarten zu lassen, um mit diesem Argument eine

Rivalin endgültig aus dem Feld zu schlagen. Man weiß kaum etwas über das Privatleben Anny Ondras in diesen Jahren, aber ein Blick auf ihr Gesicht und ihre selbstbewußte Körpersprache genügt, um zu begreifen, das sie eins hatte.

Konrad Wiene, noch ein österreichischer Regisseur, der in Deutschland arbeitete, engagierte sie für die Titelrolle in *Trude, die Sechzehnjährige* an der Seite von Jack Trevor, einem Schauspieler aus London, der im deutschen Kino als Typ »blendend aussehender Gentleman« solch große Erfolge feierte, daß er England ganz den Rücken kehrte und sich in Oberammergau niederließ. Über den Inhalt des Films weiß man nichts.

Bei dieser Gelegenheit lernte Anny Ondra Olga Tschechowa kennen, die die zweite weibliche Hauptrolle übernommen hatte. Max Schmeling behauptete später, Olga Tschechowa habe sich als Freundin von Anny Ondra bezeichnet, doch in Olga Tschechowas Memoiren mit dem vielversprechenden Titel *Ich verschweige nichts* ist davon keine Rede. Geschichtsklitterung? Sie hatte ihre Gründe.

Nach Anny Ondras Rückkehr nach Prag kreuzte wieder einmal ein »Entdecker« auf. Alexander Joseph Graf Kolowrat-Krakowsky, genannt Sascha. Er holte Anny Ondra nach Wien. Später galt er auch als Entdecker von Marlene Dietrich und Willi Forst und tat für den österreichischen Film mindestens soviel wie Karel Lamač für den tschechischen.

Graf Kolowrats Mutter war die Tochter eines reichen amerikanischen Zigarrenfabrikanten, sein Vater war Graf Leopold. Sascha wurde 1886 in Glenridge geboren. Er verbrachte seine Jugend auf dem Gut Meierhöfen mit dem Schloß Pfraumberg und im gräflichen Palais in der Prinz-Eugen-Straße in Wien. Geld war nicht wirklich jemals ein Thema. Und in diesem Fall hatte es jemanden getroffen, der etwas damit anzufangen wußte. Sascha reiste viel, beherrschte mehrere Sprachen und nahm als begeisterter Motorrad- und Autofahrer an zahlreichen Rennen teil; er war Flugzeugpilot und Ballonfahrer. 1909 begegnete er in Paris Charles Pathé und war von Stund an dem Film verfallen. 1910 starb sein Vater, Kolowrat erbte die Güter in Böhmen und begann mit der Filmproduktion. Auf Schloß Pfraumberg ließ er die gräflichen Waschtröge mit Blech ausschlagen und machte sich mit seinem Chauffeur an die Arbeit. Im Privatlaboratorium entwickelten und kopierten sie Filme, die ein Herr Sagan in Wien vertrieb. Am 19. Januar 1912 erschien sein erster eigener Film: *Die Gewinnung des Eisens am steirischen Erzberg aus Eisenerz.* 1914 ließ er seine Firma offiziell als »Sascha-Filmfabrik« eintragen. Aus dem österreichischen Filmleben war die Sascha-Film nicht mehr wegzudenken.

Kolowrats Leben spielte sich bald nur noch im Atelier in Sievering ab, in seinen Barockpalais in Wien oder in Prag war er fast nie anzutreffen. Er war wohlbeleibt – kein Wunder, aß er doch beim Passecker in Wien gegenüber vom Palais Kinsky ohne weiteres zehn Paar Frankfurter mit Meerettich oder im Melker Stiftskeller eine komplette Gans mit Rotkraut. Sein Hunger nach neuen Darstellerinnen war ebenso unersättlich. Man sagte ihm nach, er lade jede Serviererin mit melodramatischer Oberweite zu Probeaufnahmen ein. Wurden ihm dann die Aufnahmen vorgeführt, soll er oft entsetzt gefragt haben: »Himmel, Schimmel, wer hat denn diese Palatschinkenprinzessin engagiert?« War die Einladung der Filmaspirantin nach einem Heurigenbesuch erfolgt, lautete die Antwort meist: »Na Sie, Herr Graf, gestern abend in der Novaragasse!«

Doch auch Mädchen mit auf den ersten Blick unschuldsvoll verträumter Ausstrahlung verfehlten ihre Wirkung auf ihn nicht. Und hier kam Anny Ondra ins Spiel. 1926 drehte sie unter Graf Kolowrats und Karl Leiters Regie *Pratermizzi* neben Nita Naldi und Hugo Thimig. In Deutschland lief der Film unter dem reißerischen Titel *Satan in Seide,* und dieser Satan war der tatsächliche Held des Films. Eine ebenso laszive wie berühmte Tänzerin nämlich, die in Wahrheit unter ihrer Maske völlig entstellt ist und ihre Existenz mit ihrer wahrhaft schönen Schwester ebenso teilt wie den schnell verführten Freiherrn. Anny Ondra ist die kleine Kassiererin einer Praterattraktion und verliebt in denselben Freiherrn, den die Entdeckung des düsteren Geheimnisses der Tänzerin körperlich lähmt. Der Verzweifelte will seinem Leben im

Prater ein Ende machen, da weckt Anny Ondra als süßes Maderl von neuem seinen Lebensmut; Lähmung weg. Premiere war am 7. Januar 1927 in Wien.

Am selben Tag erlebte auch Max Schmeling einen Triumph: Er schlug den Engländer Jack Stanley in Berlin in der achten Runde k.o.

Graf Kolowrat hatte noch jemanden in seiner Laufbahn unterstützt: Walter Reisch, der dann für Ernst Lubitsch das Drehbuch von *Ninotschka* schreiben sollte. Reisch erinnerte sich später, daß Kolowrat der einzige Produzent gewesen sei, der ihm nicht gesagt habe, worüber er gefälligst schreiben solle, sondern ihn gefragt habe, was für ein Drehbuch er gerne schreiben wolle. Für Anny Ondra schrieb er *Seine Hoheit der Eintänzer*, der auch unter den Titeln *Das entfesselte Wien* oder *Hotel Erzherzogin Viktoria* gezeigt wurde. Eine Geschichte, die am Tag der Proklamation der österreichischen Republik, am 18. November 1918, beginnt und in der es um gestohlene Kronjuwelen und Liebesbriefe geht. Anny Ondra spielt die Tänzerin Steffie Haidegger, die sich in einen Grafen verliebt, zugunsten der Erzherzogin Viktoria jedoch auf ihn verzichtet. Der Graf lernt Anny Ondra als Eintänzer in einem Vergnügungslokal kennen, wo sie kurz berockt und leicht geschürzt auf der Bühne herumtollt. Karl Leiter führte diesmal allein Regie. Der Film wurde 1995 im Rahmen des EU-Medienprogramms »Projecto Lumière« aufwendig restauriert und als Parabel der historischen Umwälzung in Österreich gesehen, in der der alte Adel zu mehr oder weniger bürgerlicher Beschäftigung gezwungen wird: die Erzherzogin als Schreibmaschinenfräulein, der Graf als Eintänzer. Premiere war am 15. Januar 1927, eine Woche nach *Pratermizzi*.

Damit endete Anny Ondras Engagement in Wien. Ihr Mentor Graf Kolowrat war schwer krank. Nach mehr als zwei Dutzend Operationen starb er am 4. Dezember 1927 an Krebs.

Neun Tage vorher hatte *Café Elektrik* mit Marlene Dietrich und Willi Forst Premiere, den Kolowrat auch auf den Weg gebracht hatte. Anschließend nahm Marlene Dietrich ihren Liebhaber

Willi Forst mit nach Berlin und vergnügte sich mit ihm in seiner Wohnung am Sachsenplatz. Drei Jahre später wohnte Max Schmeling im selben Haus, und Anny Ondra war seine Nachbarin.

Nach ihrer Rückkehr aus Wien sehen die Prager Regisseure Anny Ondra in einem anderen Licht. So zum Beispiel auch Svatopluk Innemann. *Die Geliebte des alten Verbrechers* ist ein Beleg dafür. Anny Ondra spielt Fifi Hrazánková, eine junge Frau mit romantischen Neigungen. Und sie wird nicht länger verführt – sie tut es lieber selbst. Zunächst verliebt sie sich in den Fabrikbesitzer Pardon, doch der wimmelt sie ab und schickt sie zu seinem Onkel, der ihr die Flausen ausreden soll. Der Onkel – gespielt vom künftigen tschechischen Starkomiker Vlasta Burian – wird aber prompt selbst zur Beute der liebeshungrigen Fifi. Der Film wurde in Lamačs Kavalírka-Atelier gedreht.

Und es gibt noch etwas Neues: 1927 spielen Anny Ondra und Karel Lamač zum letzten Mal unter Lamačs Regie das Liebespaar. Die Zeiten ändern sich. Doch die »Starken Vier« sind zusammen, Wassermann schrieb das Buch, Heller führte die Kamera. Hauptschauplatz der *Blume aus dem Böhmerwald* ist wieder einmal ein Revuetheater, in dem Anny Ondra alias Diana Laurence große Karriere macht. Ihre Haare sind zurückgekämmt à la garçonne, und sie zupft hingebungsvoll eine Art Ukulele: Die »roaring twenties« sind auf ihrem Höhepunkt.

Der Film ist verschollen, doch es gibt etliche Standfotos. Auf einem von ihnen sieht man Anny Ondra und Karel Lamač, der den Theaterarzt spielt, wie sie sich tief in die Augen sehen. Tiefer geht's nimmer. Ein Abschied? Der Film ist keine Komödie, sondern ein Melodram, im Atelier Kavalírka von den Brüdern Degl produziert.

Von der *Reizenden Josephine* gibt es nur eine winzige Spur: eine Vorankündigung in einer Zeitung. Im Nationalen Filmarchiv Prag bezweifelt man, daß dieser Film überhaupt jemals zustandekam. Zumindest planten die »Starken Vier« ein gemeinsames Projekt. Aus dieser Zeit könnte ein undatierter Brief Karel Lamačs stammen, der im Nationalen Filmarchiv Prag aufbewahrt wird. Lamač schreibt an Wassermann, der offenbar bei Anny Ondra auf

Widerstand gestoßen ist, als sie zu einem PR-Termin Besucher empfangen sollte:

»Anny wird den Tee am Nachmittag geben, aber Vorsicht! Für Journalisten ja, aber nicht für prominente Namen wie Tilden-Koželuh; was würden die denken, daß sie eine so kleine Wohnung hat! Also ruf sie an und sag ihr, daß es nur Journalisten sind und daß sie mit soundsovielen Menschen zu rechnen hat. Dann kann einer von den Journalisten durchaus ein Koželuh oder Tilden sein. Sie ist ein Dummerchen und versteht solche Dinge nicht; man muß sie ein bißchen überlisten.«

Anny Ondras private Schüchternheit bereitete ihren drei Jungs offenbar ab und zu Probleme.

Evas Töchter! Der Abschied von Prag begann sich abzuzeichnen. Karel Lamač drehte den Film in seinem Kavalírka-Atelier, aber auch im Maxim-Film-Atelier in der Berliner Blücherstraße und an Originalschauplätzen in der Schweiz. Auch wurden eine französische und eine englische Fassung hergestellt, in der die Personen andere Familiennamen tragen; in der französischen Version heißt die Tänzerin sogar Anny, Anny de Lavais. Die englischsprachige Fassung ist die einzige, die überhaupt noch existiert. Ursprünglich stammte der Plot von Jan S. Kolár, der jedoch seinen Namen vom Film zurückzog, nachdem sich der deutsche Drehbuchschreiber Helmuth Ortmann darüber hergemacht hatte. Anny Ondra spielt mittlerweile wenig überraschend die Tänzerin und Lebedame Nina, die sich zwischen drei Männern zu entscheiden hat: dem braven Naturburschen und Maler Rudolf, den Karel Lamač spielt, einem jungen verheirateten Baron und dessen Onkel, der zu ihr geschickt wurde, ihr den jungen Baron auszureden. Die übliche Konstellation.

Lamač bemüht sich nach Kräften, dem Machwerk frivolen Atem einzuhauchen. Bei einer Autofahrt betrachten die Tänzerin und der Maler dessen Bilder, und die Frau legt das Bild »Einsamkeit« mit einem einsamen Hirschen boshaft unter das Gemälde

»Liebe«, auf dem eine nackte Frau und ein Mann zu sehen sind, so daß sich das Geweih wie von selbst auf den Kopf des Mannes schiebt. Der Maler ist verärgert. Sie legt nach. Ob er nicht interessantere Bilder habe, fragt sie maliziös. Das sei doch etwas für Gutenachtgeschichten. Später posiert sie in einem Outfit, das Marlene Dietrichs Pose aus dem *Blauen Engel* vorwegzunehmen scheint. In einer nächtlichen Konfusion beim heimlichen Besuch des jungen Barons sieht man, wie sich die Tänzerin halbnackt und doch mit nur gespielter Schamhaftigkeit den Blicken der Männer zu entziehen sucht. »Sie großes Baby!« sagt sie spöttisch zum Maler.

Anny Ondra als Femme fatale: Dem Maler, dem sie gnädig erlaubt, ihr beim Ausziehen zu helfen, wendet sie verführerisch die nackte Schulter zu, aber er ist zu naiv, um die Signale zu verstehen. Noch ein wenig holperig der Regieeinfall, zwischen die Verführung des Stiesels durch das Salondämchen Bilder eines schwarzen Hundes und einer weißen Katze zu schneiden. Handlungsungereimtheiten verderben dem Betrachter vollends den Spaß: Wie kann sich die bitterarme Mutter Rudolfs einen Trip in die Schweiz leisten, wo die Familie sonst notfalls auch schon mal vom Fußboden ißt?

Am 4. April 1928 feierte der Film seine Berliner Premiere in einem Kino am Kurfürstendamm. Über der Stadt gingen in diesen Stunden wahre Wolkenbrüche nieder. Im Sportpalast an der Potsdamer Straße boxte Max Schmeling gegen Franz Diener um die Deutsche Meisterschaft im Schwergewicht. Es gab Theater, die wegen dieses Sportereignisses aus Angst vor Besuchermangel ihre Premieren verschoben hatten. *Evas Töchter* lief trotzdem an.

In der Berliner Zeitung *Welt am Abend* erhielt der Film eine schlechte Kritik, die zwar Anny Ondras schöne Brüste erwähnte, Ondras Namen jedoch nicht nennt. Daß übrigens die Pragerin Anny Ondráková zunächst in Deutschland und dann international allgemein nur noch Anny Ondra hieß, hat Karel Lamač mit Paul Davidson – damals gerade noch bei der UFA – schon 1924 bei Gelegenheit der *Kristallprinzeß* ausgehandelt.

Von jetzt an drehen Anny Ondra und Karel Lamač ihre Filme

in Deutschland, hier aber niemals als Liebespaar. Sie werden nur noch von dreien ihrer gemeinsamen deutschen Filme tschechische Fassungen herstellen und in einem einzigen – tschechischen – Film von Martin Frič noch einmal als Paar vor der Kamera agieren.

Mit dem nächsten Film zeichnete sich endgültig der Weg ab, den Anny Ondra und Karel Lamač in Zukunft gehen würden. *Saxophon-Susi* ist eine kleine Verwechslungskomödie im Revuemilieu, Anny als Anni von Aspen eine höhere Tochter, die es auf die Bühne zieht, während ihre beste Freundin Susi vom Theater, dem Arbeitsplatz ihrer Eltern, nichts wissen will. Doch ihre Mutter schickt sie zur Tanz- und Gesangsausbildung nach England. Auch Anni soll auf die Insel verbannt werden, jedoch in ein strenges Institut – Strafe für unerlaubten nächtlichen Revuebesuch.

Auf dem Schiff tauschen die Mädchen die Identität und treffen drei junge Männer. Einer davon ist Hans Albers in seinem neunundachtzigsten (!) Film. Auch hier ist er wieder nur der dritte Mann, der keines der Mädchen bekommt. Der Film rumpelt und poltert vor sich hin, der Erzählstrang um Annis Freundin wird völlig fallengelassen. Im Remake *Baby* (1932) wird sich das ändern.

Im Erfinden komischer Szenen ist Lamačs Ideenreichtum unerschöpflich: In *Saxophon-Susi* nützt er das Wiegen des Schiffes, indem er einen Betrunkenen zwischen die Kabinen der beiden Mädchen stellt, als die einander zur Perfektion des Rollentauschs durch die offenen Kabinentüren ihre Klamotten zuwerfen. Dem verwirrten Trunkenbold fliegen nur so die Fetzen um die Ohren. In *Baby* wird Lamač diese Szene variieren; dort werden den Mädchen ihre beiden Verehrer vom Schiff automatisch in die Kajüten gestampft, und die Komik entsteht aus der Verlegenheit der Männer, die sich das ohne Nachhilfe des Meeres und der Liebe Wellen nicht erlaubt hätten.

Mit *Saxophon-Susi* begann Karel Lamačs langanhaltende Zusammenarbeit mit dem deutschen Drehbuchschreiber und späteren (Ko-)Regisseur Hans H. Zerlett.

Das Jahr 1928 brachte für Anny Ondra einen großen Karrieresprung: Sie unterschrieb bei der British International Pictures einen Vertrag für vier Filme und reiste nun ständig mit Bahn und Schiff zwischen Berlin und London via Hoek-van-Holland und Harwich hin und her. In dieser Zeit korrespondierte sie mit Karel Lamačs Mutter, die ihr offenbar mütterliche Sorgen um ihren »Karlousek« offenbart hatte; der Brief – jetzt im Besitz des Nationalen Filmarchivs in Prag – wurde auf dem Papier des Londoner Park Lane Hotels geschrieben:

»Gnädige Frau!/.../Sie schreiben, daß Karlousek kein Glück habe! Er hat doch in Berlin vier Filme gedreht, man reißt sich dort um ihn, die Werbung wird sehr viel Geld bringen, und alles wird sich zum Guten wenden.

In diesem Jahr wird er alle seine Schulden los, ich werde auch viel verdienen (am 12. März fange ich bei der ›First National‹ den ersten Film an), und Sie werden sehen, wie es uns allen gut gehen wird.

Es hat mich sehr getroffen, daß der Herr Apotheker krank ist. Nur den Kopf nicht verlieren, gnädige Frau! Jetzt kommt der Frühling, die Sonne wird scheinen, Sie werden ans Meer oder in die Berge fahren. Das wird Sie beide bestimmt gesund machen. Schreiben Sie mir bitte wieder, wenn Sie Zeit haben sollten. Ich bin hier nur noch bis zum 12. Februar. In Berlin fangen wir ›Saxophonsusi‹ an.

Mit den besten Wünschen einer baldigen Genesung an den Herrn Apotheker und küß die Hand bleibe ich auf immer

Ihre Anny.«

Zunächst drehte Anny Ondra in England mit Graham Cutts zwei Filme.

Graham Cutts war der erfolgreichste Filmregisseur Englands, eine schillernde Persönlichkeit und ein Mann, der seinen noch jungfräulichen Assistenten Alfred Hitchcock mit seinem heftigen Liebesleben in Verwirrung stürzte. Cutts' jeweilige Amouren – oft liefen mehrere Affären parallel – mußten auch noch vor seiner angeblichen Ehefrau geheimgehalten werden, die sich später nur als eine Geliebte von vielen entpuppte. Cutts machte Hitchcock in Berlin, wo sie 1925 gemeinsam an *The Blackguard* (auch *Die Prinzessin und der Geiger*) arbeiteten, zum Bulimiker, als er von ihm und Alma Reville verlangte, nach dem ersten Abendessen mit der Filmcrew und Cutts' Geliebter auch noch mit »Frau« Cutts ein mitternächtliches Souper einzunehmen, um den Schein zu wahren. Das war sogar Hitchcock, der schon damals gern, gut und viel aß, zu viel, und er half sich, wie sich Jungfrauen in solchen Fällen zu helfen pflegen: Er steckte sich den Finger in den Hals.

Und mit Frauenheld Cutts drehte Anny Ondra ihren ersten englischen Film. Sie schien immer an solche Männer zu geraten, erst Lamač, dann Kolowrat, jetzt Cutts. Vom ersten gemeinsamen Werk Cutts' mit Anny Ondra, *God's Clay* (1928), ist nichts bekannt. Von Cutts' frühen Filmen sind kaum welche erhalten. Und in *Eileen of the Trees,* auch verliehen unter dem Titel *Glorious Youth,* trat Anny Ondra ein letztes Mal als »damsel in distress« ihren Dienst an. Aschenputtel sitzt depressiv auf Parkbänken herum, läßt sich in Besenschränke sperren und einen jungen Mann das tun, was ein junger Mann tun muß: das Mädel erlösen. Mit *Der erste Kuß* begann die zweite Phase der Filmarbeit von L-O in Deutschland: Sie arbeiteten von nun an mit der Filmgesellschaft HOM zusammen. Möglicherweise war es der Anziehungskraft Anny Ondras zu verdanken, daß auch Karel Lamač und Otto Heller verpflichtet wurden. Anny Ondra soll andere, langfristige Verträge mit Amerika aus Treue zu ihren alten Prager Mitstreitern abgelehnt haben. Aber hat sie selbst alle Verhandlungen geführt? Das ist schlecht vorstellbar. Unmöglich ist es aber auch nicht.

Der erste Kuß ist eine muntere Komödie um eine amerikanische Erbin, die sich der von ihrem Vater arrangierten Hochzeit durch die Flucht nach Berlin entzieht. Anny Ondra posiert zum ersten, nicht zum letzten Mal in einem gestreiften Herrenpyjama, aber auch in einem minikurzen Robin-Hood-Gewand, wie es sich zwanglos aus ihrem Job als Bogenschützin in einem Variété ergibt. Drehbuch: Hans H. Zerlett.

Doch dann brach Anny Ondra zu neuen Ufern auf. Sie fuhr erneut nach England und drehte dort den Film, der ihr in der Filmgeschichte Unsterblichkeit einbrachte: *Blackmail.* Anny Ondra war Alfred Hitchcocks erste blonde Mörderin.

Blackmail (Erpressung) wurde 1929 gedreht, ein paar Monate nach *The Manxman,* ebenfalls unter Hitchcocks Regie.

Hitchcock unterzog Anny Ondra zuvor einem kleinen Test, der auf Film festgehalten wurde und im British Film Institute erhalten ist. Hitchcocks Biograph John Russell Taylor hat den Dialog transkribiert:

»HITCH: Nun, Miss Ondra, werden wir eine Tonprobe machen. Das wollten Sie doch so. Also fangen Sie mal an.

ONDRA: Ich weiß nicht, was ich sagen soll. Ich bin so aufgeregt.

HITCHCOCK: Sind Sie immer ein braves Mädchen gewesen?

ONDRA (lachend): O nein!

HITCHCOCK: Nein? Haben Sie mit Männern geschlafen?

ONDRA: Nein!

HITCHCOCK: Nein?!

ONDRA: O Hitch, Sie machen mich ganz verlegen. (Sie kichert hilflos.)

HITCHCOCK: Nun machen Sie mal, und bleiben Sie ganz ruhig stehen, sonst wird's nicht gehen, sagte die Maid zum Soldaten. (Anny Ondra bricht völlig zusammen.)

HITCH (grinsend): Schnitt!«

Hitchcock hat später seinen ersten Film mit Anny Ondra kleingeredet, doch tatsächlich gibt schon *The Manxman* der Schauspielerin Möglichkeiten für ein differenziertes Spiel, die sie bislang nicht hatte. »Das einzig Interessante an *The Manxman*«, erklärte Hitchcock seinem Befrager François Truffaut, »ist, daß es mein letzter Stummfilm war/.../Der Film war sehr banal und völlig humorlos.« Und dennoch. Anny Ondra spielt Kate, die Tochter eines Gastwirts, der den armen Fischer Pete als Schwiegersohn ablehnt. Pete beschließt darauf, die Isle of Man zu verlassen, um als reicher Mann zurückzukommen. Doch Kate freundet sich während seiner Abwesenheit mit seinem besten Freund Philip an.

Als irrtümlich Petes Tod gemeldet wird, werden sie ein Paar. Der Schock: Pete kommt zurück.

Jetzt verrät der falsche Freund auch noch Kate. Er zwingt sie, Pete zu heiraten. Die Rückkehr des Fischers paßt ihm gut ins Konzept, denn Kate stünde seiner Karriere als Richter auf der Isle of Man, als »Deemster«, nur im Wege. In der Ehe mit dem Fischer Pete stirbt Kate fast vor Ekel und verläßt ihren Mann, nachdem sie ein Kind geboren hat – das ihres Liebhabers. Der naive Fischer glaubt, er sei der Vater. Kate versteckt sich beim neuernannten Richter Philip. Als sie aber wegen eines angeblichen Selbstmordversuchs angeklagt wird, kommt die Wahrheit ans Licht. Kates Vater brüllt sie heraus. Zu dritt werden sie mit Schimpf und Schande von der Insel gejagt: Kate, der Richter und ihr gemeinsames Kind.

Alfred Hitchcock war der Ansicht, dies sei kein »Hitchcockfilm«; allzusehr sei er gezwungen gewesen, den Ruf des Autors und die Tradition, in der das Buch geschrieben worden sei, zu berücksichtigen.

Dennoch gibt er Anny Ondra die Chance, einen faszinierenden Frauencharakter zu entwickeln, und läßt seine schöne Blonde keineswegs in der passiven Opferrolle verkümmern. Das hat er seinen Blondinen ja nie angetan. So ist auch Anny Ondras alias Kates Verhältnis zu den beiden Männern vielschichtig angelegt. Sie will eigentlich von Anfang an Philip – was aus sozialen Gründen utopisch ist –, bringt es aber nicht übers Herz, Pete abzuweisen. Einmal dankt sie Philip fast unterwürfig für seinen Einsatz für die armen Fischer. Anny Ondras Augen sagen aber etwas ganz anderes als bloß »Danke«.

Auch Kates Schamhaftigkeit ist nicht echt. Als Pete und Philip vor ihrem Fenster stehen und sie fest damit rechnet, daß ihr einfältiger Fischer wohl gleich fensterln wird, bedeckt sie ihre Blöße nur spielerisch mit dem Nachthemd. Erst als Pete sie massiv unter Druck setzt, verspricht sie, auf ihn zu warten. Aber sie kichert jetzt schon. Blankes Entsetzen in ihrer Miene, als sie zufällig Petes

Bitte mitanhört, der Richter möge sich während seiner Abwesenheit um sie kümmern. Anny Ondra versteht es, begreiflich zu machen, daß Kate die kommende Katastrophe von diesem Augenblick an als unausweichlich betrachtet.

Nach der falschen Todesnachricht steht die vermeintlich Trauernde mit dem Rücken zu den anderen Dorfbewohnern. Der Mann, den sie wirklich liebt, kommt zu ihr, und sie dreht sich zu ihm um. Ihr Gesichtsausdruck ist unvergeßlich. Anny Ondras Mund bleibt unbewegt, doch ihr Gesicht leuchtet: »Philip! Wir sind frei!«

In einer alten Mühle treffen sie sich. Spielerisch setzt Kate die Mühlsteine in Gang. Dann geht sie langsam auf Philip zu. Sie umarmen sich leidenschaftlich. Bis zur Nacht werden sie die Mühle nicht mehr verlassen. Von Heirat ist nie die Rede.

Petes plötzliche Rückkehr ist für Kate ein Schlag, für Philip die Befreiung. Kate versteinert. Als am Hochzeitsabend der Kopf ihres Mannes in ihren Schoß sinkt, läßt Anny Ondra den Zuschauer Kates Ekel bis zur Unerträglichkeit spüren. Mit ein und demselben Satz teilt sie bald darauf den Männern ihre Schwangerschaft mit: »I'm going to have a baby!« Man kann es von ihren Lippen ablesen. Philip, dem Richter, sagt sie es zögernd, wie eine Frau, die sich schämt, über »so etwas« sprechen zu müssen. Pete muß sie in Philips Gegenwart dasselbe noch einmal sagen. Jetzt hat ihr Zögern einen ganz anderen Grund: Sie hofft, Philip werde sie unterbrechen und der Qual ein Ende machen. Doch er überläßt Kate feige dem jubelnden zukünftigen Vater.

Unter Hitchcocks Regie gelingt Anny Ondra eine beeindrukkende Leistung. Sie gibt der Heldin dieser tatsächlich banalen, aber auch unerträglich traurigen Geschichte eine Dimension, die den Zuschauer anrührt und die Welten von einem ähnlichen Drama wie etwa Sidney M. Goldins *Dort in den Bergen* entfernt ist, in dem Anny Ondra neun Jahre zuvor eine kleine Nebenrolle spielte. Dort bleibt die Figur der Heldin blaß, die verlassene, schwangere junge Frau ein Klischee, für dessen Schicksal man sich keine Sekunde ernsthaft interessiert. Hitchcock erklärte Truffaut: »Die Stummfilme waren die reinste Form des Kinos.« Aber das galt nur für solche Stummfilme, die Geschichten in Bildern und Gesichtern erzählten, wie Hitchcock es konnte. Dann und nur dann erschlossen sie sich ohne Zwischentexte und exaltiertes Getue.

John Russell Taylor schildert, wie eine Kombination von Aufgekratztheit und Kratzbürstigkeit typisch für Hitchcocks Umgang mit seinen Hauptdarstellerinnen gewesen sei. Hitchcock hatte das Talent, eine angenehme Atmosphäre zu verbreiten und seine Aktricen zugleich aus dem Gleichgewicht zu bringen. In den Drehpausen perfektionierte Hitchcock dieses System schon 1929. Er stellte Anny Ondra seinem Arzt vor, der sich heftigst in die schöne Schauspielerin verliebte. Doch der Doktor war frommer Katholik; eine Affäre kam für ihn nicht in Frage, für Anny Ondra keine Heirat. Notgedrungen blieben beide keusch.

Harmonisch waren die Wochenenden. Anny Ondra verbrachte sie bei Alma und Alfred Hitchcock und deren Baby. Patricia Hitchcock war am 7. Juli 1928 geboren worden. Während der Schwangerschaft Almas hatten die Hitchcocks ein Landhaus im Tudorstil in Shamley-Green hinter Guildford, etwa fünfzig Kilometer südwestlich von London, gekauft. Dort gefiel es Anny Ondra, und während sie die Truthähne fütterte, versicherte sie den beiden, sie werde auch einmal ein solches Landhaus besitzen. Wenn es sich auch in einem Punkt von dem der Hitchcocks unterscheiden sollte: Statt Kaminfeuer werde sie Zentralheizung haben. Der Frage Frau Hitchcocks nach einem Mann für dieses Landleben wich sie aus. Einmal fuhren sie auf die Isle of Man, um den *Manxman*-Autor Sir Hall Caine zu besuchen. Er zeigte Anny Ondra die alten Baracken der Kriegsgefangenen. »Dort haben die Deutschen boxen gelernt«, sagte er. Anny Ondras Interesse hielt sich in Grenzen.

Dann endlich *Blackmail,* eins der frühen Meisterwerke Hitchcocks und darin eine überragende Anny Ondra. Die Geschichte der jungen Alice White, die einen Maler ersticht, um der Vergewaltigung zu entgehen, und die von ihrem Freund, einem Polizeibeamten, gedeckt wird. Wie schon in *The Manxman* spielt

Anny Ondra eine Heldin, die eigentlich in festen Händen ist, die es aber trotzdem unwiderstehlich reizt, mit anderen Männern zu flirten. Ein halbes Kind eigentlich. Nur halbherzig protestiert sie, als der Maler eine Skizze seiner »neuen Schülerin« auf der Leinwand vervollständigt: Sie zeichnete einen Frauenkopf, er den nackten Körper dazu. »Sie sind schlimm«, sagt sie und tut verschämt. Doch dann signiert sie das Bild noch schnell.

Als Alice im Atelier des Malers das Tanzkleid hängen sieht, ist es um sie geschehen. Sie muß es anziehen. Er liefert ihr den Vorwand: Er möchte sie darin malen. Nur eine kurze Anstandsfrist lang ziert sie sich, dann schlüpft sie hinter einem Paravent doch hinein. Das Kleid ist kurz, die Szene legendär: Der Paravent verbirgt Alice nur vor dem Mann, nicht aber vor dem Zuschauer, den Hitchcock zum Voyeur macht. Als Anny Ondra alias Alice hinter dem Paravent hervorkommt, lechzt sie danach, von ihrem Gastgeber ein Kompliment über ihre Schönheit zu bekommen. Aber er sagt nichts. Zu Recht empfindet sie das als brutalen Verstoß gegen alle Spielregeln und will sich schnell wieder anziehen. Doch sie steckt im Kleid fest. Er hilft ihr. »Darin habe ich Erfahrung«, sagt er ohne Lächeln. Der letzte Haken klemmt. Wieder übermütig, hüpft sie vor ihm herum. Unter einem Vorwand zieht er die Ärmel herunter, zupft am schmalen Träger ihres Unterrocks. »Nein, so ist es doch nicht richtig.« Er bringt ihr Kleid wieder in Ordnung. Dann greift er mit beiden Händen in ihr Haar und legt ihr Gesicht frei. Sie sieht verletzt und erregt aus. Als er sie küßt, kommt sie zur Besinnung, wehrt sich und will nur noch eins: nach Hause.

Da stiehlt er das Kleid vom Paravent und zwingt sie, darum zu betteln, holt sich schließlich die Frau mit Gewalt und zerrt sie zum Bett. Sie kämpfen, bis sie ihn hinter dem Vorhang ersticht.

Als Max Schmeling 1992 von einem amerikanischen Interviewer gefragt wurde, was er von der Vergewaltigungsklage gegen Mike Tyson halte, sagte er:

»Ich bin Tyson begegnet und und mag ihn sehr./.../Was den Prozeß betrifft: Das ist so einfach. Sie ist morgens um zwei Uhr in sein Zimmer gekommen. Was hat sie eigentlich erwartet? Eine Tasse Kaffee?«

In seiner Rezeptionsgeschichte ist *Blackmail* ein Lehrstück weiblicher und männlicher Sehweisen. Verführung oder Vergewaltigung – das ist hier die Frage. Das typische Tess-of-the-D'Urbervilles-Syndrom. Für weibliche Hitchcock-Exegeten ist der Fall klar; das männliche Lager entschuldigt das Verhalten des Malers. Lindsay Anderson spricht von einer Verführung, Donald Spoto nennt es »ungestüme Liebe«, Hitchcock gebrauchte beide Begriffe, während Eric Rohmer und Claude Chabrol von Vergewaltigung reden, um dann die Frau heftig zu rügen: »Um ihre Tugend zu verteidigen, von der man nicht erwartet hätte, daß sie ihr so viel bedeutet, ersticht sie ihn mit dem Brotmesser.« Albert J. La Valley stellt kühl fest:

»Anny Ondra ist spröde und durchtrieben, scheinbar unschuldig, in Wahrheit aber erpicht auf Sex; außerdem hat sie sich gerade mit ihrem Freund, dem Polizisten, gestritten, und es ist beunruhigend, daß sie gleich einen neuen Mann aufgabeln will.«

In jedem Fall ist die Frau das Opfer. Als Alice White ihren Verlobten Frank bei der Polizei abholt, flüstert ihr ein Kollege Franks etwas ins Ohr, und sie kichert. Frank will wissen, worüber, doch sie ignoriert ihn. Am Ende des Films hat sich das Blatt gewendet. Ein Kollege fragt Frank, ob seine Freundin das Verbrechen aufgeklärt habe. Die beiden Männer lachen lauthals bei der Vorstellung, eine Frau könne in die Männerdomäne der Kriminalpolizei eindringen. Alice ist jetzt die Düpierte und für Frank, der sie »gerettet« hat, wird sie das immer bleiben. Das Recht ist auf Seiten der Männer, die Täterin ein wehrloses Opfer für den Rest ihres Lebens. Tränenlos weint sie an Franks Seite, als er sie scheinbar liebevoll »abführt«.

Blackmail war Hitchcocks erster Tonfilm, und für ihn und Anny Ondra wurde dies zu einem Sprachproblem, das Hitchcock souverän löste. Er dachte nicht daran, sich von Anny Ondra zu trennen, deren mangelhaftes und keineswegs akzentfreies Englisch nicht genügt hätte. Statt dessen engagierte er die englische Schauspielerin Joan Barry, die in Sichtweite von Anny Ondra die Worte in ein Mikrofon sprach, während Anny Ondra das Sprechen nur markierte. Manche Kritiker behaupten, man merke an einem leichten Zögern Anny Ondras vor jedem Satz, wie sie auf das Stichwort gewartet habe. Doch ihrer Leistung tut das keinen Abbruch.

Anny Ondras hübsche Beine – hätte sich Anny Ondra nach Hollywood gewagt, die Dietrich hätte einpacken können – sind natürlich auch Hitchcock aufgefallen: Als Alice White nach der Tat durch das Treppenhaus davonschleicht, rückt er sie ins rechte Bild.

Last not least dürften Anny-Ondra-Fans damals glücklich gewesen sein, als es in der voyeuristischen Paravent-Szene endlich einmal einen handfesten dramaturgischen Grund für »Anny Ondra im Hemde« gab.

Zwei Tage nach Anny Ondras und Max Schmelings fünfunddreißigstem Hochzeitstag hatte *Blackmail* unter dem Titel *Erpressung* im deutschen Fernsehen Premiere. Anny Ondra wurde gefragt, ob ihr Mann den Film schon gesehen habe. »Ich bin nicht ganz sicher«, sagte sie. »Aber wir werden ihn uns natürlich gemeinsam im Fernsehen ansehen. Bloß: Der Film kann ja nicht mehr gut sein.« Erstaunt fragte der Reporter nach: »Der Film, der Ihren Starruhm international begründet hat?« Anny Ondra antwortete, schrecklich bescheiden: »Die Auffassung ist heute halt anders, aber damals fand ich den Film auch sehr schön.« Das war 1968. Zwei Jahre zuvor war François Truffauts *Mr. Hitchcock, wie haben Sie das gemacht?* entstanden. Die Begeisterung der Regisseure der Nouvelle vague für Altmeister Hitchcock war offenbar nicht bis Hollenstedt vorgedrungen. Manchmal erscheint das Leben der Künstlerin Anny Ondra wie eine Tragödie, vor der sie hinter Max Schmelings breitem Rücken in Deckung ging.

Bevor sich der im Fall Anny Ondra nur segensreiche Tonfilm definitiv durchsetzte, drehte sie 1929 noch vier Filme mit Karel Lamač bei der HOM-Filmgesellschaft. *Sündig und süß* zeigt sie in »ziemlich dekolletierten Szenen pikant« und in weiser Voraussicht der Dinge, die da real in Anny Ondras Leben kommen werden, verdächtigt sie ihr zukünftiger Bräutigam, die Mutter eines unehelichen Babys zu sein, ein Verdacht, der vor dem Happy-End aus dem Weg geräumt werden kann. *Das Mädel mit der Peitsche* schenkt ihr endgültig die Aufmerksamkeit der Kritik. Wieder posiert sie leichtgeschürzt, diesmal als Tochter eines Professors, dem eingeredet wird, nicht seine Tochter habe leicht ordinär für ein Foto posiert, sondern ihre Doppelgängerin. Natürlich spielt Anny Ondra beide Mädchen. »Die reizende Pragerin« habe im Film nicht ihresgleichen, heißt es in einer Rezension. *Die Kaviarprinzessin* erzählt von einer Waisen aus dem Rheinland, die mit Frechheit in Paris ihr Glück macht, und *Das Mädel aus den USA* ist die verschollene Tochter eines amerikanischen Millionärs, die von ihrer Herkunft gar nichts weiß und ihrem Vater erst nach kriminalistischen Wirrungen in die Arme stürzen kann.

Höchste Zeit, daß Anny Ondra Stimme bekommt.

Der Mann mit den harten Fäusten

Gern erzählt Max Schmeling die Geschichte seines ersten sportlichen Siegs bei einem Wettstreit vor Publikum. Kaffeesatzleser könnten ein böses Omen aus dem Ende dieses »Kämpfchens« herauslesen, denn gleich bei diesem ersten Mal wurde Max Schmeling um den Sieg betrogen. Er streifte mit ein paar Freunden über den Wandsbeker Markt in Hamburg, als ein Ausrufer leichtfertig verkündigte: »Hundert Mark demjenigen, der Bully, die Eiche Deutschlands, auf den Rücken legen kann.« Für den halbwüchsigen Schmeling war das ein Vermögen, und seine Freunde brauchten ihn nicht lange zu überreden, sich mit der Eiche Deutschlands zu messen. Gleich zu Beginn der zweiten Runde lag Bully platt auf dem Rücken. Doch der Budenbesitzer schlug schleunigst den Gong und teilte dem düpierten Schmeling mit: »Leider ist die Zeit abgelaufen, sonst hätten Sie gesiegt. Nichtsdestotrotz ein lautes Bravo dem tüchtigen Amateur!« In seinen schriftlichen Schilderungen dieses Betrugs läßt es Schmeling dabei bewenden. Doch in der Reihe *Hallo Max!*, die er in den frühen sechziger Jahren mit Harry Valérien und Gustav Knuth für das Zweite Deutsche Fernsehen drehte, erzählt er befriedigt grinsend den Fortgang der Geschichte: Ein paar Tage später habe er mit seinen Kumpels die Bude »zertöppert« – da sei kein Brett auf dem anderen geblieben. Wer versuchte, Schmeling etwas schuldig zu bleiben, mußte sich vorsehen.

Max Schmeling wurde am 28. September 1905 in Klein-Luckow in der Uckermark geboren. Sein Großvater väterlicherseits war Malermeister, sein Urgroßvater hatte die Stettiner Militärkantine geführt. Die Eltern und Großeltern seiner Mutter waren Bauern. Doch in Klein-Luckow verbrachte Max nur die ersten neun Monate seines Lebens, dann zog seine Mutter auf Wunsch des Vaters mit dem Baby nach Hamburg: Der Steuermann bei der Hapag wollte bei seinen Landurlauben die Familie im Hafen wissen. 1907 wurde Max' Bruder Rudolf geboren, 1913 Schwester Edith. Das Verhältnis zum Vater war gespannt; wenn »der« mal nicht auf seinem Schiff war, erinnert sich Schmeling noch lange danach recht mürrisch, habe er während seiner Aufenthalte zu Hause die gesamte Erziehung nachzuholen versucht. Welcher Geist in der Familie herrschte, ist Max Schmeling nur einmal entschlüpft, als ihn Rudolf Pörtner 1984 um einen Beitrag zur Anthologie *Mein Elternhaus* bat. »Wir lebten/.../sehr bescheiden – wozu beigetragen haben mag, daß Vater und Mutter in der Bibelforscher-Bewegung so etwas wie eine geistige Heimat gefunden hatten.« Schmelings Eltern gehörten also zur Sekte der Zeugen Jehovas. Wie die engen Glaubens- und Lebensvorstellungen dieser Sekte sich im Detail auf das Familienleben ausgewirkt haben, verrät Schmeling nicht. Nach dem Tod des Vaters hat die Mutter sich möglicherweise nicht mehr zu den »Bibelforschern« bekannt, erst recht nicht mehr unter den Nazis, die die Zeugen Jehovas verfolgten.

Mit dem Halbwüchsigen geriet der Vater einmal besonders hart aneinander. Max Schmeling war mit einem Bauchladen voller Zigaretten unterwegs, um Geld zu verdienen. »So früh?« fragte Gustav Knuth erstaunt. »Damit kann man doch gar nicht früh genug anfangen!« erklärte Schmeling pikiert. Sein Vater, der sich bei dem vermeintlichen Straßenjungen Zigaretten kaufen wollte, sah das anders. Als er seinen Sohn erkannte, gab er ihm eine Ohrfeige. Das war 1919, in dem Jahr also, in dem Schmelings großes Vorbild Jack Dempsey Weltmeister wurde.

In Wahrheit hatte Schmeling mit dem Geldverdienen noch viel früher angefangen. Schon mit acht Jahren spielte er den Laufburschen für einen Apotheker – seinen Lohn lieferte er brav bei der Mutter ab. Das Verhältnis zwischen Sohn und Mutter scheint bisweilen enger gewesen zu sein als zwischen Mutter und Vater. Als seine Mutter das Manuskript der ersten seiner autobiographischen Veröffentlichungen las – drei sollten in den nächsten Jahrzehnten noch folgen –, bestand sie auf dem Zusatz, Max habe nicht einmal das Trinkgeld für sich behalten, sondern ihr dafür am

Wochenende Blumen gekauft. An der Bezeichnung ihres Gatten mit einem schnöden »der« nahm sie offensichtlich bei der Lektüre des Textes keinen Anstoß.

Das Verlangen nach Geld verführte Max Schmeling sogar dazu, vier Wochen lang die Schule zu schwänzen, um den Fremdenführer bei Hagenbeck spielen zu können. Seinen Bruder spannte er in dieses Komplott ein, indem er ihm täglich den Entschuldigungszettel mit in die Schule gab. »Daß ich ihn für meine Mutter unterschrieb, geschah doch nur, um ihr Arbeit zu ersparen.« Da war Max Schmeling zwölf Jahre alt und wollte angeblich von diesem Verdienst seinen Malunterricht bezahlen, den ihm seine begeisterte Mutter sofort zugestanden hatte. Sein Vater schlug ihn für das Schuleschwänzen so sehr, daß er tagelang kaum sitzen konnte.

Auch im nächsten Jahr sollte ihn die Hand des Vaters wieder züchtigen: Ein Hamburger Kaufmann hatte in der Nachkriegsnot eine Rattensülze hergestellt, die sich bestens verkaufte. Als die Grundsubstanz ruchbar wurde, wäre er beinahe gelyncht worden. Schließlich begnügten sich die Hamburger damit, den Mann in die Alster zu werfen, wo man ihn dann doch wieder herausfischte. Max Schmeling machte diesen »Zug«, wie er sagt, mit, doch zu Hause brachte ihm das wieder nur Schläge ein. Sein Vater fürchtete, Max könne sich zu einem Revoluzzer entwickeln. Außerdem hatte er Angst um seinen Sohn, der bei einer früheren Streunerei in eine Schießerei der Spartakisten geraten war und sich nur durch den Sprung in einen Hausflur hatte retten können.

Die Zustimmung seines Vaters, seinen Traum vom Boxen verwirklichen zu dürfen, verdankte Max Schmeling einem der größten Strippenzieher, die es jemals im Boxgeschäft gegeben hat: Tex Rickard. Eben jener Tex Rickard, der sieben Jahre später in New York mit seinem Begeisterungsschrei »What a right hand!« Schmeling in den Publicityhimmel katapultieren sollte.

Zunächst trug Rickard unwissentlich zu Max Schmelings Schicksal bei. 1921 war Rickard ein genialer Coup gelungen: der Kampf Dempsey – Carpentier. Zeitgenossen nannten das Arrangement dieses Kampfes Rickards »Meisterwerk in der Kunst, das

Boxpublikum und die Öffentlichkeit zu melken«. Jack Dempseys Ansehen bei den Amerikanern war 1921 im Keller; er galt als Drückeberger, weil er sich im Ersten Weltkrieg dem Dienst an der Waffe mit der fadenscheinigen Begründung entzogen hatte, er habe für Mutter und Geschwister zu sorgen. (Als Cassius Clay nicht am Vietnamkrieg teilnehmen wollte, war das Thema Boxer und Krieg also so neu nicht.) Der Franzose Georges Carpentier dagegen galt auch dem amerikanischen Volk als wahrer Kriegsheld.

Rickard wußte ganz genau, daß Carpentier als Boxer kaum eine Chance gegen Dempsey hatte, aber das vom Kriegsruhm noch benommene Publikum hatte für solche Tatsachen kein Auge. Rickard wußte außerdem: Eine Menge Leute würden mit Vergnügen für den Anblick bezahlen, wie der »Manassa Mauler« eins aufs Maul kriegte.

Sportjournalisten hielten den Kampf zu Recht für eine Farce. Um das Interesse der Presse zu wecken, ließ Rickard ganz gezielt Informationen »durchsickern«, in denen von Carpentiers »bösem Blick« und einem ganz neuen, geheimnisvollen Schlag die Rede war, den Carpentier gerade vervollkommne. Der Kartenverkauf, schreibt der amerikanische Historiker Jeffrey T. Sammons, schnellte darauf in astronomische Höhen, und am Ende zahlten 80 183 Zuschauer 1 789 238 Dollar, um den Kampf zu sehen, in dem Dempsey wenig überraschend Carpentier in der vierten Runde k. o. schlug. Millionen hörten der Übertragung im Radio zu, und Millionen sahen anschließend den Film im Kino.

Zu diesen Millionen gehörten Max Schmeling und sein Vater. Lehrling Max hatte schon seinen gesamten Wochenlohn ins Kino getragen, um sich den Film Abend für Abend anzusehen, als es ihm endlich gelang, auch den Vater ins Kino zu locken. Auf dem Nachhauseweg versuchte der aufgekratzte Sohn, dem Vater ein Zeichen der Begeisterung zu entlocken. Doch der schwieg. Plötzlich blieb er unvermittelt stehen. Ob der Sohn allen Ernstes daran dächte, Berufsboxer werden zu wollen? Max war so perplex, daß er nicht einmal antwortete. Da fügte der Vater noch unerwarteter hinzu: »Wenn du Boxunterricht nehmen willst – ich habe nichts dagegen.« Kurze Zeit später kaufte sich Schmeling bei einem Trödler die ersten Boxhandschuhe seines Lebens.

Ein Jahr später erlaubten die Eltern ihrem Sohn sogar, sich auf den Weg ins Rheinland zu machen, wo unter den englischen Besatzern mehrere Boxsportvereine gegründet worden waren, in denen der Nachwuchs gefördert wurde. Max Schmeling hatte eine abgebrochene Lehre bei einer Annoncenspedition und einen Job als Rohrbieger hinter sich, bei dem er sich auch noch an der Hand verletzt hatte – er war arbeitslos.

In der Holzklasse fährt er nach Düsseldorf, wo er sich der Avancen eines Werbers der Fremdenlegion erwehren muß, dessen Essenseinladung er aber gern annimmt. Weil er die Adresse von Freunden der Familie nicht gleich findet, muß er in der ersten Nacht auf einer Parkbank schlafen. Bei seiner verzweifelten Suche nach Arbeit macht er Bekanntschaft mit wütenden Proletariern: Er hatte sich in aller Unschuld in einer Glasfabrik als Streikbrecher anstellen lassen. Doch als die Kollegen ihn verprügeln wollten, stellte er sich in Positur: »Versucht es!« Die Männer verzichteten lieber. Selbst der untrainierte Max Schmeling muß imponierend gewirkt haben. Ein Brunnenbauer stellte ihn an; die Arbeit im Freien gefiel ihm. An den Wochenenden ging er mit dem abgetakelten Artisten Waldemar – niemand hat je dessen vollständigen Namen gekannt – auf Tournee: Als Sensationsnummer zogen sie über die Dörfer, Waldemar der Meister, Max der Gehilfe. Waldemar brachte ihm bei, wie man einen Nagel mit der bloßen Hand in ein Brett schlägt, Hufeisen verbiegt und Ketten zerreißt. Später glaubte er Waldemars Lektionen seine gefährliche Rechte zu verdanken. Denn während andere bei diesen Kraftkunststücken den Nagel mit der flachen Hand ins Holz trieben, habe er ihn zwar in der flachen Hand angesetzt, dann aber zwischen die Finger genommen und zugestoßen wie beim Boxen. Er war nahe dran, selbst zur »Deutschen Eiche« der Jahrmärkte der Weimarer Republik zu werden.

Und während Max Schmeling noch als Sensationsnummer

durch dörfliche Kneipen tingelte, widmete sich Anny Ondra in Prag nach bereits einem Dutzend Filmen ihrer Kinokarriere und Karel Lamač.

Max Schmeling war vom Kämpfen besessen. Sein normaler Tagesablauf sah einen anstrengenden Tag beim Ausschachten von Brunnen vor, am Abend einen Boxkampf, der dann der Vollständigkeit halber von einem Ringkampf gekrönt wurde. »Ich schrie nach Betätigung.« Ab und zu erschienen ein paar Zeilen über ihn in einer Lokalzeitung. Er versäumte nie, sie auszuschneiden und seinen Eltern zu schicken.

Ein glücklicher Zufall half ihm weiter: Seine Firma versetzte ihn nach Köln-Mülheim, wo er sich dem Boxclub »Schäl Sick« anschloß. Jetzt verzettelte er sich nicht länger, denn bei Adolf Dübbers, dessen jüngerer Bruder Franz später Europameister wurde, erhielt er einen Grundkurs. Adolf Dübbers hatte wenigstens schon einmal mit richtigen Berufsboxern gekämpft. Bisher hatte Schmeling alles nur aus Georges Carpentiers Boxlehrbuch, aus dem Dempsey-Carpentier-Film und aus den Boxunterrichtsbriefen eines Jack Slim, die er sich schicken ließ, erfahren. Doch die rheinische Mentalität blieb dem norddeutsch-protestantischen Schmeling trotz allem fremd.

Und wieder hatte er Glück. Seinen ersten richtigen Kampf verlor er zwar, doch es war kein x-beliebiger Kampf gewesen. Gleich beim ersten Mal ging es um die westdeutsche Amateurmeisterschaft, und er unterlag gegen Willy Louis nur knapp. Der westdeutsche Verband nahm ihn dennoch im Frühjahr 1924 mit zu den deutschen Meisterschaften nach Chemnitz. Er kämpfte sich bis ins Finale durch. Dort verlor er nach einer Verlängerung nach Punkten. Nach diesem Kampf verließ Schmeling die »Kölschen« Amateure und wurde Berufsboxer.

Hugo Abels, ein Kölner Rolladenhändler, bot sich ihm als Manager an. Schmeling zögerte erst noch; es sei noch zu früh, meinte er. Doch Abels traf zielsicher seinen wunden Punkt: Dempsey sei sogar schon mit fünfzehn Jahren Profiboxer geworden! Da zog Schmeling nach Köln in die Heinsbergstraße ins Gästezimmer und widmete sich nur noch dem Training. »Vorbei die langen Abende mit Freunden, das Leben nach Stimmungen und ohne feste Ordnung.« Reine Koketterie. Schmeling lebte nie nach Stimmungen, und lange Abende mit Freunden waren seine Sache nicht. Dem bekannten Rundfunkreporter Arno Hellmis, der später den Film des ersten Schmeling-Louis-Kampfes kommentierte, war das Besondere dieses »ernsten, verschlossenen Jungen« in Chemnitz gleich aufgefallen. Schmeling saß in einem blauen Pullover allein in der letzten Reihe des halbdunklen Saals.

»Er war pechschwarz, sah anders aus, sprach nicht den rheinischen Dialekt und wirkte wie ein Fremdkörper in der lustigen Kölner Staffel. Die ›Kölschen‹ hatten es längst aufgegeben, aus dem Einzelgänger ein ›Herdentier‹ zu formen. Sie ließen ihn links liegen, und er – er brauchte sie nicht.«

Arno Hellmis reiste zurück nach Berlin und schwärmte seinem Chef Arthur Bülow, dem Chefredakteur des Magazins *Boxsport*, von Max Schmeling vor. Bülow reagierte gereizt, denn er war ein unbeirrbarer Anhänger von Paul Samson-Körner, neben dem ihm alle anderen nichts galten. Als er Schmeling zum ersten Mal boxen sah, charakterisierte er ihn als »kalt«. Ein Attribut, das Schmeling noch öfters zu hören bekommen sollte und das ihm an die Nieren ging. Bülow meinte es aber offenbar nicht negativ, denn er sagte in eigentümlich kryptischem Stakkato weiter: »Keine Ahnung vom Boxen. Muß umgestellt werden; an der Birne flüssig schlagen lernen. Aber Material. Wenn der rechts kontern lernt, kann das ein Weltmeister werden.« Vorläufig buk Schmeling kleinere Brötchen. Doch schon am 2. August 1924 bestritt er seinen ersten Profikampf gegen einen Herrn Czapp, dessen Vorname Kurt oder Jean oder Johann war, und gewann durch technischen K. o. in der sechsten Runde.

Einen Tag zuvor hatte Anny Ondras und Karel Lamačs Film *Das weiße Paradies* Premiere in Prag gefeiert, der den beiden half, bei der Ufa den Fuß in die Tür zu bekommen.

Auch Max Schmeling erhaschte mit seinem Sieg einen Zipfel

öffentlichen Ruhms: Die Lokalzeitungen brachten zum ersten Mal »mich« in größerer Aufmachung – nicht den Kampf, nicht den Sieg, »mich«, schreibt Max Schmeling mit unverkennbarem Stolz in seinen *Erinnerungen*, bei deren Abfassung ihm sein langjähriger Freund, der Filmjournalist und Sportreporter Ludwig Maibohm, die Feder geführt hat. Natürlich schickte Schmeling die Clippings sofort an seine Eltern, eilte weiter von Sieg zu Sieg und hatte in diesem Jahr nur eine einzige Niederlage hinzunehmen, als er gegen Max Diekmann – ausgerechnet in Berlin – wegen einer Verletzung aufgeben mußte. Diekmann hatte ihm das linke Ohr aufgeschlagen, eine Ader war geplatzt und das Blut in einer beeindruckenden Fontäne herausgeschossen. Das schmerzte Schmeling körperlich weniger als mental, denn der jugendlich hitzige Vorwärtsstürmer mußte einsehen, daß zum Sieg auch »eine gute Portion Glück« gehört. Diese Einsicht war im Weltbild des sich erbarmungslos selbstkasteienden Leistungssportlers nicht von Anfang an vorgesehen gewesen.

Aber es gab auch leichte und heitere Augenblicke. Jack Dempsey kam mit seiner zweiten Ehefrau, dem Filmstar Estelle Taylor, auf seiner Hochzeitsreise durch Köln. Um aus seinen Flitterwochen auch finanziell und publicitymäßig das Maximum herauszuholen, lief parallel zur Lustreise die Dienstreise, eine Schaukampftournee. In Köln wurde ihm neben zwei anderen jungen Talenten auch Max Schmeling zugeführt, der sein Leben lang stolz darauf war, im Kölner Lunapark auf Jack Dempseys Gesicht wenigstens den Hauch einer Verblüffung festgestellt zu haben, nachdem er immerhin ein Häkchen hatte plazieren können. Die Euphorie jedoch, die ihn nach Dempseys Prophezeiung, er sei ein kommender Champion, lange Zeit beflügelte, erhielt nach Jahren einen Dämpfer. Dempsey grinste, als Schmeling ihn daran erinnerte: »Ach, das habe ich zu allen gesagt.« Aber da waren Schmeling und Dempsey schon »befreundet«. Das ging bei Schmeling manchmal sehr schnell.

Noch einmal kehrte er auf den Rummelplatz zurück. Die »Stärkste Frau der Welt« und ihr Mann boten ihm einem Job als Hauslehrer für Boxunterricht an. Frauenboxen mit Max? Nein, der Sohn sollte unterrichtet werden. Schmeling akzeptierte und tauchte begeistert wieder ein in die Welt der Gaukler und Artisten, Messerwerfer und Feuerschlucker, trainierte den jungen Herrn Sandwiener, versorgte die Pferde, klebte Plakate und spritzte die Elefanten mit dem Wasserschlauch ab. Nachdem er den gefährlichen Sturz eines Hochseilkünstlers hautnah miterlebt hatte, hakte er mit pathetischem Ernst und einem Schuß Maibohmscher Philosophie die Erfahrung ab: »Wir alle, die wir auf den Brettern und in den Arenen im Scheinwerferlicht standen, waren wir fahrendes Volk. Und jedem von uns drohte in jedem Augenblick der Absturz.« Daß zu allem immer auch Glück gehörte, war jetzt endgültig in sein Denken einprogrammiert.

Pech traf ihn prompt, geschäftlich. Denn kaum war Max Schmeling ins Berufsboxerleben eingetreten, machte er sich auch schon Sorgen um seine Altersversorgung. Der Gedanke ließ ihn niemals los. Schon mit 25 Jahren schrieb er in seinem ersten kleinen autobiographischen Werk *Mein Leben, meine Kämpfe:* »Es ist die Tragik unseres Berufes, daß dieser Tag nicht erst im Alter, wenn man tatsächlich müde gekämpft ist, eintritt, sondern daß die Laufbahn eines Boxers oft schon vor dem dreißigsten Jahr beendet ist.« Als er das schrieb, lagen seine spektakulärsten Kämpfe noch vor ihm. Jedenfalls schlug der Neunzehnjährige seinem Manager Abels vor, eine Eisfabrikation aufzubauen. Sie stellten ein Mädchen zum Eisdrehen ein und schickten zwei Männer mit dem Eiswagen durch Kölns Straßen. Die Umsätze waren ordentlich. Seine gesamten Ersparnisse der letzten beiden Jahre – noch ein halbes Jahrhundert später weiß er die genaue Summe, sechshundert Mark – hatte er in das Geschäft gesteckt. Doch als er von der kolossalen Frau Sandwiener und ihrem boxbegierigen Sohn nach Köln zurückkehrte, hatte Abels inzwischen den Maschinenpark und den Eiswagen für zweihundertfünfzig Mark »verscherbelt« und seine persönlichen Geschäftsschulden damit beglichen. Die beiden Männer trennten sich.

Ein Glücksfall füllte das Vakuum. Max Machon trat auf den Plan. Als Schmeling in Köln vor einem Kampf einsam und allein in der Kabine saß, trat ein kleiner, lebhafter Mann ein. »Wer sind Sie und wie heißen Sie?« fragte er knapp. Aha, Schmeling, den Namen habe er schon gehört. »Wer managt Sie, wer ist Ihr Sekundant? — Lassen Sie mal, das mache ich schon.« Als Schmeling den Ring betrat, war Machon schon mit einem Gehilfen zur Stelle. Der wedelte Schmeling in den Pausen Luft zu, Machon sekundierte und gab taktische Tips. Schmeling gewann und dankte. »Aus Ihnen kann man etwas machen«, stellte Machon fest, der als Jockey nicht die Karriere gemacht hatte, die ihm eigentlich vorschwebte, und sich daraufhin auf die Betreuung von Boxern verlegt hatte. Von der Massage bis zum Sekundieren beim Kampf war er für alles zuständig. Machon war mit dem Boxer Richard Naujoks nach Köln gekommen, und mit dem reiste er auch wieder ab. Man würde sich wiedersehen.

Schmeling »fand Unterschlupf«, wie er sagt, bei Willi Fuchs und seinem Boxstall. Doch als Schmeling beleidigt festzustellen glaubte, Fuchs fördere nur Hein Domgörgen und lasse ihn links liegen, verließ er Köln im Streit. Er riskierte den Aufbruch ins Ungewisse. »Schon als ich anläßlich meines Kampfes im Sportpalast zum ersten Mal in Berlin gewesen war, hatte ich instinktiv erfaßt, daß eine Karriere nur über diese Stadt möglich war.« In Köln ließ er seine Mutter und seine kleine Schwester zunächst zurück, die er zu sich geholt hatte, nachdem der Vater im Januar 1926 in Hamburg gestorben war.

In seinem berühmten Buch *Max Schmeling. Die Geschichte eines Kämpfers*, das der jüdische Journalist Rolf Nürnberg 1932 gerade noch veröffentlichen konnte, beschreibt Nürnberg den Abschied Schmelings von Köln:

»Schmeling war aus Köln weggelaufen, Verpflichtungen, Mutter, Freundin zurücklassend, war mutlos, zwanzig Pfennig in der Tasche … Bülow hatte ihn angehört. Nicht wieder nach Köln zurück, nicht wieder unter die niederhaltende Fuchtel des Managers Fuchs, nicht mehr Statist und Strohmann für Fuchsens Boxerfavoriten, nicht mehr das Lamento der Mutter, nicht mehr das öde Mädchen.«

Nürnberg hat viele unfreundliche Sätze über Max Schmeling geschrieben, zu dem ihn eine ihm selbst widerwärtige Bewunderung hingezogen zu haben scheint. Hinter dem Schreibtisch des Chefredakteurs des *12-Uhr-Mittag* hing ein übergroßes Porträt des Geschmähten. Doch selbst Schmelings Freunde zollen dem Buch Nürnbergs heute noch widerwillig Bewunderung, und im Fall Berlin und Bülow unterscheidet sich Nürnbergs Darstellung der Ereignisse nicht wesentlich von der Max Schmelings. Er gibt zu, Bülow gegenüber ein wenig mit falschen Karten gespielt zu haben. Selbstverständlich habe er ihm nicht gesagt, daß er aus Köln weggelaufen sei, sondern seinen Weggang so hingestellt, als ob er sich von Berlin mehr als von Köln versprechen würde. In seinen *Erinnerungen* gibt er sogar zu, Bülow gegenüber behauptet zu haben, er sei bloß wegen des Kampfes zwischen Paul Samson-Körner und Franz Diener nach Berlin gekommen.

Doch Arthur Bülow durchschaut ihn und gibt ihm Geld für die Eintrittskarte.

Nürnberg berichtet, daß Felix Hollaender, der Schriftsteller, Theatermann und Onkel von Friedrich Hollaender, damals in der umfunktionierten Radrennbahn neben Max Schmeling gesessen habe; auch Hollaender vom Boxfieber erfaßt, das Bert Brecht zur gleichen Zeit dazu veranlaßte, Paul Samson-Körner als Objekt der Begierde und geplanten Romanhelden zu umwerben. Als Samson-Körner 1927 seine Laufbahn beendete, ließ Brecht das Projekt *Das Renommee* fallen. Überlebt hat von Brechts Absicht vor allem ein Foto: Paul Samson-Körner umfaßt mit der linken Hand behutsam und bedrohlich zugleich Brechts Hinterkopf und hält ihm seine geballte rechte Faust vor die Nase. Diesem schlagenden Argument hätte Bert Brecht, in dessen Wohnung aus rein dekorativen Gründen ein Punching-Ball hing, nichts zu entgegnen gehabt.

Max Schmeling war so nett, an seinem achtzigsten Geburtstag Wolf Wondratschek als einen von vielen Gratulanten zuzulassen, und trieb seine Nettigkeit auf die Spitze, als Wolf Wondratschek unbedingt in Brechts Fußstapfen schlüpfen wollte. So stellten sie das berühmte Foto nach. Doch Schmeling ist ein Lieber. Er hält den Kopf gerade, während Paul Samson-Körner dem – vielleicht nervenden?! – Brecht den Kopf schräg von unten zuneigt – eine Körpersprache voller Bösartigkeit, gespielt oder nicht. Und während Brecht unsicher grient, hat Wolf Wondratschek lange vorher entschieden, was er keinesfalls tun wird: lächeln.

Schmeling reagierte abweisend auf Felix Hollaender. Kurze Zeit später wäre ihm das nicht mehr passiert: Da kannte er seine Pappenheimer. Jetzt achtete er aber nur auf den Ring. Er hatte noch nie zuvor einen großen Boxkampf miterlebt. »Der Kampf ging mit wechselnden Vorteilen über alle Runden, und Dieners Punktsieg war umstritten. Aber es war ein großer Kampf.« Was Schmeling nicht daran hinderte, am nächsten Tag seine Unterschrift unter eine Adresse zu setzen, die Samson-Körner doch den Sieg zusprach. Der Neu-Berliner befand sich gleich in illustrer Gesellschaft. Arthur Bülow unterschrieb, aber auch Hans Breitensträter, Kurt Prenzel, André Picard und einige andere. (Anderthalb Jahre später besiegte Schmeling Franz Diener, und die Meinungen waren ebenfalls in einem Maße geteilt, daß Unterschriften hätten gesammelt werden können – gegen Schmeling.)

Bülow hält sein Versprechen und hilft Schmeling, wie er es ihm am Rande eines Boxkampfs einmal angeboten hatte. Er bringt ihn in Lanke in Max Machons neugegründetem Trainingscamp unter und übernimmt die Kosten: fünfzig Mark im Monat. Dort trainierte Schmeling von nun an mit Richard Naujoks, Hermann Herse und Paul Noack. Endlich kam System ins Training. Schon morgens um halb sieben liefen sie durch die märkischen Wälder, bis zu zwanzig Kilometer weit; Waldlauf, Sprints, Freiübungen standen auf dem Programm. Duschen, Massage, Frühstück, taktischer Unterricht, und manchmal zeigte Machon Kampffilme. Mittagessen vor 12 Uhr und zwei Stunden Mittagsschlaf vor dem eigentlichen Boxtraining. Und irgendwann gab Bülow, der regelmäßig vorbeischaute, seinen Job bei der Zeitung auf und war nur noch Schmelings Manager. Wann das genau war – von Schmeling erfahren wir es nicht. Erst am Rande des Kampfes mit Diener erwähnt Schmeling die Anwesenheit von Bülows Nachfolger beim *Boxsport*. Verdrängt er, was Bülow für ihn aufgab?

Das Training zeigte Wirkung. Schon im ersten von Bülow arrangierten Kampf mit August Vongehr siegte Schmeling in der ersten Runde durch K. o. Sein nächster Gegner war Max Diekmann, gegen den er seit dem blutigen Ende ihres ersten Zusammentreffens immerhin schon einmal unentschieden gekämpft hatte. Er schlug ihn am 24. August 1926 in einer Atmosphäre zusammen, die seiner Affinität zum Rummel sehr entgegenkam: im Lunapark, dem Berliner Vergnügungspark mit seinen Schießbuden und Restaurants, Karussells und Akrobatenzelten. Nach dreißig Sekunden war alles vorbei. Schmeling bekam 1 500 Mark. Davon zahlte er Arthur Bülow seinen Zuschuß zurück und fühlte sich selbständig. Er war jetzt Deutscher Meister im Halbschwergewicht.

Arno Hellmis verewigte das Ereignis in blumigen Worten im *Boxsport*:

»Schmeling war schon immer ein guter Mann, trotz seiner Jugend, trotzdem er niemals in solchen Händen war, die das rechte Sentiment für den Stoff besaßen, den er wirklich in sich hat. Nur drei Monate in Lanke, nur einige wenige Umstellungen und gesunde Lebensverhältnisse in jeder Beziehung, und schon verrät er eine hundertprozentige Verbesserung. Der von ihm so schwer geschlagene Diekmann unterlag einem Größeren, einem Großen. Der deutsche Boxsport hat einen neuen Meister und einen neuen Mann, auf den er wieder bauen kann. Vielleicht sogar einen Stern am Boxhimmel, der die Kräfte besitzt, alle einstigen vorhandenen zu übertreffen.«

Hätte Max Schmeling das Buch gelesen, das Helmut Sohre für ihn schrieb, *Ich boxte mich durchs Leben* (1967), wäre er vermutlich erschrocken, denn darin wird behauptet, Arthur Bülow selbst habe diese Eloge auf seinen Schützling geschrieben. Aber so weit ging das Duo dann doch nicht.

In Prag packte Anny Ondra die Koffer für ihr Abenteuer mit dem Filmgrafen Kolowrat.

1927 wurde ein großartiges Jahr für Schmeling und Bülow. Bülow verschaffte seinem jungen Kämpfer – Schmeling wurde zweiundzwanzig – fünfzehn Kämpfe, und er gewann sie alle. Sieben durch K. o., fünf durch technischen K. o., das heißt durch freiwillige Aufgabe des erledigten Gegners, und drei nach Punkten. Seinen Ruf bei den Boxfans baute er nur langsam auf. Hinter den Kulissen aber brachte ihn Bülow zielstrebig mit den richtigen Leuten zusammen und gab seinem Boxer Selbstbewußtsein. Am 19. Juni wurde er Europameister im Halbschwergewicht. Elf Tage später lud ihn Max Machon zur Belohnung nach London ein, Bülow schloß sich an: Sie besuchten den Weltmeisterschaftskampf zwischen Mickey Walker und Tommy Milligan. Milligan, heißt es in Viscount Knebworths *Boxing. A Guide to Modern Methods* von 1931, sei einer der besten Boxer und vielleicht sogar der liebenswürdigste Mann gewesen, den Schottland je hervorgebracht habe. In Runde sieben wurde er niedergeschlagen. Der Ringrichter zählte bis acht, und Milligan hielt noch drei Runden durch, in denen er die brutalste Dresche bezog, die jemals ein Mann von einem anderen im Ring erhielt, kommentiert Knebworth bewundernd.

Im Publikum – und das gefiel Max Schmeling besonders gut – saßen die feinen Damen und Herren der englischen Gesellschaft in Smoking und Abendkleid, und auch die drei Männer aus Berlin hatten sich aufgehübscht:

»Am nachhaltigsten aber beeindruckte mich der Kampf selber … ich bekam einen Begriff davon, wie konzentriert, wie erbarmungslos und hart amerikanische Boxer ihren Beruf auffaßten. Die Art, in der Walker seinen Herausforderer … zusammenhämmerte, blieb mir als Lehrstück unvergeßlich.«

Wahrhaft unvergeßlich. Als er selbst am 26. September 1932 in New York Mickey Walker vor die Fäuste bekam, machte er ihn fertig. Er kannte seinen Gegner ja schon. Und er war gnädiger gegenüber seinem Kontrahenten, als der es gegenüber Milligan gewesen war.

Als kleines Sahnehäubchen nahm Schmeling aus London noch die Erinnerung mit, vom Doorman in der Olympiahalle mit zwei Fingern am Mützenrand willkommen geheißen worden zu sein: »Pass by, Mr. Dempsey.« Die verblüffende Ähnlichkeit der beiden Boxer hatte schon im Kölner Lunapark die Zuschauer zum Staunen gebracht und war 1928 ein guter Einstieg in Amerika. Mit schöner Selbstironie sagte Schmeling später: »Wir sahen uns aber erst ähnlich, nachdem sich Dempsey die Nase hatte operieren lassen.«

Machon gab seinem Schützling außerdem eine Reise nach Paris aus, wo sie Georges Carpentier trafen, der im Moulin Rouge mit Mistinguett auftrat. Carpentier beglückwünschte den neuen Europameister und zeigte sich voll informiert. »Delarge hat geweint!« sagte er immer wieder kopfschüttelnd. Delarge hatte eine der goldenen Regeln verletzt, die Carpentier in seinem für das Greenhorn Schmeling so wichtigen Boxer-Leitfaden aufgestellt hatte: »Laß deinen Gegner nie merken, daß er dich verletzt hat!« In der dreizehnten Runde hatte Fernand Delarge heulend die Faust zum Zeichen der Aufgabe erhoben. Das schien Carpentier mehr als alles andere zu faszinieren.

1930 schrieb Schmeling übrigens viel ungenierter über die Brutalität eines Kampfes als 1977. 1977 läßt er Delarge »immer wieder leerlaufen, um ihn dann hart und schwer zu kontern«. 1930 dagegen: »Ich begann, ihn systematisch zu boxen und zu zermürben, um ihn für das Finish, zu dem ich in der 11. Runde überging, fertig zu machen.«

Ob Georges Carpentiers Bühnenpartnerin Mistinguett Schmeling schon damals küssen wollte, ist nicht überliefert. Als er sie 1944 bei einer Party in Paris wiedertraf, bot ihm die Siebzigjährige routiniert ihre Lippen: »Monsieur Max, give me a kiss!« Der treue Ehemann scheute zurück und überließ dem galanten Carpentier den Job. »Die Franzosen können das viel besser.«

Doch 1927 geschah auch etwas Schlimmes. Bei einer Motorradfahrt mit Mutter und Schwester in Begleitung von Paul Noack auf seiner eigenen Maschine stürzten die Schmelings in einer Kurve. Die dreizehnjährige Edith hatte sich vermutlich zu weit nach außen gelegt. Sie starb wenige Stunden später. Das war am 20. Juli 1927. Schmeling machte sich große Vorwürfe. Er hatte zu seiner Schwester, die er mit der Mutter bald nach Berlin hatte nachkommen lassen, ein sehr enges Verhältnis. Die Ärzte versuchten ihn zu trösten; die Schwester habe Diphterie gehabt. »Das sollte eine Art Trost für mich sein.«

Auch Arno Hellmis, inzwischen ein Kumpel Schmelings, versuchte Schmeling zu trösten. »Aber wir merkten in diesen Tagen, daß er Manns genug war, mit seinen eigenen Angelegenheiten selbst fertig zu werden.« Bei der Schilderung dieses Unfalls und seiner Folgen landete Rolf Nürnberg wirklich einen Tiefschlag:

»So berührte ihn der Tod. Der Tod, der den Boxer ständig umkreist. Hier sah er einmal sein Gesicht aus der Nähe, und auch das war nötig, um ihn zu härten. Wer noch keinen Toten gesehen hat, hat noch zu viel Angst, über Leichen zu gehen. Die kleine Schwester war das Opfer, damit er diese Angst überwand.«

Rolf Nürnberg hat sich in seinem amerikanischen Exil bei Schmeling für sein Buch entschuldigt: Schmeling hatte ihm inzwischen geholfen, bei einer amerikanisch-deutschen Zeitung Fuß zu fassen. Er wollte das Buch aus dem Handel ziehen. Aber vielleicht war ein Satz gar nicht so falsch gewesen: »/.../das Geheimnis ist Abhärtung gegen die Regungen der Seele«. Ähnlich sah es Georges Carpentier: »Stets eine lächelnde Miene zur Schau tragen.« Max Schmeling lernte das.

Der Manager Willi Fuchs in Köln hatte offenbar auf den falschen Mann gesetzt. Hein Domgörgen, dem er Schmeling – nach dessen Empfinden – als billigen Sparringspartner serviert hatte, wurde in Deutschland nie besonders beliebt. Da half es auch oder erst recht nicht, daß sich Domgörgen im *Querschnitt*-Umkreis zur »Kölner Schule« äußern durfte. »So ähnlich, wie es mit den Kölner Malern der alten Zeit war, so ähnlich ist es heute mit den Kölner Boxern.« Maler des Mittelalters, Kölsche Boxer, vereinigt euch. Die Quelle der besonderen Qualität beider sah Domgörgen – Kölle Alaaf – im rheinischen Temperament. Allerdings, mußte Domgörgen zugeben, fehle der rheinischen Angriffsfreude die »mitreißende Wildheit ungehemmten Vernichtungswillens«. Schmeling hatte da weniger Probleme, und er schlug Hein Domgörgen am 6. November 1927 in Leipzig in der siebten Runde k.o.

Alfred Flechtheim sah den Kampf und schenkte seinem neuen Liebling – nach Hans Breitensträter – ein dickes Lob:

»Neulich, in Klein-Paris an der Pleiße, mußte er seinen deutschen Titel gegen den Kölner Domgörgen verteidigen. Das war ein Kampf, in dem Schmeling eine Taktik zeigte, die, falls wir einen Generalstab hätten, den Boxer als Generalstäbler qualifiziert hätte.«

Vor dem Kampf allerdings flüchtete sich der Generalstäbler in die Büsche, als ihm bei einem Trainingslauf Domgörgen mit seinen Leuten entgegenkam. Domgörgen sollte auf keinen Fall erfahren, daß Schmeling Gewichtsprobleme hatte und sich vor dem Kampf noch etliche Pfunde herunterschwitzen mußte. Schmeling und Bülow hatten dem Kampf ohnehin aus dem Weg gehen wollen. Doch als Meister seiner Klasse hatte Domgörgen das Recht, mit dem Meister der höheren Kategorie um den Titel zu kämpfen. Der Ringrichter war Paul Samson-Körner. Im Ring wartete schon Fuchs auf Schmeling. Als Sekundant tastete er Schmelings Handschuhe ab. »Na, Max, heute gibt's die große Abrechnung.« Die gab es dann. Zunächst führte Domgörgen nach Punkten, und Schmelings linkes Auge schloß sich. Doch im Knockout rächte sich Willi Fuchs' Vabanquespiel um die Siegesbörse. Man hatte vereinbart: Der Sieger kriegt alles. Schmeling bekam 20 000 Mark, Domgörgen keinen Pfennig.

Einen Tag später besuchte Max Schmeling das Berliner Sechstagerennen, und das Publikum jubelte ihm zu. Es nahm ihn allmählich zur Kenntnis.

Schmelings nächster Gegner war Michele Bonaglia. Am Dreikönigstag 1928 versuchte der sich durch Klammern zu retten. »Pas tenir!« rief der Ringrichter schon, doch Bonaglia umklammerte dreimal hintereinander den Hals Schmelings. Das Publikum pfiff und tobte. Da holte Schmeling aus. Fritz Kortner saß in der ersten Reihe und war von der Todesangst im Auge des Italieners fasziniert. Als Bonaglia fiel, nicht mehr aufstand und vom Sieger in die Ecke geschleppt wurde, erhob sich im Sportpalast ein Beifallsrasen, wie man es dort noch nicht gehört hatte. Schmeling weinte. Eine Gruppe sang das Deutschlandlied.

Fritz Kortner empfand die Schicksalshaftigkeit der Stunde:

»Als Schmeling den damaligen, von Mussolini persönlich ermunterten italienisch-faschistischen Europameister besiegt hatte, mutete uns das wie ein Sieg der Demokratie über den Faschismus an.«

Zu früh gefreut. Und die Ungerechtigkeit, mit dem Staat gleichgesetzt zu werden, aus dem man kam, sollte dem Boxer Schmeling noch schwer zu schaffen machen. Nachdem Bonaglia wieder aufgewacht war, gelang es ihm noch, einen Kuß auf Schmelings Wange zu drücken. In der Kabine brach er in Schreikrämpfe aus und konnte kaum beruhigt werden.

Jetzt war Schmeling endgültig der Liebling der Massen, aber auch des Feuilletons. Man bat ihn sogar um einen Beitrag für ein Buch über Kortner.

»Ich bin, gestatten Sie, daß ich mich vorstelle, nur ein Boxer./.../ Ich bin also/.../als amusisch abgestempelt. Schade. Denn ich kann es nicht verhindern, daß ich die Kunst liebe./.../Sie kennen Fritz Kortner? Sind Sie böse, daß ich, der Boxer, ihn auch kenne? /.../Und mehr liebe als Sie, und inniger, echter, wahrer liebe als Sie, weil ich mit ihm fühlen kann, wenn er da oben auf den Brettern steht und über die Enge der Welt, die seine überschüssige Kraft sich nicht entladen läßt, verzweifelt?«

So wollte Schmeling gern gesehen werden, als Mann mit kräftigen Fäusten, dessen Intellekt und Empfindsamkeit deswegen aber niemand unterschätzen sollte. Otto Zarek, ein Romancier, hatte die Zeilen in Schmelings Namen verfaßt. In Zeitungen übernahm diesen Job manchmal Géza von Cziffra.

Doch beinahe wäre es das schon gewesen. Schmeling trieb sich auf Empfängen herum und versumpfte bei einem Mitternachtsempfang von Ernst Deutsch, wenn auch wie immer ohne Alkohol. Ein paar Tage später passierte dann in Frankfurt das, was bei der Verkündung durch den Stadionsprecher beim Berliner Sechstagerennen im Publikum zunächst nur ungläubiges Gelächter hervorrief. Der Engländer Gipsy Daniels schlug Schmeling in der ersten Runde k. o., wenn auch mit einem Heumacher, wie Schmeling entschuldigend erklärte, einem ziellosen, weit hergeholten Schlag, den Daniels abfeuerte, während er in Schmelings Schlaghagel schon fast in den Seilen lag. Schmeling versucht sich zu erinnern:

»Man fühlt eigentlich den todbringenden Schlag kaum. Wenigstens hatte ich kein direktes Schmerzempfinden. Ich erhielt den Treffer auf's Kinn und merkte dann, wie mir die Beine unter dem Körper wegrutschten. ... Ich war auch noch nicht bei Besinnung, als mich meine Sekundanten in die Ecke schleiften ... Ich stierte ziellos vor mich hin, erkannte auch einige Bekannte ... In einem traumähnlichen Zustand begab ich mich dann ohne jede Unterstützung in meine Kabine.«

Im Hotel übergab sich Schmeling mehrere Male, während Bülow hektisch mit den Drahtziehern im Boxgeschäft telefonierte, die ihr Geld in Gefahr sahen. Doch Schmeling griff aller Übelkeit und Gehirnerschütterung zum Trotz zum Hörer und beruhigte André Picard, den Veranstalter in Dortmund: »Aber natürlich kann ich kämpfen! So ein Malheur ist Dempsey auch schon passiert.« Dann übergab er sich wieder. Bis zum Kampf mit Ted Moore am 10. März 1928 hatte er sich wieder gefangen und gewann in der zehnten Runde nach Punkten. Erst gut vier Jahre später verlor Schmeling wieder einen Kampf.

Getröstet hat Schmeling während dieser kurzen Depression Alfred Flechtheim. Kaum eine Nummer seiner Zeitschrift *Quer-*

schnitt, die sich nicht mit dem Boxsport beschäftigt hätte. Carl Sternheim etwa äußerte sich diffus zur neuen europäischen Fadheit unter dem Titel »Wohlwollende Impotenz oder Shakespeare und Goethe als faule Ausreden«. Um so packender waren die Boxkampfvignetten. Dempsey, Breitensträter und Carpentier schrieben sich für den *Querschnitt* die Finger wund, und Max Schmeling lachte, kletterte, posierte für die Fotografen. Flechtheim schickte Schmeling zu George Grosz, um ihn malen zu lassen; in *Ein kleines Ja und ein großes Nein* nennt George Grosz nur diese Tatsache, sonst fällt ihm zu Schmeling knapp drei Jahrzehnte später nichts mehr ein. Renée Sintenis, Rudolf Belling und Ernesto de Fiori kamen ebenfalls im Auftrag Flechtheims auf Schmeling zu und verewigten ihn. Flechtheim ging nicht so weit wie der Sänger Michael Bohnen oder Fritz Kortner, die von Schmeling wirklich boxen lernen wollten, aber Wedderkop, sein Mitherausgeber beim *Querschnitt*, verriet:

»Wenn Flechtheim traurig ist, ein Geschäft sich zerschlagen hat, eine Hoffnung fehlging und er sich aufrichten will, geht er abends in den jüdischen Box-Klub Machabi, sieht sein Volk boxen. Sagt: ›Siehe, wie tüchtig macht sich mein Volk in den Seilen!‹«

Alfred Flechtheim ging es dann wieder besser, doch so tüchtig sich »sein Volk« auch in den Seilen machte, so wenig Chancen hatten seine Boxer, sich zu beweisen: Der erfolgreiche jüdische Boxer Erich Seelig zum Beispiel verließ sofort nach der Machtergreifung durch die Nazis Berlin und wanderte mit seinem Bruder und Manager Heinrich nach Amerika aus. Max Schmeling erwähnt den Berufskollegen nie.

Am 4. April 1928 kämpfte Max Schmeling mit Franz Diener um die Deutsche Meisterschaft im Schwergewicht. Berlin lag endgültig im Boxfieber. Die Wetten standen eher zugunsten des in Amerika allerdings gerade gescheiterten Franz Diener. Sabri Mahir, sein türkischer Trainer, in dessen Boxstudio sich die Berliner

Prominenz die Klinke in die Hand gab, knapste immer noch an diesem Flop. Vor dem alles entscheidenden Kampf war Diener mit einem Mädchen um die Häuser gezogen, hatte sich im Eispalast erkältet – und verloren. Schluß mit den Träumen vom Kampf gegen Jack Dempsey, den Tex Rickard in Aussicht gestellt hatte. Jetzt brachte Diener in Sabri Mahirs Studio der verbissen trainierenden Carola Neher und der ehrgeizigen Vicki Baum das Boxen bei.

Sie hatten beide ihre Fans, Schmeling und Diener, doch Sabri Mahir mußte feststellen, daß Dieners Anhänger während des Kampfes scharenweise zu Schmeling überliefen. Das berühmte Programmheft, ein kleines Who's who der männlichen Berliner Intellektuellen, das heute nicht mehr aufzutreiben ist – Max Schmelings enger Freund Sepp Scherbauer vermutet es neben anderen Schätzen in einer Rumpelkammer in Hollenstedt –, galt nicht allein dem Salonliebling Schmeling, sondern durchaus auch Franz Diener, dem »Bollwerk«, wie ihn Schmeling Jahrzehnte später noch respektvoll nennt. Es schrieben Leopold Jeßner, Carl Zuckmayer, Kurt Pinthus, Herbert Jhering, Egon Erwin Kisch, Leo Lania, Werner Krauss, Curt Bois, Friedrich Hollaender und Willi Schaeffers.

Der Kampf war hart. In den ersten drei Runden schon schlug Schmeling Dieners Gesicht blutig, obwohl er seit der ersten Runde mit dem Handicap eines verletzten Daumens kämpfen mußte. In der vierten Runde verfehlte es Diener um Sekundenbruchteile, den geschwächten Schmeling auszuknocken, und Schmeling erholte sich wieder. Paul Samson-Körner, erneut der Ringrichter, machte Schmeling zum Sieger nach Punkten. Das Publikum jubelte, doch die Sportreporter blieben auf Dieners Seite. Ralf Nürnberg zählt die Pressestimmen aus. Reinhold Simon im *12-Uhr-Blatt*: unentschieden. Erwin Thoma im *Boxsport*: unentschieden. Hauptmann Schönborn in der *D. A. Z.*: unentschieden. Peter Ejk im *8-Uhr-Abendblatt*: unentschieden. Nur Peter Brie im *Montag-Morgen*: Sieger Schmeling.

In seinen *Erinnerungen* meint Schmeling, das Urteil der Presse sei »eindeutig« gewesen und suggerierte ein »eindeutiger Sieger –

Schmeling«. Doch gegenüber Harry Valérien stocken seine Worte im Februar 1964:

»Nach fünfzehn Runden war ich gar nicht sehr glücklich, bevor das Urteil verkündet wurde. Denn (längere Pause) — jedenfalls wurde ich deutscher Meister im Schwergewicht. Es hätte genausogut Franz Diener sein können. Es war ziemlich gleich.«

Und er fügte gleich hinzu: »Es war nicht mehr sehr viel los für mich in Deutschland.« Deshalb Amerika. Verunsichert hatten ihn auch die plötzlich polemischen Kommentare und die bissigen Karikaturen in den Zeitungen. Was ursprünglich allen gefallen habe – sein Umgang mit Flechtheim & Co. –, sei ihm plötzlich angekreidet worden. Schmeling sucht Zuflucht hinter einem großen Namen: »Schon Gene Tunney war vorgehalten worden, daß er Klassiker las, mit George Bernard Shaw korrespondierte und sich von dem Schweizer Bildhauer Hermann Haller modellieren ließ.«

Doch Schmeling verübelte man vor allem, daß er einen Kampf in Dortmund mit der Begründung einer Handverletzung abgesagt hatte. Zu häufig mußten derartige vermeintliche Blessuren im Boxgeschäft als Entschuldigung herhalten. Dabei hatte sich Schmeling seinen Daumen nachweislich verletzt. Bei einem Trainingsversuch wurden die Schmerzen unerträglich. Mehr oder weniger heimlich schiffte er sich mit Arthur Bülow auf der »New York« ein und fuhr nach Amerika. Das war am 18. Mai 1928.

Womöglich hat er von seinem Ozeanriesen aus der kleinen Fähre zugewunken, auf der Anny Ondra wieder einmal von Berlin via Holland nach Harwich und London übersetzte.

Zum dritten Mal war Max Schmeling in eine unsichere neue Zukunft aufgebrochen. Doch zwischen ihm und dem Mann, der mit ihm gegangen war und der ihn vermutlich sogar zu dieser Reise veranlaßt hatte, gab es bald Reibereien. Schmeling hielt Arthur Bülow für unfähig, Kontakte herzustellen und Kämpfe für ihn auszuhandeln. Nach kurzem Aufenthalt in New York City zog Max Schmeling mit Max Machon in das Trainingscamp der berühmten Madame Bey in Summit bei New York. Die beiden Maxe werden für den Rest von Schmelings Boxerkarriere zusammenbleiben. Für Arthur Bülow ist dieser Umstand der Anfang vom Ende.

Im Trainingslager empfahl der französische Boxer André Routis Schmeling seinen eigenen Manager, den Amerikaner Joe Jacobs. Obwohl nun alles schnell zu gehen schien, zog sich die Trennung von Arthur Bülow lange und schmerzhaft hin. Mag Schmeling auch zu Recht Bülows Ungeschick auf amerikanischem Parkett bemängelt haben, so war das Zögern seines Managers vor dem Abschluß neuer Verträge doch verständlich. Denn erst am 10. Oktober gab der Sportchirurg Dr. Fralick, der Schmelings Daumen drei Stunden lang operiert und einen Knochensplitter entfernt hatte, die Hand zum Kampf frei. Seit der Operation lebte Schmeling wieder von Bülows Geld; seins war aufgebraucht. In den ersten Wochen im New Yorker Ransby-Hotel hatten sie sogar ein Zimmer geteilt. Schon für jeden normalen Erwachsenen ist das eine Zumutung; für einen Mann wie Schmeling muß es fast unerträglich gewesen sein. Und zwar nicht nur in solchen Momenten, wo Bülow ihn nachts um drei Uhr weckte, um ihm aufgeregt seine neueste Theorie mitzuteilen: »Ich hab's! Die Linke muß kommen, als ob du eine Fliege in der Luft fangen willst.« Gegenüber den deutschen Boxbehörden hatte sich Bülow wegen André Picards Regreßansprüchen und wegen seiner Verbitterung darüber, daß man Max Schmeling 1928 die Meistertitel aberkannt hatte – weil er sie in Europa nicht mehr verteidigen wollte –, ins Aus begeben. Als Schmeling ihn fragte, ob er von den Deutschen die Starterlaubnis für ihn eingeholt habe, bockte Bülow wie ein Kind: »Eher erschieße ich mich.« Schmeling kümmerte sich selbst darum.

Joe Jacobs schien neue Gegner mit Leichtigkeit herbeizuschaffen. Plötzlich hatte auch Bülow einen Kampf zu bieten, doch die Börse, die er dafür ausgehandelt hatte, gab Anlaß für den nächsten Streit. Nur 1 000 Dollar für einen Kampf gegen Joe Monte. Schmeling beschwerte sich bei der Boxsport-Behörde. Zum ersten Mal traf er James Farley, der dort Commissioner war. Bülow sei nun einmal zeichnungsberechtigt, sagte Farley, Schmeling solle sich beruhigen. Er sah Schmeling gegen Windmühlen rennen und brachte ihn auf eine bessere Idee. Warum nicht den alten Manager herunterhandeln? Vierzig Prozent seien für amerikanische Verhältnisse sehr viel. Leicht getröstet ging Schmeling von dannen und feilschte Bülow auf dreiunddreißig Prozent herunter, dreiunddreißig und ein Drittel, um genau zu sein, und Schmeling war genau.

Bubi Scholz gegenüber strickte Schmeling an der Legende hehrer Sportlichkeit: Er habe in Wahrheit Bülow eine sehr großzügige Abfindung angeboten, aber Bülow habe sie abgelehnt – aus Stolz …

Trotz heftiger Grippe und ebenso heftigen Grolls gegen seine Situation und Bülow gewann Schmeling am 24. November 1928 den Kampf und die lautstarke Anerkennung Tex Rickards: Der Satz »What a right hand!« fiel in diesem Kampf in der achten Runde, als Schmeling Joe Monte knockout schlug.

Am nächsten Tag stand er schon wieder vor der Boxkommission und nörgelte herum. Farley war sein rettender Engel. Als Schmeling auf die bohrenden Fragen der Kommissionsmitglieder nach Details des Vertrags mit Bülow die Nerven verlor, war es Farley, der ihn ins Zimmer zurückholte. »Kommen Sie zur Vernunft, junger Mann. Niemand hier will Ihnen Böses. Wir wollen nur die Wahrheit wissen.«

Hinterher erfuhr Schmeling, daß Hitzköpfe wie er schon wegen geringerer Vergehen für Monate oder Jahre von der Kommission gesperrt worden waren. Außerdem durfte er Bülow verlassen unter der Voraussetzung, ihm bis zum eigentlichen Ende des Vertrags den vereinbarten Anteil zu zahlen. Joe Jacobs verzichtete solange auf den seinen, schreibt Schmeling, und das habe ihm imponiert.

Nürnberg recherchierte dagegen einen erbitterten Kampf zwischen Jacobs und Bülow um jedes Prozent. Bülows Neigung zum Trinken im prohibitiven Amerika förderte noch seine Neigung zu falschen Freunden. Bei einer erneuten Sitzung vor der Boxkommission stritten sich Schmeling und Jacobs, Bülow und ein neuer Freund wie die Waschweiber. Die Behörde erkannte trotzdem den Vertrag wieder an. Max Schmeling fuhr auf der »Deutschland« nach Hause. Er hatte in Amerika vier Kämpfe gewonnen, deren letzter die Amerikaner am meisten beeindruckte. Johnny Risco mit einem bis dahin imponierenden Kampfrekord ging in der ersten, siebten und achten Runde zu Boden und gab mit glasigen Augen und erhobenen Händen auf. Er wurde nie wieder derselbe.

In Deutschland wollte sich Schmeling mit Hilfe der deutschen Boxbehörde von Bülow trennen. Das ging glatter als erwartet. In Deutschland galt der heimkehrende Schmeling plötzlich wieder etwas. Er hatte in Amerika gesiegt, seine »Flucht« war durch vollendete Tatsachen gerechtfertigt worden. Bülow war weit weg und hatte durch seine wütenden Briefe alle vor den Kopf gestoßen. Bülow wurde suspendiert, und Schmeling erhielt das Recht, seine Verträge selbst auszuhandeln. Die meisten Zeitungen waren diesmal auf Seiten Schmelings, nur wenige ergriffen für Bülow Partei. Der machte derweil in Amerika Verträge mit dem Promoter Humbert Fugazy, dem einstigen Rivalen Tex Rickards. Der Spanier Paolino wurde zum Gegner bestimmt. Da Schmeling jedoch am Tag der Beerdigung von Tex Rickards aus »dem Gefühl der Anhänglichkeit« mit »dessen« Madison Square Garden einen Zweijahresvertrag unterzeichnet hatte, steckte er tief in der Klemme. Er konnte nur noch vertragsbrüchig werden: Die Amerikaner kümmerten sich herzlich wenig um die deutsche Trennung von Schmeling und Bülow. Schmeling entschied sich für einen riskanten Ausweg: Er schwor hoch und heilig, er werde in Amerika überhaupt nicht mehr kämpfen, bis der Vertrag mit Bülow ausgelaufen sei.

Die Rückkehr nach Amerika erfolgte daher schrittweise über Kanada. »In Halifax mußte ich von Bord gehen«, sagte er lakonisch. In Montreal wurde er von William F. Carey empfangen, dem neuen Chef des Madison Square Garden. Ein legendärer Brückenbauer und Eisenbahnstratege, der für vierzig Millionen Dollar eine Eisenbahnlinie quer durch Bolivien angelegt hatte.

Careys Einstieg in den Madison Square Garden verlief nicht

ganz so, wie er es sich vorgestellt hatte, denn er mußte Max Schmeling mit dem Milchfonds teilen. Die Frau des Pressemoguls William Randolph Hearst, die von ihrem Mann wegen seiner Affäre mit der in der unteren Liga spielenden Schauspielerin Marion Davies beschäftigt werden mußte, hatte sich das ausgedacht, und der Gattin Hearsts widerstand man nicht. Erst recht dann nicht, wenn sie karitativ unterwegs war. Bülow versuchte sich ihr in den Weg zu stellen und war weg vom Fenster. Die Boxbehörde setzte seinen Vertrag für den Milchfonds-Kampf Schmeling – Paolino ganz einfach aus.

Das unablässige Bombardement der Öffentlichkeit mit Nachrichten aus dem Trainingscamp brachte dem Kampf ein größeres Interesse ein als es sonst bei einem Duell zweier boxender Ausländer der Fall war. 400 000 Dollar kamen in die Kasse. Der Sieger dieses Kampfes sollte in einem Jahr um die Weltmeisterschaft kämpfen dürfen. Schmeling war in besonders guter Form. »Sie kommen wie ein Sprinter raus aus Ihrer Ecke!« sagt Harry Valérien bewundernd zu ihm, als sie sich die Aufzeichnung des Kampfes gut dreißig Jahre später zusammen ansehen. Doch selbst nachdem er viele Treffer hatte landen können, unterschätzte Schmeling Paolino nicht. »Angeschlagene Boxer sind besonders gefährlich.« Dennoch stellte die *B. Z. am Mittag* befriedigt den schlimmen Zustand des spanischen Boxers in der zehnten Runde fest: »Sein Gesicht verwandelt sich allmählich in eine blutige Masse.« Der eindeutige Sieg nach Punkten ließ Schmeling im Ring vor Freude herumhüpfen, und auf Gustav Knuths Nachfrage bestätigte er gern: »Ja, die Freude galt auch der stolzen Einnahme von 350 000 Goldmark.« 300 000 davon waren die siebzehn Prozent Gewinnanteil plus Verwertung der Filmrechte, ein Zubrot, das Schmeling seit diesem Kampf nicht mehr aus den Augen verlor.

Jetzt arrangierte Joe Jacobs für ihn eine Schaukampftournee durch die Vereinigten Staaten, an deren Ende eine Party in Hollywood stand. Ernst Lubitsch bot Beachtliches: Clara Bow, Gloria Swanson, Walt Disney, Douglas Fairbanks und Mary Pickford gaben dem deutschen Boxer die Ehre. Als die Deutschen am Ende unter sich waren, sprachen sie mit träumerischen Augen über die Berliner Wirtin Aenne Maenz, Eisbein mit Sauerkraut und Königsberger Klopse. Mit dabei auch Emil Jannings, der sich 1927 schwarz geärgert hatte, als Max Schmeling im Überschwang seines Glücks als neuer Liebling der Berliner Intelligenz-Schickeria Jannings zum Erfolg in seinem amerikanischen Film *The Way of All Flesh* telegraphiert hatte: »Ich bin stolz auf Sie.« Ähnlich würde wohl Götz George auf das Telegramm eines Martin Schmitt reagieren, der versehentlich ins Umfeld eines neuen Flechtheim geraten wäre (traurig sinnlose Hypothese – Persönlichkeiten wie Alfred Flechtheim gibt es seit dem Dritten Reich nicht mehr).

Zum Schmeling-Diener-Kampf im April 1928 hatte Jannings darum wütend an einen Berliner Freund geschrieben:

»Ich hoffe, daß ›Franz‹ Ihrem geliebten ›Max‹ Saures gegeben hat. Das ist mein ehrlicher Wunsch. Denn um Schmeling wehen mir zu viel literarische Schmonzes, und seine Niederlage, die er gewiß erlebt hat, wird diesen sicherlich talentierten Boxer veranlaßt haben, sich von Flechtheim und Genossen etwas zurückzuziehen.«

Doch nach Schmelings Sieg über Paolino im Juni 1929 schickte der bekannt anpassungsfreudige Jannings schon wieder Glückwünsche, so daß einem Nachträumen kulinarischer Genüsse mit Schmeling an Lubitschs Tisch in Hollywood nichts mehr im Wege stand.

Als nächstes mußten die Hindernisse, die zwischen Schmeling und Jack Sharkey standen, beseitigt werden. Max Schmeling stellt die Forderung der amerikanischen Boxbehörde, er solle zunächst gegen Phil Scott kämpfen, als Schikane dar. Dahinter steckte jedoch der immer noch gegenwärtige Arthur Bülow, der mit dem Promoter Humbert Fugazy einen völlig regulären Vertrag geschlossen hatte. Max Schmeling saß die Sache in Europa aus, während Sharkey es übernahm, die anderen Anwärter zu eliminieren.

Unfreiwillig war Schmelings lange Pause wegen einer Beinverletzung, die er sich als Stargast in einem Berliner Theater zugezogen hatte und nur mühsam – unter anderem in Taormina – auskurierte. Und bevor er sich zum Kampf gegen Sharkey aufmachte, drehte er unter Reinhold Schünzels Regie im Januar und Februar 1930 den Film *Liebe im Ring*. Untätig herumzusitzen war Schmelings Sache nie.

Obwohl Schmeling wußte, daß Sharkey sich vor allen Kämpfen mit aggressiven Beschimpfungen des Gegners heiß machte, fand Schmeling Ausfälle wie diesen irritierend: »Ich werde ihm erst das Gesicht in Streifen schneiden und ihn dann, sagen wir in der siebten Runde, k. o. schlagen!« Der Kampf am 12. Juni 1930 entschied sich aber schon in der vierten Runde. Die ersten beiden Runden, erinnert sich Schmeling, gingen klar an Sharkey. Nach der dritten Runde hatte er jedoch das Gefühl, sein Gegner sei stärker mitgenommen als er selbst. Doch dann kam der Tiefschlag. »In diesem Augenblick durchzuckte mich ein stechender Schmerz. Ich fühlte, wie meine Beine wegknickten und ich auf das rechte Knie stürzte, ehe ich völlig zusammenbrach.«

Das stimmt. Doch wie Schmeling die Sekunde davor beschreibt, ist beim genauen Betrachten der Filmdokumentation dieses Kampfes nicht nachzuvollziehen. »Als ich erneut nachsetzte, ließ er sich in die Seile zurückfallen, um den Schwung zu einem Gegenschlag auszunutzen.« In Wahrheit berührte Sharkey die Seile nicht.

Doch auch was Sharkey gesehen zu haben glaubte, ist nicht zu entdecken. »Als Max gerade im Begriff war aufzustehen, schaute er kurz in seine Ecke hinüber.« Womit Sharkey natürlich unterstellte, Schmeling habe sich im Blickkontakt mit Machon darauf geeinigt, den Kampfunfähigen zu spielen. Nürnberg schließlich will herausgefunden haben, daß Sharkey nach der Verkündung des Siegers zu Schmeling in die Ecke gegangen sei, den Tiefschlag als versehentlichen Abrutscher erklärt und um Revanche gebeten habe: »Und schon nicht mehr bei Sinnen antwortete ihm Schmeling und sagte: ›Ich verspreche hoch und heilig, ich geben Ihnen Revanche so schnell wie möglich. Ich stehe stets zu Ihrer Verfügung.‹«

An einen solchen Schwur erinnert sich Sharkey noch nicht einmal in seiner Darstellung des Kampfes in der Zeitschrift *The Ring*. Erst im Hotel seien seine Lebensgeister wiedergekehrt und durch gutes Zureden von Zeitungsreportern sei in ihm der Entschluß gereift: »Ich will nochmals mit Schmeling in den Ring.«

Weltmeister durch Disqualifikation! Das war bitter. Bitter auch die Reaktion seiner deutschen Verehrer. Sogar Flechtheims *Querschnitt* ließ Schmeling fallen. Carl-Erdmann Graf von Pückler durfte aus New York berichten:

»Der Kampf war hochgradig langweilig. Schmeling hatte ja bekanntlich die Absicht, in den ersten Runden nichts zu tun, und er befolgte diesen Plan mit peinlichster Genauigkeit./.../Sie hätten sich ebensogut die Hände schütteln können. Schmelings purpurne Hose sah sehr niedlich aus. Sharkey hatte eine ebenfalls sehr kokette schwarze mit Streifen an./.../Wir sind um einen langweiligen Boxkampf reicher und um einen Meister, der mit all seinen gewiß feinen menschlichen und sonstigen Eigenschaften farblos und in den Händen unfähiger Manager ist/.../«

Der amerikanische Boxjournalist Jack Hirsch stellt fest, daß Schmelings Kapitulation seine Popularität in Amerika geschmälert habe: »Man ging davon aus, daß der Tiefschutz, den er ja getragen hatte, eigentlich auch dem härtesten Schlag in die Genitalien die Wirkung genommen haben müßte.« Doch Max Machon erklärt in den sechziger Jahren, der Tiefschutz sei damals nur ein »handgroßer, kleiner muschelartiger Schutz« gewesen und der habe sich als völlig verbeult herausgestellt.

Trotzdem hatte auch Sharkey schlechte Karten. Seit seiner Niederlage gegen den brutalen Jack Dempsey war es die amerikanische Öffentlichkeit gewohnt, daß er sich nach jedem Kampf beschwerte und hatte ihm den Spitznamen »der schluchzende Matrose« verpaßt. Jack Sharkey blieb einer der ganz wenigen alten Gegner Schmelings, mit dem sich der deutsche Boxweltmeister nicht versöhnt oder gar befreundet hätte. Und Valérien hütete sich, für seine *Hallo Max!* -Reihe auch Sharkey besuchen zu wollen, der erst 1991 starb.

Glücklich wurde Max Schmeling mit dem Weltmeistertitel nicht. Man verweigerte ihm sogar für eine Weile sein Kampfgeld, die New Yorker Boxkommission erkannte seinen Titel nicht an – die übrigen amerikanischen Staaten taten das –, und auch in Deutschland legte man ihm nahe, den Titel zurückzugeben. Die Zukunft, so hoffte Schmeling jetzt nur noch, würde ihn rehabilitieren.

Während er nach Deutschland zurückfuhr, drehte eine bestens aufgelegte Anny Ondra mit Siegfried Arno und Viktor Schwannecke *Die vom Rummelplatz,* ihren ersten Tonfilm.

Eine Blondine wird erobert

Sie kamen zusammen, und es ging von ihm aus. Schuld daran war nicht zuletzt Olga Tschechowa.

Schmeling hatte Olga Tschechowa, die Schauspielerin aus Moskau, die in Berlin nur ein paar Schriften und Bühnenstücke für das Moskauer Künstlertheater hatte abholen sollen und hängengeblieben war, bei einem gemeinsamen Film kennengelernt. Reinhold Schünzel hatte die beiden für Schmelings Pausenfüller *Liebe im Ring* zusammengebracht. Olga Tschechowa spielte die böse Halbweltdame, die den tüchtigen Boxer Max Schmeling – so heißt er auch im Film, der von amerikanischen Videovertreibern darum noch heute arglos als »Dokumentarfilm« verkauft wird – vom rechten Pfad der Punching-Bälle abbringt. Renate Müller mimt seine treuherzige Freundin, die ihn am Schluß leicht lädiert wiederbekommt. Im wahren Leben behielt Olga Tschechowa den Boxer ein Weilchen länger.

Max Schmeling war begeistert gewesen, als Reinhold Schünzel ihm das Angebot machte. Endlich ein richtiger Film und nicht so ein Nachwuchsfilmchen wie das von 1926, als er von Wolfgang Fischer, dem Klatschreporter des *Berliner Herold*, überredet wurde, neben Lola Legro in *Ein Star wird gesucht* mitzuspielen. Nichts sonst ist von diesem ersten Film überliefert, dessen Hauptdarstellerin Schmeling als »damals schönstes Filmgirl« bezeichnet. Und gern zitiert Schmeling das Lob eines Kritikers: »›Die beste Leistung bot Max Schmeling.‹ Amüsiert und geschmeichelt zugleich nahm ich das halbwegs ernst«, fügt er – auch nur halbwegs – selbstironisch hinzu.

Aber eine Offerte von Schünzel, der als Schauspieler und als Regisseur ein Star war – das war etwas Besonderes. Schmeling fühlte sich seinem Ziel näher, das in *Mein Leben – meine Kämpfe* unumwunden heißt: »Schauspieler.« Das liege sicher daran, daß er sehr viel – »sogar fast ausschließlich« – in Schauspielerkreisen verkehre. Es gehöre ja zum guten Ton, fährt Schmeling 1930 fort, daß die prominenten Schauspieler zu jedem Boxkampf gingen, ja, dafür sogar ihre Proben und Aufführungen ausfallen ließen. So habe er beschlossen, ebenfalls Schauspieler zu werden:

»Aller Wahrscheinlichkeit nach wird dieser Wunsch auch eines Tages in Erfüllung gehen, denn die Theaterdirektoren wissen den Namen, den sich ein Boxer gemacht hat, auszunützen ... ich werde – mit größter Freude – diesen Weg einst gehen, den ich nicht ganz unvorbereitet beschreiten werde, denn als kleine Vorprobe habe ich gerade jetzt mein erstes Film-Engagement abgeschlossen, um in dem Film ›Liebe im Ring‹ die eine Hauptrolle zu spielen.«

Da redet sich einer auf die sympathischste Weise um Kopf und Kragen. Dabei gab Schmeling in Schünzels Film sein Bestes. Aber die Menschen sind ungerecht. Vor allem die Kritiker. Sie würdigten Schmeling naturgemäß, aber für ihn selbst enttäuschend nur als Boxer, der sich im Ring einen Namen gemacht hatte, den ein Regisseur zu nutzen wußte ... Doch Schmeling vermag als Liebhaber durchaus zu überzeugen, wenn er beim Tanz tiefe Blicke mit Olga Tschechowa tauscht. Die Handlung ist vorhersehbar wie die Handlung aller Filme, in denen es um Sportler geht: erster Erfolg, erste Versuchung und Rückschlag, Qual, zurück zur Askese und neue, noch größere Erfolge. *Knock-Out* wird nach genau demselben Muster gestrickt sein.

Schünzel nützte das Knistern zwischen seinen beiden Hauptdarstellern weidlich aus. Geschmeidig umwirbt die routinierte Verführerin den zunächst linkischen jungen Mann, der steif und gehemmt auf dem Stuhl sitzt, während sie sich lasziv vor ihm auf dem Sofa räkelt. Sie arbeitet mit den ältesten Tricks, läßt sich Feuer geben, behält seine Hand, bis der tumbe Typ kapiert, ihre Hand küßt, den Arm, sich vorarbeitet, bis sie zufrieden ist. Max' stürmische Begrüßung der Dame am nächsten Tag im Boxstudio zeigt, wie locker er durch die gemeinsame Nacht mit ihr geworden ist.

Locker folgte auch der Schauspieler Schmeling den waghalsig delikaten Regieeinfällen Reinhold Schünzels: Gänzlich unbefangen agiert er in einer Nacktszene. Zugegeben, Olga Tschechowa bleibt angezogen, doch Schünzel gönnt sich den Spaß, mit Zwischenschnitten zu suggerieren, Olga Tschechowa sehe ihrem Liebhaber zu, wie er sich hingebungsvoll einseift. Schünzel zitiert Hitchcock. Der lüsterne Maler konnte Anny Ondra nicht beim Umziehen betrachten, wohl aber der Zuschauer. Bei Schünzel durfte das Publikum einen lange sechs Sekunden währenden Blick auf Schmelings nackten Po werfen. Olga Tschechowa nicht. Durch ein Fenster des Duschraums kann sie nur Schmelings Kopf sehen, so entzückt sie auch lächeln mag.

Oder hat Olga gelinst, während sie Schmeling das Handtuch reicht und ihn sogar küßt? »Einen so knackigen Burschen wie Max ließ sich die hübsche und temperamentvolle Olga nicht entgehen«, berichtet Zeitzeuge Géza von Cziffra. »Sie holte sich Max ins Bett.« In der amerikanischen Videofassung wurde die heikle Duschszene herausgeschnitten.

Heute ist der Film vielen nur noch ein Begriff durch das Lied, das in den zeitgenössischen Kritiken wenig hellseherisch als entbehrliche »nette Zweckmusik« bezeichnet wurde. »Das Herz eines Boxers« darf noch heute auf keiner Benefiz-CD der deutschen Sporthilfe fehlen. Max Schmeling hat in seinen Erinnerungen darauf hingewiesen, welchen entscheidenden Anteil Kurt Gerron an dem Lied hatte, und auch nicht verschwiegen, daß Kurt Gerron »wie eine ganze Reihe meiner Freunde« in Auschwitz ermordet worden ist.

Max Schmeling konnte nicht singen. Schon die Clique in Hamburg hatte dem begeisterten Klampfespieler striktes Singverbot erteilt. Die Blamage schmerzte: »Ich war ja so stolz auf meine schöne Stimme.« Max Schmeling setzte durch, Gesang wenigstens vortäuschen zu dürfen: »Und so wickelten sich dann unsere Singereien so ab, daß alle aus voller Kehle sangen, während ich nur immer den Mund auf und zu machen durfte und so tat als ob.« Zu einem ähnlichen Ergebnis kam Arthur Guttmann, der Komponist und Dirigent, als er im Berliner Beethovensaal das Lied mit Schmeling aufnehmen wollte. Nach ein paar Takten klopfte er ab: »Tja, hm, tja, mein lieber Max, vielleicht versuchen wir es mal mit Sprechgesang.« Das Lied sangen dann Kurt Gerron und Hugo Fischer-Köppe. Immerhin war Max Schmeling maßgeblich an einem der ersten Filme beteiligt, die in Deutschland wenigstens teilweise schon mit Ton gedreht wurden.

Olga Tschechowa erinnerte sich an die Liebesszenen mit Schmeling mit gemischten Gefühlen. Von Romantik keine Spur: Sie hatte gerade Mumps und Max Schmeling vor dem Kampf mit Sharkey verständlich wenig Neigung, sich anzustecken. Olga Tschechowa grämt sich:

»Und dabei mußten wir uns noch unzählige Male küssen! ›Halte die Luft an!‹ sagte er dann vorher und ich hatte nach solchen, wie man zugeben wird, nicht gerade ermunternden Aufforderungen, verzückt in seine Arme zu sinken. Oder nach Worten wie: ›Wenn du mich ansteckst, zerbreche ich dich!‹ Oder: ›Halte doch dein Seidentuch vor die Lippen! Stell dir vor, du wüßtest, daß du furchtbar aus dem Munde riechst!‹ Er war ein gräßlicher Kerl in jenen Tagen.«

Doch nicht so gräßlich, daß er nicht bei ihr ein- und ausgegangen wäre. Ada, Olgas Tochter aus ihrer sehr früh in Moskau geschlossenen und nach drei Jahren wieder geschiedenen Ehe mit ihrem russischen Kollegen Michail Tschechow, rannte jedes Mal weinend weg, wenn »Onkel« Max ihr versicherte, wenn sie groß sei, werde er sie heiraten. Teenager Ada wollte keine Kinder »mit so platten Nasen« haben. Als Ada später den Boxer Conny Rux heiratete, lachte Olga Tschechowa.

Es folgte jener entscheidende Abend, an dem Olga Tschechowa unbedingt mit ihrem Freund Max Schmeling ins Kino gehen wollte. Sie interessierte sich brennend für den neuesten Film ihrer Kollegin Anny Ondra, mit der sie vier Jahre zuvor *Trude, die Sechzehnjährige* gedreht hatte. Angeblich wollte Max Schmeling zunächst nicht einmal mitkommen. Er hatte etwas gegen Anny

Ondra. Vor kurzem waren sie am Sachsenplatz Nachbarn geworden, Anny Ondra lebte in Nr. 12, Max Schmeling in Nr. 10. Seitdem nahm Schmeling Anstoß an Anny Ondra, der vermeintlichen Rabenmutter, die stundenlang ihr Baby im Kinderwagen auf dem Balkon schreien ließ und deren Chauffeur immer so hochnäsig Schmelings meist dreckverspritzten Lancia musterte, während er Anny Ondras blauen Cadillac polierte. Doch Olga Tschechowa – die als erste mit einem Bugatti in Berlin herumfuhr – stellte richtig: Anny Ondra hatte kein Baby, weder auf dem Balkon noch sonstwo, und bestand auf dem Besuch des ersten Films der Ondra-Lamač-Produktion. *Die vom Rummelplatz* entsprach durchaus ihren Erwartungen. Trotzdem bedauerte Olga Tschechowa gleich, Max Schmeling zu diesem Kinobesuch überredet zu haben.

Denn die Lichter im Saal waren kaum wieder angegangen, da verlangte Max Schmeling von seiner Begleiterin, sie möge ihn mit Anny Ondra bekannt machen. Die Filmheldin vom *Rummelplatz* hatte ihn völlig gefangengenommen. War es die Atmosphäre, das altbekannte und von ihm so geliebte Jahrmarktsambiente, das ihn sofort in den Bann schlug? »Schon als wir den nächtlichen Kurfürstendamm hinuntergingen, gestand ich der Tschechowa unvermittelt und fast ein wenig verletzend: ›Ich möchte die Ondra kennenlernen. Kannst du das arrangieren?‹« Verletzend? Welche Gefühle hätte er wohl verletzen sollen, wenn keine im Spiel gewesen wären? Olga Tschechowa wollte retten, was zu retten war, und lehnte jede Art von Kuppelei frostig ab.

Jetzt hatte Max Schmeling ein Problem. Sollte er einfach hingehen und läuten? Ausgeschlossen. Ein spontanes Nein war zu riskant. Sein Stolz hätte ihm nicht erlaubt, zweimal zu klingeln. Er brauchte einen Vermittler. Es folgte die rührende Geschichte einer Brautwerbung, die nicht einmal den sarkastischen Rolf Nürnberg kaltließ (und die demnach schon 1932 bekannt war, als Nürnberg sein Buch schrieb – lange vor der Hochzeit von Anny Ondra und Max Schmeling).

Max Schmeling grübelte, wer sein »Go-between« werden sollte, und entschied sich für seinen Freund Paul Damski, den Weißrussen im Exil und Boxveranstalter. Ihm traute er die draufgängerische Ungeniertheit zu, die er selbst nicht besaß. Doch zunächst schien die Sache katastrophal schiefzugehen. Paul Damski kam verstört zurück. Er hatte sogar den Blumenstrauß noch in der Hand. »Dein Herzblatt will nicht«, sagte er. »Das ist eine Frau, die legt sofort die Kette vor.« Damski war allerdings mit der Tür ins Haus gefallen. Nürnberg beschreibt Damskis Intervention als reichlich uncharmant, aber auf Anny Ondra mag Damski tatsächlich so bizarr gewirkt haben: »›Sie müssen mit Weltmeister Schmeling sprechen‹, grunzte er in seinem litauischen Dialekt.« Da sagte Anny Ondra einen Satz, den sie in vielen Filmen wiederholen sollte und der ihr auf den Leib geschnitten schien: »Sind Sie wahnsinnig geworden?« Und schlug ihm die Tür vor der Nase zu.

Aber Schmeling gab nicht auf. Zwei Wochen später schickte er Damski erneut hin, und diesmal verfing der einstudierte Satz. Schmeling sei zwar Weltmeister, sagte Damski, doch trotzdem zu feige, selbst zu kommen. Er habe am nächsten Tag Geburtstag, und Anny Ondras Bekanntschaft zu machen sei sein allergrößter Wunsch.

Anny Ondra stellte inzwischen Nachforschungen an. Ganz unspannend fand sie die Angelegenheit anscheinend nicht. In ihrem Büro hatte sie nach Schmeling gefragt. »Da ist ein Verrückter, der Boxer Schmeling. Der schickt dauernd einen und will mich kennenlernen.« Die Auskunft sprach offenbar nicht gegen eine Verabredung. Endlich gab Anny Ondra nach und willigte ein, am 28. September zu Schmelings fünfundzwanzigstem Geburtstag ins Café Corso am Reichskanzlerplatz zu kommen.

»Ich ließ mich breitschlagen, den Herrn Schmeling für fünfzehn Minuten in einem Kaffeehaus zu treffen. Und ich erwartete einen ungehobelten Gewaltmenschen. Welch ein Irrtum. Ich war überwältigt. Das war ja ein Gentleman.«

Der Gentleman begrüßte sie mit einem tschechischen Satz, dem einzigen, den er kannte: »Jak se vám daři – Wie geht es Ihnen?«

Anny Ondra sprudelte eine tschechische Antwort, verzieh ihm aber schnell, daß seine Sprachkenntnisse damit erschöpft waren. Max Schmeling hatte sein Alter ego Max Machon mitgebracht. Doch nur mit Anny Ondra allein wollte er eine Spritztour unternehmen. Sie zierte sich erst ein wenig. Sie habe keine Zeit, sagte sie, und ging dann doch, um eine andere Verabredung telefonisch zu verschieben.

In Wahrheit hatte sie gar keine. Anny Ondra lebte zurückgezogen. Karel Lamač schaute ab und zu vorbei. Es war nichts Festes mehr. Mit zunehmendem Erfolg als Regisseur fand Karel Lamač immer größere Freude an einer ihm eigentlich unwürdigen schlichten Methode der Eroberung, verbürgt von Branchenkenner Géza von Cziffra, der schon bei Kolowrats Sascha-Film in Wien als Praktikant ins Filmgewerbe eingeführt worden war: Jungen Filmaspirantinnen pflegte Lamač einzureden, er werde eine Szene drehen, in der sie einen Morgenrock tragen müßten. Zur Anprobe bestellte er die Mädchen zu sich ... und der Rest ist Besetzungscouch. Glaubwürdig? Wenn die Mädchen Ondra-Lamač-Filme kannten, konnte ihnen ein gewisser Nachweis an Dessous-Tauglichkeit durchaus einleuchtend vorkommen.

Anny Ondra gab sich derweil in Filmzeitschriften leicht melancholisch. Sie verbringe die meiste Zeit zu Hause, erzählte sie dem Reporter Lothar Wolff von der *Filmwoche*, und wenn sie im Atelier sei, sehne sie sich nach Ruhe und Einsamkeit. Ob sie denn nicht glücklich sei? »Doch, doch! Aber alles geht vorüber, auch das Filmen. Sehen Sie, wie schnell schon der einzelne Film vergessen wird. In zwei Monaten spricht niemand mehr davon; immer muß Neues gebracht werden.« Auf die Frage, ob das nicht gerade das Schöne sei, schüttelte sie nur den Kopf. Zu Hause herrschte Schwermut. Nicht einmal ihr Hund Whisky durfte bellen, Tanzmusik im Radio drehte sie eilig ab. Ob auch ihr das schreiende Baby der Nachbarn auf die Nerven ging, recherchierte der Reporter nicht.

Dann kam plötzlich dieser hartnäckige Verehrer daher und ließ sich durch nichts aufhalten. Auf der Fahrt nach Bernau, ihrer ersten gemeinsamen Ausfahrt, versuchte sie ein letztes Mal, die

Bremse zu ziehen. Schnippisch sagte sie zu Schmeling, der seinen Lancia zu Höchstleistungen trieb: »Wenn Sie glauben, mir damit imponieren zu können, irren Sie sich gewaltig!« Artig drosselte er das Tempo.

Trotzdem ließ sie ihn zappeln und meldete sich nicht, wie es eigentlich vereinbart worden war. Diesmal traute sich Max Schmeling und rief selbst an. Sie war die Liebenswürdigkeit in Person und lud ihn und seine unvermeidlichen Freunde am Sonntag zum Tee. Die Männer waren pünktlich, doch Paul Damski und Max Machon hatten die strenge Order, sich nach einer halben Stunde unter einem Vorwand zu verabschieden. Nach einem Fußtritt von Machon gegen Damskis Schienbein klappte das auch. Da hatte sich Anny Ondra aber schon etwas Neues einfallen lassen. Plötzlich war flotte Musik in der Wohnung am Sachsenplatz 12 durchaus angesagt.

Ob er gerne neue Filmschlager hören wolle? Aber ja! Schmeling war entzückt. Das Lied vom »Herz eines Boxers« dürfte sie ihm erspart haben, nicht aber die stete Wiederkehr der Zofe, die alle drei Minuten ins Zimmer kam und eine neue Scheibe auflegte. Das brachte das Konzept des ungeübten Herzensbrechers völlig durcheinander, unbehaglich wand er sich. Da endlich lachte ihn Anny Ondra aus, und er lachte mit.

»Von diesem Augenblick an waren wir Freunde. Während der nächsten Wochen legte ich jeden Morgen auf den vor ihrer Tür stehenden blauen Cadillac einen Strauß Blumen.«

Anny Ondra war Max Schmelings zweite Tschechin. Die erste war ausgerechnet Anny Ondras Freundin aus Kindertagen und Kollegin aus erster Stummfilmzeit, Jarmila Vacková. Schmeling hatte sie auf dem Schiff von New York nach Cuxhaven im Sommer 1929 kennengelernt, als er nach Deutschland fuhr, um Arthur Bülow loszuwerden. Kurz nach der gemeinsamen Schiffsreise besuchte er Jarmila Vacková in Prag. »Jarmila führte mich auf den Hradschin, lief Hand in Hand mit mir über die Nepomuk-Brücke und durch die Prager Altstadt. Die Tage in Prag waren heiter und unbeschwert.« Doch nicht nur Anny Ondra hatte mit Jarmila – in *Die Heirat der Nanynka Kulichova* – gemeinsam vor der Kamera gestanden. Mit einem der wichtigsten Männer des tschechischen Films hatte sie ebenfalls gespielt – Karel Lamač. In dem Film mit dem holprigen Titel *Mutter Kracmerka 1. In den Herrenstand* hatten die beiden äußerst intensiv das Liebespaar gegeben. Welche Pragerin Max Schmeling auch küßte – Karel Lamač hatte es vor ihm getan.

Sogar die Presse war damals – und es war noch kein Jahr her – auf Jarmila und Max aufmerksam geworden. Schon verkündete eine Zeitung die Verlobung. Ausgerechnet Anny Ondras Mutter bekam diese Zeitung auch in die Finger und schrieb einen Brief: »Liebste Anny! Stell Dir mal vor, mit Jarmila ist es weit gekommen! Sie hat sich mit einem Boxer verlobt! Mit einem Boxer! Bei uns haben sie neulich einen Boxer beim Einbruch in eine Bank erwischt und eingesperrt.« Doch während sich Schmeling, der damals im »Goldenen Stern« abgestiegen war – Fritz Seltmann, der Sohn der Besitzer, erinnert sich noch heute daran –, mit Jarmila in Prag amüsierte, spitzte sich der Streit um künftige Gegner, Manager und Verträge zu, und Schmeling reiste schleunigst nach Amerika zurück. Im Juni 1929 kämpfte er gegen Paolino. Er hat Jarmila Vacková offenbar nicht wiedergesehen. Dann kam Anny Ondra, die auch gleich einigen Klatsch ertragen mußte.

Denn natürlich traf Schmeling Olga Tschechowa wieder. Sie fuhren irgendwann Anfang des Jahres 1931 gemeinsam nach Amerika. Olga Tschechowa hatte eine Einladung der United Artists erhalten. Der Klatsch über die beiden Schiffsreisenden blühte, doch Olga Tschechowa wußte es besser. Anny Ondra und Max Schmeling waren fest zusammen. Als der Dampfer mit dem Boxer und der russischen Schauspielerin im New Yorker Hafen einlief, waren die Reporter begeistert. Endlich eine Schlagzeile! Und als Olga in ihrem Hotel – natürlich einem anderen als dem von Max Schmeling, beeilt sie sich in ihren Memoiren zu betonen – die Abendzeitung zur Hand nahm, verschlug es ihr die Sprache: »Max Schmeling und Olga Tschechowa haben sich auf der Überfahrt verlobt!« Entsetzt ruft sie Max Schmeling an:

»Ja, was wird denn deine kleine, entzückende Anny von uns denken?« Ja, was wohl. Max Schmeling antwortete ungewöhnlich geschwätzig:

»Was wird sie denken? – Nichts! Sie kennt das doch! Das ist doch nur eine Meldung von Menschen, die nichts davon kennen und alles glauben, was in den Zeitungen steht. Publicity! Im übrigen merke dir eins, Olga: Wenn eine Frau bei einem Mann schläft, behaupten die Menschen sofort: Der hat was mit ihr! So 'n Quatsch, was? – Na, da kann man halt nichts machen! – Gute Nacht, Olga!«

Selten wurde eine noch verlogenere Mitschrift eines Telefongesprächs auf Leser losgelassen wie hier in Olga Tschechowas Memoiren. Doch seitdem glaubte Olga Tschechowa fest, mit den Schmelings gut befreundet zu sein.

War Max Schmeling eifersüchtig? Nur der Fußballer Fritz Walter traute sich das zu fragen. »Eifersucht ist nicht das richtige Wort, eher verletzte Eitelkeit. Doch ein Film, in dem nicht geküßt wurde, den gab es damals so wenig wie heute. Ich mußte mich also damit abfinden.« Genauso wie mit Anny Ondras Vergangenheit. In den *Erinnerungen* vollführt er einen Eiertanz um Karel Lamač: Anny Ondra habe ihm von einem »Regisseur namens Carl Lamač« erzählt, der sie entdeckt habe; mit Prager Freunden habe sie »eine eigene Firma gegründet, zu deren Geschäftsführer sie Carl Lamač gemacht« habe – das war's. Auf fünfhundert Seiten kein Wort mehr über den Mann, ohne den die Karriere seiner Frau so nicht denkbar gewesen wäre und dem sie auch privat so eng verbunden war, daß sie sich bei Bekanntwerden der Heiratspläne mit Schmeling öffentlich gegen den Verdacht zu wehren hatte, sie müsse erst einmal von Lamač geschieden werden.

Mitverantwortlich dafür war vielleicht eine andere Homestory, die Weihnachten 1930 in einer Filmzeitschrift erschien und mit einem reizenden Foto bebildert war: Anny Ondra stand am Flügel und sang sich die weihnachtliche Seele aus dem Hals, neben ihr schlug Karel Lamač in die Tasten. Die Augen beider richteten sich verheißungsvoll verdreht auf den Weihnachtsbaum. Anny Ondra erzählte dazu die anheimelnde Geschichte, wie im letzten Jahr zu Weihnachten auch der arme Karel Lamač so allein gewesen sei:

»Wie das kam, weiß ich nicht, aber er war ganz allein. Und ein bissel traurig./.../Darum tat er mir leid./.../Also ich rufe ihn an: Karl, – sage ich – komm doch rüber zu mir: ich habe einen kleinen Baum gemacht, und ein paar Geschenke werde ich schon noch auftreiben/.../Und du kannst mir ja erzählen, was ich bisher alles in unseren Filmen schlecht gemacht habe./.../Er kam also mit dem Vorsatz, mir allerlei Sottisen zu erzählen, wie das so seine Art ist/.../Und dann nahm er seine zwei Krawatten respektvoll in Empfang, und ich bekam eine Handtasche mit Reißverschluß. Angestrengt haben wir uns dabei beide nicht./.../ Und wir vergaßen den Weihnachtsbaum – und redeten andauernd über unsere Filme./.../Bis es Karl einfiel, auf die Uhr zu sehen: dunnerlittchen, es war drei Uhr. Die ›gute Stunde‹ hatte sieben Stunden gedauert, nur weil wir uns Sottisen sagen und Pläne machen konnten. Inzwischen aber war Karls Wagen vollkommen eingeschneit. Morgens um drei schoben wir den erkälteten Motor gemeinsam an, mitten durch den Schnee. Er im Pelz, ich im Pelz. Das Vergnügen dauerte bis dreiviertel Vier.«

Schmeling dürfte dieses Weihnachtsmärchen mit gemischten Gefühlen gelesen haben.

Vorläufig begann das Versteckspiel. Wenn Max Schmeling in einem Hafen ankam, war es immer noch nur seine Mutter, die auf ihn wartete, eine etwas herrisch wirkende Frau, die auf die Frage von Journalisten nach ihrem zweiten Sohn nur geantwortet haben soll: »Der ist nicht so tüchtig wie Max.« Vom Schulschwänzer hatte sich Mutters Liebling zum Mustersöhnchen entwickelt, der Amanda Schmeling gern in der Öffentlichkeit präsentierte, die Glorie des liebenden Sohnes billigend in Kauf nehmend. Rudolf Schmeling hatte der Tüchtigkeit seines zwei Jahre älteren Bruders nichts entgegenzusetzen. Selbstdisziplin war seine Sache nicht. Nicht einmal wenn es um einen Job ging. Max Schmeling war mit der Kaffeefirma Kornfrank in Streit geraten: Für zehntausend Mark hatte er einen Werbevertrag abgeschlossen, den er für befristet hielt – bis zur Weltmeisterschaft. Als die Firma mit dem Slogan »Der Weltmeister trinkt Kornfrank« warb, prozessierte Schmeling um einen Nachschlag von 100 000 Mark und verlor. Kornfrank hatte zunächst eine außergerichtliche Einigung gesucht und ihm für den Bruder eine Stelle angeboten. Der lehnte ab, denn er hätte sich das Rauchen abgewöhnen müssen. Raucher duldete die Firma nicht. Später richtete Max Schmeling seinem Bruder eine Gaststätte an der tschechischen Grenze ein, dann hört man etwas von einem Hotel in Chemnitz, und schließlich verliert sich die Gerüchtespur in einem Altersheim. »Der hat nichts getaugt«, sagt Winnie Markus, eine enge Freundin der Schmelings. Stanley Weston soll Schmeling erzählt haben, sein Bruder sei Nazi gewesen und er habe deshalb nach dem Krieg nicht wieder mit ihm gesprochen.

Das Verhältnis zwischen Max Schmeling und seiner Mutter war eng. Über ihr Verhältnis zu Anny Ondra weiß man nichts, obwohl Amanda Schmeling mit Max in der Wohnung am Sachsenplatz wohnte. Nachdem Anny und er ein Liebespaar geworden waren, bevorzugten sie Annys Wohnung. Grinsend wird Max Schmeling später erzählen, wie er mit Anny Ondra durchs Schlüsselloch sah, wenn sie ihren Wohnungsnachbarn Joachim Ringelnatz durch das Treppenhaus stolpern hörten. »Er war meistens etwas tipsy«, erinnert sich Schmeling, den es nicht störte, wenn andere über die Stränge schlugen. Ringelnatz' Gedicht über das Boxen endet folgerichtig mit dem Wort »Boxbeutel«. Joachim Ringelnatz' Hund hieß Frau Lehmann. Nur Anny Ondra durfte Frau Lehmann streicheln, Max Schmeling wurde böse angeknurrt.

Doch Anny Ondra und Max Schmeling zieht es weg aus der Stadt. Sie beginnen miteinander zu leben, als gebe es keine Alternative. Vom bürgerlichen Leben haben sich beide schon lange um Lichtjahre entfernt, Anny Ondra trotz ihrer strengen Eltern durch ihre intime Freundschaft mit Karel Lamač und ihre Filmleidenschaft, die ihre Mutter vergeblich zu unterdrücken versucht hatte. Anny war zwar katholisch, hatte sich jedoch schon sehr früh von der Kirche gelöst, erzählt Schmeling Ben Witter bei einem der berühmten Spaziergänge.

Wer also hätte Anny Ondra und Max Schmeling aufhalten wollen, nachdem sie sich so heftig ineinander verliebt hatten? Der offenkundige äußerliche Kontrast mag sie selbst gereizt haben. Der riesige, fast einen Meter neunzig große, starke, dunkle Mann, dem sein amerikanischer Manager den Beinamen »Der schwarze Ulan vom Rhein« verpaßt hatte, und die zierliche, lebhafte, ausgesprochen schöne Frau, die auf der Leinwand so umwerfend komisch war, daß ihr neu Entflammter Ärger, Frust und Boxintrigen auf der Stelle vergaß. Die lustige blonde Schönheit mit dem lieben Gesicht verhieß ihm das Paradies. Er wußte noch nicht, was sich dahinter verbarg, aber das war auf jeden Fall etwas anderes als Olga Tschechowa, die auf den Typ verruchte Lebedame abonniert war. Für eine Postkarte ließ sich Olga Tschechowa einmal fotografieren: strahlende Augen, ein lachender Mund, der Kopf neckisch gesenkt, ein Bein sachte vor das andere geschoben, und das Arrangement der Hände könnte ein Beten andeuten, lägen sie nicht genau an dem Fleck, den die schaumgeborene Venus mit ebensowenig sittlichem Ernst wie Olga Tschechowa verdeckte.

Ein zweideutiges Autogrammfoto der Ondra wäre dagegen unvorstellbar gewesen. Aber im Film halbnackt? Warum nicht! Doch hätte einer Anny Ondra als Femme fatale engagiert, wäre er zu Recht im hohen Bogen aus dem Besetzungsbüro geflogen. Für *Evas Töchter* hatte man ihr das Gesicht nicht zufällig zugeschminkt, bis keine Gefühlsregung mehr sichtbar war. Die männermordende Revuetänzerin, die für treuherzige Verehrer nur Spott übrig hat – das war sie einfach nicht. In diesem Fall war sie schlecht beraten gewesen, sich von Karel Lamač zu der Rolle überreden zu lassen. Der Tonfilm rettete Anny Ondra endgültig vor den uniformen melodramatischen Verwirrungen der Stummfilmzeit. Ihre Stimme war klar, strahlend, unverwechselbar.

Und da kam dieser Boxer. Willensstark, asketisch, kein chaotischer Benutzer der Welt wie Karel Lamač, kein enervierender Tausendsassa, der ständig etwas Neues begann und immer auf dem Sprung war, sondern ein Mann, der wußte, was er wollte, und was er wollte, das war sie. Das ist sehr angenehm für eine Frau. Nicht nur, weil es so selten ist. So früh und so schnell legen sich Männer nicht gern fest. Max Schmeling tat es. Er lavierte nicht, und die Art seiner Annäherung war so vorsichtig gewesen, daß es nur eins bedeuten konnte: Er wollte nicht riskieren, daß es schiefging. Um keinen Preis. Und nicht nur der Rummelplatz im Film hatte ihn gereizt. Schauspielerinnen wie vor Anny Ondra Jarmila Vacková und Olga Tschechowa verkörperten im Grunde für ihn dasselbe Milieu – Kino als Fortsetzung des Jahrmarkts mit anderen Mitteln. Und daß er sich mit dem ganzen Ballyhoo der Boxwelt in die gleiche Schar einreihte, hat er oft genug gesagt.

Die Liebe zum Landleben war gleich ein festes Fundament ihrer Beziehung. Kurz bevor sich die beiden kennenlernten, hatte Max Schmeling in Saarow-Pieskow am Scharmützelsee ein apartes Haus gekauft, das der Maler Bruno Krauskopf, ein Mitglied der Berliner Secession, entworfen hatte. Societyreporter hatten Saarow Pieskow zwar auf die Out-Liste gesetzt, aber eine von vielen sogenannten Künstlerkolonien Berlins florierte trotzdem dort. Harry Liedtke und Käthe Dorsch, Walter Kollo und Viktor de Kowa, Josef Thorak und Schmelings »Architekt« Bruno Krauskopf selbst wohnten immer oder an den Wochenenden hier im Südosten Berlins. Schmeling hatte das Haus im Rohbau gekauft und richtete es jetzt gemeinsam mit Anny Ondra ein. Unmittelbar vor dem spitzgiebligen, strohgedeckten Haus ließen sie einen Swimmingpool anlegen, der damals großes Aufsehen erregte.

Der Garten wurde Ondras Domäne. Sie hatte ein Händchen dafür. Schmeling dagegen war gärtnerisch völlig unbeleckt. Nur seinen Freund Sepp Scherbauer konnte er mit seinen botanischen Kenntnissen bei einem Spaziergang durch einen Stuttgarter Garten tief beeindrucken.

Das Publikum mußte getäuscht werden, glaubten die beiden.

Doch in der Branche war bald jeder im Bilde. Nicht nur Camilla Horn wußte genau, mit wem Anny Ondra die Ernte ihres Gemüsegartens teilte. Die beiden gartenbegeisterten Kolleginnen standen in hartem Konkurrenzkampf. Jede wollte bessere Ernteergebnisse haben. »Einmal hat sie mich glatt geschlagen«, gab Camilla Horn neidvoll zu. »Sie brachte es fertig, Artischocken zu züchten, die bei mir um keinen Preis etwas werden wollten.«

Schmeling genoß die neue Häuslichkeit und versuchte etwas ganz Besonderes beizutragen. Nach dem Kampf gegen Young Stribling im Juli 1931 wollte er seine Geliebte überraschen und ließ aus Amerika kistenweise Pflanzen nach Saarow-Pieskow schaffen in der Annahme, es handle sich um etwas sensationell Exotisches, für dessen Erwerb ihm Anny jubilierend um den Hals fallen würde. Der Spediteur kam am späten Abend. Schmeling ließ die Kisten in die Halle schaffen und öffnete sie. Gespannt wartete er auf Anny Ondras Jubel. Statt dessen nahm sie ihn leicht verlegen an der Hand und ging mit ihm in den Garten hinaus, die Taschenlampe in der Hand. Der Lichtstrahl wanderte über die schönsten Blumenbeete und einen zauberhaften Steingarten, den sie in der Zwischenzeit angelegt hatte. »Schau, Max, wie schön alles blüht!« Zum Inhalt der Kisten sagte sie nichts. Doch der Gärtner, der sich am nächsten Morgen die teuren Mitbringsel vornahm, sagte nur verächtlich: »Det is ja Phlox! Den hätten Se hier ooch koofen können! Und dat andere Zeugs dito! Da hätten Se sich 'nen schönen Batzen Geld gespart.«

Das Wildschweingehege war allein Max Schmelings Idee. Doch die Keiler brachen dauernd durch die Gatter und erschreckten die sensiblen Künstler genauso wie die biederen Fischer des Scharmützelsees. Harry Liedtke ging beim Zusammentreffen mit einer Schmelingschen Wildsau gar das Pferd durch. Schmeling schaffte die Viecher wieder ab.

Der erste semioffizielle gemeinsame Termin des Paares endete in einem Fiasko. Max Schmeling hatte die Euphorie der großen Liebe unvorsichtig gemacht. Er wollte sich einfach zu gern in Gegenwart Anny Ondras als Weltmeister feiern lassen. Das ging gründlich daneben. Bei einer Veranstaltung im Berliner Sportpalast sollte er offiziell begrüßt werden, doch sobald er im Ring erschien, wurde er heftig ausgepfiffen. Anny Ondra mußte ihn trösten; das war die erste Bewährungsprobe. Vor dem siegreichen Debakel der Weltmeisterschaft hatte Schmeling es noch ein »unnennbar herrliches Gefühl« genannt, »wenn man im Mittelpunkt des Interesses steht, es klingt im tiefsten Herzen nach, wenn man seinen Namen in den Überschriften der Zeitungen, auf Urkunden, Schleifen und – Verträgen sieht«. In diesem Augenblick war es wohl eher eine Belastung, so bekannt zu sein.

Ob Anny Ondra je *Liebe im Ring* gesehen hat, ist nicht bekannt.

Anny Ondra triumphiert

Zunächst völlig unabsichtlich bekam sie ihn mit dem Thema eines Milieus, das er liebte und von dem er fasziniert war: der Rummelplatz. Von Schmelings erster Enttäuschung auf dem Wandsbeker Markt über seine Tourneen mit dem Artisten Waldemar bis zu seinem vierwöchigen Gastspiel als Boxlehrer für den Sohn der stärksten Frau der Welt – der Rummel hatte ihn ein Leben lang begleitet. *Die vom Rummelplatz* war ein Heimspiel für ihn. Viktor Schwannecke, Intendant des Bayerischen Staatstheaters (bis man einen theatereigenen Flügel in seiner Wohnung vorfand – es war schon immer dasselbe), spielte Anny Ondras Vater. Er war der Wirt der Künstlerkneipe, in deren Gästebuch Max Schmeling gekritzelt hatte: »Künstler schenkt mir eure Gunst – Boxen ist doch auch'ne Kunst«, und jetzt auch Schauspieler. Kurt Gerron, sein Manager aus *Liebe im Ring*, mimte in einer kleinen Rolle den Schaubudenbesitzer.

Nur Anny Ondra war für Max Schmeling neu. Sie ist Anny Flock, die Tochter zweier Tingel-Tangel-Künstler, die als Pensionatsschülerin ihre Eltern zehn Jahre lang nicht gesehen hat. Die beiden seien hochangesehene Theaterleute, der Vater gar Direktor des Thalia-Theaters, erzählt sie ihren Freundinnen während der Bahnfahrt zum nächsten Erziehungsinstitut. Doch das fassungslose Mädchen muß erfahren, daß die Eltern nicht nur in einem primitiven Wohnwagen hausen, sondern daß die Mutter als notorische Kleptomanin ihre bürgerliche Existenz ruiniert hat. Aus jäh entdeckter Lust an der Selbstdarstellung landet Anny Flock auf derselben Bühne wie ihre Eltern.

Dieses plötzlich erwachte Verlangen trifft Anny Flock völlig unvermutet, und aus dem Zwiespalt der Gefühle zwischen wohlerzogener höherer Tochter und junger Frau mit Exhibitionismus im Blut macht Anny Ondra ein Kabinettstück. Nachdem die ehemaligen Freundinnen ihr in einer wilden Prügelei die Kleider vom Leib gerissen haben, kann sie halbnackt und unbelastet von vorne beginnen. Noch ein Stück Stoff weniger, und sie nähme Sharon Stones berühmte Pose vorweg. So jedenfalls sitzt sie auf den Stufen des Wohnwagens.

Siegfried Arno als Rummelkollege Hannes, der es gewohnt ist, die Scherben aufzuräumen oder in besseren Momenten Scherben zu verhindern, treibt Anny auf die Bühne. Nur kurz fällt sie zurück in die jahrelang andressierte Rolle der perfekten Hausfrau, als sie sich ans Publikum wendet: »Meine lieben Gäste!« – »Nun wein doch nicht!« antworten die.

Das kaputte Klavier weckt endgültig den Kobold in ihr. Fehlende Tasten ersetzt sie kurz entschlossen mit einem Glöckchen, ein paar Kartoffeln, letzte Zitate häuslichen Lebens, machen sich aus dem Instrument davon, Tauben entfliegen hastig kollernd, nichts und niemand kann diese Entfesselte mehr bremsen. Den schließlich in sich zusammenbrechenden Flügel – adieu, Klavierstunden! – funktioniert sie zur Harfe um; Harpo läßt grüßen. (*Animal Crackers* mit den Marx Brothers kam im selben Jahr in den USA in die Kinos.) So modern waren Anny Ondra und Karel Lamač.

Obligatorisch die Liebesgeschichte, atypisch ihr ungewisses Ende. Siegfried Arno als ewig verschmähter Liebender gibt hier seinen Einstand im Tonfilm und schmachtet Anny Ondra müßig an. Siegfried Arno wird im wirklichen Leben wunderbarerweise den Nazis entkommen und in amerikanischen Screwball Comedies seine Karriere fortsetzen. In Preston Sturges' *Palm Beach Story* spielt er den südamerikanischen Gigolo, der mit einem breiten »Greetings!« oder »Grisse!« in der deutschen Fassung den Raum so stürmisch betritt wie heute nur noch Seinfelds Kramer. Lamač und Co. lassen ihn ein inhaltlich wie reimtechnisch recht trauriges Liedchen singen: »Es war ein Mädchen im Märchen einmal/ die war viel schöner als das Glück./Ein Jüngling liebte sie heimlich voll Qual/doch seine Nase war zu dick.« Und doch geben sie dem tragikomisch Liebenden die klügste Rolle im Stück: Wer sich nicht auf der Stelle in die wunderhübsche Anny Flock in ihrem Mickey-Mouse-Kostüm verliebte, dem war nicht zu helfen.

Die Musiknummern mit Anny Ondra sind das Glanzstück des Films. Als Mickey Mouse versucht sie einen Flügel, dem zwei Statisten Beine verleihen, auf die Bühne zu ziehen, ein ungleicher Kampf, in dessen Verlauf sie mit den Füßen Klavier spielt und an dessen Ende sie mitsamt dem Rieseninstrument in den Theaterhimmel entschwebt. Furioses Finale mit zwei Betrunkenen, die ihr als Klangboden dienen: Den einen weckt sie mit einer Pfauenfeder, so daß er erschrocken mit der Hand auf das Becken schlägt, der zweite wackelt mit dem Kopf und bringt so die Schellen darauf zum Klingeln, und Anny Ondra selbst hüpft behende mit dem Po auf eine Hupe, bevor sie weiterklimpert. Chico hätte das alles sehr gefallen.

Diese Filmkomödie war das erste Ergebnis der Ondra-Lamač-Filmproduktion, die Anny Ondra und Karel Lamač 1930 zusammen gegründet hatten. Anny Ondra wurde damit in Deutschland endgültig so prominent, daß Stefan Szekely sie in *Die große Sehnsucht* neben Lil Dagover und Harry Liedtke, Adele Sandrock und Fritz Kortner, Olga Tschechowa und Luis Trenker, Conrad Veidt und Jack Trevor sich selbst spielen ließ in einem Plot um ein junges Mädchen, das von einer Filmkarriere träumt.

Das nächste Werk aus der Ondra-Lamač-Produktion war die Militärklamotte *Der K. u. k. Feldmarschall,* ein Thema, das Karel Lamač seit seinen Schwejk-Erfolgen immer wieder gern beackerte. Anny Ondra produzierte jedoch nur, sie spielte – wie auch in den vorigen Militärfilmen Lamačs – nicht selbst mit; sie war zu kapriziös für die Armee. *Der K. u. k. Feldmarschall* ist der einzige Film Karel Lamačs, den Egon Erwin Kisch je besprach. Bei der Premiere im Berliner Atrium saßen Lamač und Kisch mit einer Handvoll anderer Prager zusammen. Kisch hatte sich schon im Vorfeld mit Lamačs Drohung solidarisch erklärt, den Film verbieten zu wollen, sollte das Häkchen auf dem »c« seines Namens im Vorspann fehlen. Das Häkchen kam. Lamač freute sich. »Na also«, schmunzelte Kisch, »in Mexiko würde so ein Häkchen glatt eine Revolution auslösen.« Für Kisch ging der Erfolg des Films eindeutig auf das Konto Vlasta Burians:

»Das dummschlaue Wesen dieses k. u. k. Hauptmanns im Ruhestand, ein bißchen Dämlichkeit und ein bißchen Trunksucht blitzten aus seinen Augen, und mit erhobenem Zeigefinger verkündete er den Unsinn, der dem Tonfilm ein lachendes Echo auf allen Plätzen erweckte./.../In diesem Augenblick hörte Vlasta Burian auf, eine lokale Berühmtheit zu sein.«

Im selben Jahr drehten Ondra, Lamač und Co. noch *Eine Freundin so goldig wie Du,* ihre erste Zusammenarbeit mit Adele Sandrock, die in ihren Erinnerungen sehr freundlich von Ondra und Lamač und der stets harmonischen Zusammenarbeit mit den beiden spricht. Drehort war Berlin, Drehzeit vom 16. Oktober bis zum 5. November 1930. Vielleicht war Anny wegen des Beginns der Dreharbeiten im Grunewald-Atelier zu beschäftigt, Schmeling nach dem ersten Rendezvous anzurufen. Doch als die Dreharbeiten schon auf Hochtouren liefen, hat er sie zum ersten Mal in einem Atelier besucht. Um weniger aufzufallen, kam er mit seiner ganzen Clique: Max Machon und dessen Braut Hedi waren dabei, Paul Damski, Joe Jacobs und noch ein paar andere. Vor allem Joe Jacobs, der sich bei einem seiner späteren Besuche wenn auch nur platonisch, so doch sehr heftig in Gitta Alpar verliebte und der sich überhaupt an schönen Frauen nicht satt sehen konnte, war von Anny Ondra äußerst angetan. Anny Ondra wiederum bekundete, wie gut sie Joe Jacobs' Begeisterung für Frau Alpar verstehen konnte. Max Schmeling brachte Jacobs von seinen Reisen in die Staaten regelmäßig die neuesten Platten der Alpar mit, seit Jacobs sein Faible für die Sängerin und Schauspielerin offenbart hatte. Aber das passierte erst im Herbst darauf.

Die Kritik nahm *Eine Freundin so goldig wie Du* verhalten auf. Zu viele Einfälle habe man schon anderswo gesehen, doch Anny Ondra sei ohne Zweifel »die süßeste Rosine in diesem leichten und nicht schwer im Magen liegenden Kuchen«. Anny spielt ein Mädchen, das mit seinem Hasen Otto im Auto durch die Welt reist und das Leben eines scheidungswilligen Mannes erheblich durcheinanderbringt. Ein typischer Lamač-Einfall war Annys Lachgasattacke auf eine vermeintliche Trauergemeinde, dessen

Wirkung die erzürnte Erbtante dazu brachte, die lachende Bande hinauszuwerfen und Anny dem Happy-End zuzuführen. Die wütende Tante war natürlich Adele Sandrock.

Ab Mitte Januar 1931 drehten L-O zum ersten Mal seit vier Jahren wieder gemeinsam in Prag in den A. B.-Ateliers. In der deutsch-tschechischen Koproduktion *Er und seine Schwester* mußte Anny Ondra nur im Filmtitel ihrem männlichen Kollegen den Vorrang lassen. Vlasta Burian festigte mit diesem Film seinen Ruf als tschechischer Filmkomiker schlechthin, doch Anny Ondra steht ihm in nichts nach. »Er« ist der Briefträger Spatz mit einer heiklen Neigung zum Musiktheater, die auch seine Schwester Anny Spatz, die Zofe der Theaterprimadonna, teilt. Eine persönliche Leidenschaft kommt bei ihr noch hinzu: Sie verzehrt sich nach dem umschwärmten Theaterdirektor. Anny Ondra behauptet sich brillant neben dem Komiker Burian (einem Typ, der Felix Bressart nicht unähnlich war). Beide haben Glanznummern, Vlasta Burian etwa mit seinen artistischen Kunststücken, wenn er als vermeintlicher Theaterdirektor mögliche Konkurrentinnen seiner Schwester aus dem Feld schlagen will. Die jungen Damen sehen fassungslos zu, wie Burian einen Stuhl im Mund balanciert, einen eigentümlichen Kopfstand hinlegt oder mit einem so grotesk durchgebogenen Hohlkreuz herumstelzt, als sei ihm das Rückgrat abhanden gekommen. Wie er sich für jede einzelne etwas besonders Absurdes ausdenkt, es mit heiligem Ernst in Szene setzt und herrisch Nachahmung fordert – das ist schreiend komisch.

Anny Ondra als Möchtegern-Diva reißt dann das Heft an sich. Sie setzt die Primadonna außer Gefecht, indem sie über die Sprechanlage heißen Dampf in deren Garderobe bläst, eine typische Spielerei des technikverliebten Lamač. Dann macht sie sich auf offener Bühne über ihren Direktor her, mit dem sie – endlich! – eine Liebesszene zu spielen hat. Im kürzestmöglichen Röckchen wirft sie sich ihm an den Hals und küßt ihn bis zur Besinnungslosigkeit. Der Souffleur in seinem Kasten versteht die Welt nicht mehr, weil er für solche Exzesse im Manuskript keinerlei Anhaltspunkt findet. Nur beinahe glückt dem verwirrten Direktor die Flucht von der Bühne, da holt ihn Anny fast gewaltsam zurück und küßt enthemmt weiter. Dem armen Mann vergeht Hören und Sehen. Bruder Vlasta Burian muß sich mit Helm und langem Bart unkenntlich machen und seine Schwester offiziell von der Bühne klingeln, um die Orgie zu beenden.

Doch Anny Spatz hat Blut geleckt und kehrt als Clown in einem überdimensional großen schwarzen Anzug zurück, in dem sie eine Tanznummer hinlegt, die leider in den Tiefen des Nationalen Filmarchivs in Prag schlummert. Anny Ondras perfekte Körperbeherrschung und ihr untrüglicher Instinkt für das Timing von Komik machen ihr Spiel zu einer Augenweide.

Für solche Szenen verzeiht man Karel Lamač die falsche Kindlichkeit, in die er seinen willigen Star so oft zwingt; auch in diesem Film drängt er sie in eine solche Rolle, als Anny Spatz vor dem Postminister ein Lied eher kiekst als singt, eingerahmt von einem Chor kleiner Mädchen, die genauso angezogen sind wie sie. Aber vielleicht reagiert man heute auf solche Entwürfe von Weiblichkeit empfindlicher als damals.

Die ansonsten garantiert überraschungsfreie Handlung des Films steht und fällt mit Anny Ondras komischem Talent, das zusammen mit ihrer tänzerischen Begabung eine einmalige Symbiose eingeht.

Für die nächsten zwei Filme verließ sich die Ondra-Lamač-Produktion auf zwei bewährte Operettenstoffe. *Die Fledermaus* und *Mamsell Nitouche* wurden als deutsch-französische Koproduktionen in Paris gedreht. Mit der ersten Operette ging Karel Lamač als Regisseur baden, weil er zu krampfhaft etwas Eigenes versucht habe, und so meinte die Kritik:

»Sein Grundfehler ist, daß er das Ganze nicht auf das Musikalische stellt, sondern einen Schwank mit teils possenhaften, teils revuemäßigen Szenen daraus macht, die auseinanderfallen, weil der Zauber fehlt, der diese Operette so ewig bühnenfrisch erhalten hat: Der Zauber ihrer Musik …«

Anny Ondra als Star des Films feierte jedoch einen neuen Triumph, wie auch Edith Hamann von der *Filmwoche* befand:

»Adele ist der linkisch-graziöse, süß-drollig augenkullernde Mittelpunkt dieses Films – Adele in der reizenden Gestalt von Anny Ondra, die allen Nöten und Keckheiten dieses klassischen Zöfchens mit allen Registern ihres sprudelnden Talents gerecht wird.«

Wieder einmal hat Anny Ondra für ihre Jungs einen Film gerettet.

Mamsell Nitouche, nur Wochen später gedreht, kam bei der Kritik besser an. Klosterschülerin knallt durch, könnte man die Handlung kurz zusammenfassen, doch da war die Zensur vor. Alle Szenen, die suggerierten, Anny Ondra alias Denise werde in einem Kloster erzogen, mußten in Deutschland noch einmal nachgedreht werden. Im katholischeren Frankreich hatte man keine Einwände; in Deutschland fürchtete die Behörde, der Film könne »weite katholische Kreise in ihrem religiösen Empfinden verletzen«. Noch schlimmer wurde gewichtet, daß die Schwester Oberin schwindelt: »Eine solche Darstellung von Schwestern ist nicht nur geeignet, dem Empfinden katholischer Volkskreise ins Gesicht zu schlagen, sie verletzt auch das religiöse Empfinden evangelischer Volksteile.« Doch Anny Ondra brachte die Botschaft auch ohne Nonnen erfolgreich herüber: »Diese Mamsell Nitouche ist eine Meisterleistung graziösen und temperamentvollen Humors, der doch, irgendwie stilisiert und tänzerisch, bürgerlichen Normen zu spotten scheint.« In ihren besten Momenten brauchte Anny Ondra keine als Nonnen verkleideten Kolleginnen, um die bürgerliche Gesellschaft mit ihrer Körpersprache und Mimik allein das Fürchten zu lehren. Von der Zuchtanstalt direkt zum Cancan auf dem Tisch in der Offiziersmesse – das war ein großer Schritt für die Menschheit, ein kleiner frecher Hopser für Anny Ondra. Max Schmeling gab später an, seine Frau habe sich sehr früh von der katholischen Kirche losgesagt, was ihn jedoch nicht daran hinderte, für sie den Rosenkranz von Papst Pius XII. gern entgegenzunehmen.

Fast uneingeschränkt geliebt von Publikum und Kritik wurde *Eine Nacht im Paradies.* Die kleine Einschränkung bezieht sich wieder auf das Drehbuch, an dem diesmal Hans H. Zerlett nicht beteiligt war, dafür aber Wenzel Wassermann, wie Václav Wasserman in Deutschland genannt wurde. Die Idee stammte von Joe Wilkins und Hans Bergmann. Anny Ondra aber ist einmal mehr »der aparteste aller weiblichen Filmstars«, mit »erstaunlichem schauspielerischen Instinkt«, »großartig ein paar karikaturistische Tanzscenen«, »die reizendste, begabteste Darstellerin, die wir zur Zeit für die Filmoperette- und komödie haben«, sie hat »alle Reize und Künste eines weiblichen Buffos, von der Tollheit bis zur Schwärmerei und von den zärtlich-süß verschleierten Augen bis zu den übermütig geworfenen Revuebeinen«, kurz, »Paradiesvogel Ondra«. Der Plot? Ach ja, richtig. Kleine Schneiderin kriegt amerikanischen Millionär, gespielt von Hermann Thimig.

Interessant ist das Uraufführungsdatum. Es war der 4. März 1932. Und im Werbematerial des Films hat ein voreiliger PR-Schreiber Anny Ondra einen kleinen Text untergejubelt, der von Blödsinnigkeit nur so strotzt. »She is a good sport« habe einmal ein englischer Kritiker über Anny Ondra gesagt, und das habe sie irrtümlich als eine Aufforderung genommen, Sport zu treiben. »Aber immerhin hat dieser Spruch mir meinen Maxe Schmeling eingebracht.« Denn die Sache mit dem Sport habe sie mit Leidenschaft betrieben und sei zu »allen Matches und Meetings« gegangen.

»Und da passierte es dann eben eines Tages. Ich sah meinen Max, er wurde mir vorgestellt – und aus war's. Meine Selbstsicherheit, meine mit viel Liebe von mir gepflegte Frechheit war dahin. Maxe hat mich ausgeknockt. Der Ringrichter behauptet, Max hätte einen leichten Sieg gehabt, da wir doch meistens ›im Clinch‹ lagen!«

Völlig unvorstellbar, daß Anny Ondra einen solchen, auch noch zweideutigen Text geschrieben haben soll, der in dem albernen Satz gipfelt: »Das Christkind hat mir meinen Max gebracht.«

Nachvollziehbar, daß Anny Ondra und Max Schmeling bei aller Liebe häufig den Impuls verspürten, ihre Beziehung zu dementieren, wenn sie von solchen angeblich selbst verfaßten intimen Bekenntnissen aus den Federn Dritter behelligt wurden.

»Dieses reizende Mädchen ist Anny Ondra, die wir immer wieder als den einzigen weiblichen Filmkomiker stürmisch begrüßen und der wir mit eben derselben stürmischen Leidenschaft wünschen, sie möge die Mottenkiste ihrer bisherigen Sujets endlich verbrennen lassen. Ihre ungewöhnliche Begabung darf nicht länger in Zeitläufte versetzt werden, in denen altmodische Professoren mit langen wallenden Bärten ihre Weltanschauungen verbreiten. Posemuckel ist kein Mittelpunkt.«

Im *Montag Morgen Berlin* waren diese Zeilen über *Die grausame Freundin* zu lesen, und es ist beruhigend und traurig zugleich zu erfahren, daß Anny Ondra durchaus auch kritische Stimmen zu der Konstellation hören konnte, in der sie von 1930 bis 1937 fast ununterbrochen arbeitete. Wieder einmal marschiere sie in »ausgewachsenen Babykleidern« durch einen Film, moniert der anonyme Schreiber. Den Wahrheitsgehalt seiner Zeilen kann man leider nicht überprüfen, denn der Verbleib der Kopien des Films *Die grausame Freundin* ist wie bei allzu vielen anderen Anny-Ondra-Filmen nicht zu klären.

Einer kleinen autobiographischen Betrachtung Anny Ondras kann man immerhin entnehmen, daß sich die Schauspielerin während des Drehs im juniheißen Wien einen Schwips geholt hat. In jenen Tagen war Max Schmeling gerade in New York und verlor seinen Weltmeistertitel gegen Jack Sharkey. Gedreht wurde *Die grausame Freundin* in Sievering im Sascha-Atelier, das unter Schauspielern seiner Treibhaustemperaturen wegen das »Glashaus« genannt wurde, wie Winnie Markus erzählt. Anny Ondra wollte eigentlich mit einem Glühwein ihre Heiserkeit bekämpfen, doch irgendwie lief diese zunächst harmlose Idee aus dem Ruder.

»Als dann allmählich zu der großen Hitze draußen noch die Hitze von dem Glühwein von innen dazu kam, da war's vorbei. ›Das hast Du ausgezeichnet gemacht‹, ruft mein Regisseur Karl Lamač, ›das brauchen wir nicht zu wiederholen!‹ Ich hätte es auch gar nicht mehr gekonnt, denn ich war bereits schon vom Stuhl geplumpst und hilfreiche Hände hatten mich vom Boden aufklauben müssen.«

Doch das war und blieb eine ganz große Ausnahme. Der radikalen Abstinenz von Max Schmeling hat sich Anny Ondra weitgehend angepaßt.

In *Die grausame Freundin* gab Fritz Rasp den bärtigen Professor – auf den ersten Blick als falsch zu erkennende Bärte sind eine andere Vorliebe Karel Lamačs gewesen, der auch vor abgeschmackteren Scherzen selten zurückschreckte –, dessen Tochter Anny vor dem Happy-End mit einem amerikanischen Millionärssohn ein Gastspiel in einem Zirkus nachweisen muß. Das gab Anny Ondra Gelegenheit für einen waghalsigen Auftritt mit Schirm auf einem Hochseil, der das Publikum zu Begeisterungsstürmen hingerissen haben muß. Man bescheinigte ihr einmal mehr »Chaplintalent«.

Anny Ondra erntete die Lorbeeren, während Karel Lamač im günstigen Fall eine leichte Hand, noch häufiger aber das Attribut »routiniert« zugedacht wurde.

Seinem leicht vorstellbaren Frust darüber wirkte Lamač mit Alleingängen ins Genre des Kriminalfilms entgegen. Zwischen den Ondra-Star-Filmen inszenierte er 1931 den Wallace-Roman *Der Zinker*, 1932 *Der Hexer*. 1931 spann er eine kleine Bürokomödie um Vlasta Burian, *Wehe, wenn er losgelassen* oder *Unter Geschäftsaufsicht*, eine deutsch-tschechische Koproduktion; alle produziert von der Ondra-Lamač-Produktion in Berlin.

Als Anny Ondra, leicht befangen, zwischen Harry Valérien und Gustav Knuth im Studio stand, um in *Hallo Max!* auch Auskunft über sich zu geben, fragte Valérien sie nach ihrem persönlichen Lieblingsfilm unter all den Dutzenden von Filmen, die sie jemals gedreht hatte. Anny Ondra dachte nicht eine Sekunde nach.

»*Kiki*«, sagte sie wie aus der Pistole geschossen. Und das ist wirklich ein wunderbarer Film, obwohl der Plot – ein junges Mädchen, das unbedingt zur Bühne will und letzten Endes vor allem den Theaterdirektor bekommt – nicht gerade aufregend klingt, sondern wie ein Abguß zahlloser ähnlicher Filme wirkt wie etwa *Er und seine Schwester*. Doch *Kiki* war anders. Für *Kiki* hatten sich wirklich alle vier mächtig ins Zeug gelegt, Hans H. Zerlett, Otto Heller, Karel Lamač und Anny Ondra in bekannter Konstellation.

In diesem Film gibt es nicht *eine* öde Sekunde. Alle Filme Lamačs kommen zügig zur Sache (Lamač war kein langsamer Starter wie Max Schmeling) und halten ihr Tempo problemlos. Und wenn sich der Regisseur einmal allzu selbstverliebt in eine Sackgasse verrennt, entflieht er ihr so flink, daß der Zuschauer kaum nachkommt. Karel Lamač war im wahrsten Sinne des Wortes uneinholbar. Doch dieser Film ist von einer besonders unvergleichlichen Leichtfüßigkeit und ausgelassenen Beschwingtheit: keine Szene zu lang, das Casting perfekt und Anny Ondra in einer Spiellaune, der man anmerkt, wie glücklich sie war, daß um sie herum wirklich alles stimmte.

Schon die Eröffnung sitzt: Eine Eisenbahn fährt in Paris in den Bahnhof ein. (Lamač liebte Eisenbahnen im Film – eine kleine Hommage an seine zahllosen Fahrten quer durch Europa.) Wir sehen Anny Ondra alias Kiki, wie sie sich wohlig in den Kissen ihres Schlafwagenbetts dem Schlaf der Gerechten hingibt. Selbst im Tiefschlaf sieht sie liebreizend und wie aus dem Ei gepellt aus. Als sie erwacht, erschrickt sie nicht wirklich – ach so, ja, der Bahnhof! Schnell ist sie angezogen, und man sieht von weitem, wie sie sich aus dem Fenster lehnt und das Nachthemd ausschüttelt. Was für eine adrette junge Frau, freut sich der Zuschauer, bis die adrette junge Frau unvermittelt ihren Schirm aus dem Fenster pfeffert und behende wie ein Äffchen hinterherklettert. Kein Koffer? Kein Koffer, kein Köfferchen, nichts, nicht mal ein Handtäschchen. Eine Frau aus dem Nirgendwo, eine von jenen jungen Frauen, die in der Screwball Comedy ausziehen, die Welt zu erobern.

Diskret stiehlt sich Kiki an der Fahrkartenkontrolle vorbei (die

Geschichte spielt im Zeitalter der Bahnsteigkarten): Ein blinder Passagier ist sie also auch noch! Wo in aller Welt hatte sie das Nachthemd her? Törichte Frage. Was Kiki will, das nimmt sie sich. Im Bahnhofscafé nestelt sie eine Münze aus ihrem Gürtel, schnappt sich ein Croissant von der Theke und setzt sich zu einem Zeitungsleser an den Tisch. Nonchalant tunkt sie ihr Hörnchen in dessen Kaffeetasse und beißt hungrig ab. Der Kaffee ist ihr nicht süß genug. Flink wirft sie ein Stück Zucker hinein. Da hebt der Mann hinter der Zeitung die Tasse an den Mund, und jetzt erschrickt Kiki doch, denn ihr Croissant ist noch drin. Der Zeitungsleser merkt es nicht. Für den Bruchteil einer Sekunde: aufatmen. Da fällt Kikis Blick auf eine Annonce in der Zeitung des Mannes: »Hübsche junge Mädchen gesucht für Folies parisiennes«. Sie stürzt sich auf das Blatt und reißt die Anzeige einfach heraus. Wie vom Donner gerührt, springt der Mann auf. Kiki rennt weg – doch ihr Schuldbewußtsein hält sich in Grenzen. Nach ein paar Schritten bleibt sie schon wieder vor dem Spiegel stehen, kontrolliert den Zeitungsausriß, versichert sich ihres hübschen Aussehens, indem sie den gepunkteten Rock ein wenig in die Höhe lupft und macht sich auf den Weg.

Ein furioser Auftakt. Kein Wort wurde bislang gesprochen, und das war auch nicht nötig. Wie keß der Dialog werden wird, zeigt der Disput Kikis mit dem Theaterpagen, der ihr den Weg zeigt: »Ich verpflichte mich zu Dank!« sagt Kiki übertrieben höflich. »Sie mich auch!« sagt der Page genauso höflich. In der Auseinandersetzung mit ihren Rivalinnen um den Theaterjob gewinnt Kiki schnell die Oberhand. Sie drängelt sich vor und gerät mit einem der Mädchen in Streit: »Aufgetakeltes Zirkuspferd!« sagt die zu Kiki. »Wie kann man so etwas sagen!« empört sich Kiki. »Und ich habe dich für eine ganz vornehme Nutte gehalten!« Auf Passagen wie diese bezog sich wohl eine Kritik im *Kinematograph*: Zerlett lasse seine Protagonistin »so rüde Sachen sagen wie Shaw seine Elise Doolittle in ›Pygmalion‹«. Aber an Frivolitäten, die von einer Anny Ondra mit so unschuldigem Augenaufschlag serviert wurden, konnte sich das Publikum weder satt hören noch sehen.

Kikis Charakterisierung als eine Frau, die aus dem Nichts auftaucht und außer ihren Erfahrungen keine Vergangenheit hat, gestatten ihr clowneske Glanznummern, die sonst wie ein Fremdkörper gewirkt hätten. Kiki wird als Garderobiere eingestellt und richtet nur Chaos an, wirft die Hüte wie ein Tellerwerfer an die Haken, hängt Hunde dazu, gibt wahllos Nummern aus – Slapstick pur –, um sich in einer ruhigeren Minute hingebungsvoll dem Flachlegen eines Chapeau claque zu widmen, der allerdings gar kein Chapeau claque ist. Wie sie mit ihrem ganzen Körper arbeitet, sämtliche nur möglichen Varianten durchprobiert, bis sie den arglosen Zylinder endlich platt gemacht und tief befriedigt unter der Theke verstaut hat, davon könnte der beste Clown noch etwas lernen.

Leider beobachtet der Theaterinspizient die stümperhafte Garderobiere und wirft sie hinaus, als es erwartungsgemäß bei der Abholung der Mäntel zur Randale kommt. Über ihren Rausschmiß will sich die zornige Kiki im Büro des Direktors beschweren. Ein Hermelinpelz fliegt ihr entgegen und landet auf ihrem Kopf, so daß sie die goldenen Worte kaum verstehen kann: »Den schenk ich dir!« – »Danke!« jubelt Kiki und verläßt auf der Stelle das Haus.

Was Kiki hat, behält sie. Der Direktor glaubt allerdings, seine Geliebte im Streit mit dem Mantel beworfen zu haben, und weiß gar nichts von seiner guten Tat.

Fünf Jahre später sollte eine der besten amerikanischen Screwball Comedies ebenfalls mit einem Pelzmantelwurf beginnen, Mitchell Leisens *Easy Living (Mein Leben im Luxus)*; dort kriegt ihn Jean Arthur auf den Kopf, als sie mit einem Doppeldeckerbus in New York unterwegs ist. Ein Millionär hat ihn aus Wut über seine verschwendungssüchtige Familie aus dem Wolkenkratzer geworfen und setzt damit eine Reihe von Verwirrungen in Gang. Auch hier zeigt sich wieder, daß Lamač und Co. ihrer Zeit oft einen Riesenschritt voraus waren.

Ungewohnt still vor lauter Glück steht Kiki draußen unter dem Vordach des Theaters. Ihre Augen haben jene Verträumtheit, die, wie es scheint, in den Augen einer Frau nur ein Pelzmantel hervorrufen kann. Kiki hält ihn am Hals mit der Hand zu, nicht nur, um ihr neues Glück auch mit den Fingern zu genießen, sondern um zu verhindern, daß jemand den Kragen ihrer häßlichen Garderobieren-Uniform entdeckt. Gerade macht sie einen Schritt zu den Stufen hinunter – da scheut sie aus heiterem Himmel zurück und streckt vorsichtig die Hand aus: Regnet es womöglich?! Ja, es regnet. Um sie herum spielen sich immer noch wilde Szenen zwischen Männern ab, die ihre falschen Hüte tauschen. Zunächst formvollendet höflich, am Ende voller Ingrimm und Wut. Kiki nimmt das nicht wahr. Doch sie fällt Direktor Leroy auf. Er stutzt kurz, als er den Pelzmantel sieht, aber für einen Mann sieht ein Pelz aus wie der andere. Eines aber ist sicher: Die Frau gefällt ihm. Er fragt, ob er sie nach Hause bringen dürfe.

Kiki hat gar keine Wohnung, aber um ihren Mantel ist sie besorgter als um sich selbst. »Haben Sie einen Schirm?« fragt sie. Nein, ein Auto. Noch besser! Begeistert stimmt sie zu. Hermann Thimig, vom Typ Dirk Bogarde ähnlich, spielt Direktor Leroy; ein halbes Jahr zuvor hatte der Schünzel-Lubitsch-erprobte Thimig mit Ondra-Lamač schon *Die Nacht im Paradies* gedreht. Er spielt Leroy als einen Mann, den sein Theater zwar belastet, aber nicht auslastet und der aus Gutmütigkeit und Hang zum Phlegmatischen an seiner Freundin festhält, auch nachdem er sie mit dem Tenor in flagranti ertappt hat. Sein Gesicht strahlt ein kleines, verzweifeltes »Das kann doch nicht alles gewesen sein!« aus. Bis er Kiki kennenlernt. Sie reißt ihn in einen Strudel, und endlich hat er Probleme und Gefühle, die ihn von einem Tumult in den nächsten stürzen, innerlich und äußerlich zugleich. Er hat Angst vor Kiki und wird doch süchtig nach mehr. Als er das wilde Ding endlich los zu sein glaubt, kommt ihm beim Nachhausekommen sein Diener mit einem blauen Auge entgegen. Leroys Augen strahlen auf: »Kiki ist da!« Wie er am Ende versucht, die in einen Starrkrampf verfallene Kiki aus ihren Kleidern zu schälen, ganz so, wie es der Arzt empfahl, doch mit einem eifrigen Leuchten in den Augen und der schrecklichen Angst, Kiki weh zu tun, das ist großes Kino.

Die Zensur aber hatte an diesem Film allerlei zu bemängeln.

Denn als Kiki auf Leroys Vorschlag, mit ihm essen zu gehen, hungrig und begeistert mit »Au ja! Das könn' wir machen« antwortet, fangen ihre Garderobenprobleme erst richtig an. Sie wird ja den Pelz nicht ablegen können, denn in ihrem Zofenoutfit würde man sie sofort als gefeuerte Theaterangestellte entlarven. Doch Kiki hat schon eine Idee. Unter einem Vorwand verschwindet sie in der restauranteigenen Telefonzelle. Sie reißt sich das scheußliche Gewand vom Leib und gönnt sich und ihrem Hermelin ein Dekolleté: Endlich kommt der obligate Anny-Ondra-Unterrock ins Spiel, nach dem Motto »Dann mach ich mir 'nen Schlitz ins Kleid … Gerade als sich Kiki bückt, um sich aus einem Metallkettchen ein provisorisches Collier zu basteln, schauen zwei Amerikaner in die Telefonkabine. Die gebückte Kiki streckt ihnen ihren Po entgegen. Einer der Männer dreht sich strahlend zu seinem Freund um: »Paris is wonderful!« An dem angeblich lüsternen Blick des Mannes nahm die Zensur Anstoß. Außerdem störten ein Dialog, in dem Anny Ondra sich zu elf Liebhabern bekannte, ein Theatervorhang, auf dem die Beine einer Frau sich beim Hochziehen des Vorhangs notgedrungen spreizten, und ein »entsittlichendes« Gespräch zwischen Kiki und Leroy durch die Schlafzimmertür. All diese Zensurbeschwerden wurden abgeschmettert. Endgültig rausgeschnitten werden mußte allerdings eine Szene, in der Kiki und Leroy sich um einen Brief streiten, »wobei sie die Beine auseinanderspreizt und seine Hand zwischen ihren Schenkeln erscheint«, und eine zweite, in der Leroy und sein Freund Péron, der starrverkrampften Kiki unter den Rock sehen, als sie auf dem Bett liegt. So streng waren die Sitten, und es war nicht das einzige Mal, daß Ondra-Lamač aus erotischen Gründen mit der Zensur aneinandergerieten.

Glücklicherweise blieb ein anderer Höhepunkt des Films unbehelligt: Leroys untreue Geliebte Gervinette tröstet sich mit Péron – Paul Otto spielt ihn mit souveränem Understatement – im selben Lokal, in das Leroy seine neue Flamme Kiki eingeladen hat. Der amüsierte Péron treibt die Situation auf die Spitze: »Wollen wir uns nicht zusammensetzen?« Kiki: »Von mir aus, lassen Sie sich nicht stören!« Dabei lacht Anny Ondra so ungeniert, daß man einen Moment lang glauben könnte, sie sei aus der Rolle gefallen. Gervinette studiert mißtrauisch den Pelz der unerwarteten Rivalin. Unbarmherzig taxieren sich die eifersüchtigen Frauen. Jede will die andere an Laszivität übertrumpfen und läßt den Pelz tiefer und tiefer von den Schultern rutschen. Wirkungsvoll setzt Anny Ondra ihren berühmten Schmollmund ein, zieht eine Schnute und tut empört. Beide zappeln so lange mit dem Oberkörper, bis Kiki im wahrsten Sinne des Wortes im Hemd dasteht. Die Gäste lachen. Kiki bleibt cool. Leroy nicht. Er springt ihr zur Seite und begleitet sie hinaus. Péron lacht schallend, was Gervinette beleidigt. Aber als ihm der Kellner die Rechnung für Kikis grenzenlosen Appetit serviert, vergeht Péron das Lachen.

Der Film lebt vom ständigen Kontrast zwischen Kikis wahrer Unschuld und ihrem anstößigen Verhalten. Leroy hat sich trotz allem eine kleine Hoffnung auf ein amouröses Abenteuer bewahrt und erlaubt Kiki, in seiner Wohnung zu übernachten. »Ich kann Ihnen aber nur einen Pyjama anbieten«, sagt er. »Sie!« droht Kiki. Im selben Atemzug: »Wo isser?«

Immer sind es ihre elementaren, ehrlichen Bedürfnisse, die sie über Anstand und Sitte stellt, ohne Anstand und Sitte jemals wirklich zu verletzen. Der Diener will ihr das Frühstück wieder abnehmen, das er für seinen Herrn gemacht hat, doch Kiki greift zu jedem üblen Trick, um das Tablett in ihrem Besitz zu halten. Die Verfolgungsjagd über alle Möbel hinweg ist einfach grandios und beweist einmal mehr Ondras akrobatisch-clowneske Begabung. Wie spielerisch sie das Ganze sieht, darf sie beweisen, als der Diener darin scheitert, einen Sessel genauso wie sie im tollen Lauf zu nehmen. Großzügig kehrt sie zu ihm zurück und macht es ihm noch einmal vor. Zuletzt allerdings liegen Diener und Frau zu Füßen des Herrn und beschuldigen einander wie die Kinder, mit dem Streit angefangen zu haben.

Das Schlußbild des Films ist merkwürdig bedrohlich: Kiki hat Leroy gerade gestanden, nicht elf, nicht zehn, nicht fünf, ja nicht einmal zwei Liebhaber gehabt zu haben, eine Richtigstellung übrigens, die die Zensurbehörde in ihrem Gutachten ausdrücklich als mildernden Umstand vermerkte. Sie seufzt: »Du bist der erste.« Die Kamera weicht vor dem Ereignis, das jetzt nicht länger aufzuhalten ist, und so muß der Zuschauer Kiki widerstrebend allein lassen, gerade wenn sie ihn am dringendsten bräuchte.

Eine kleine blonde Beute sitzt da im Arm des Mannes, der in dieser dämonischen Perspektive plötzlich wie ein schwarzer Riese aussieht. Karel Lamač wird sich seinen Teil gedacht haben.

Kiki wurde in verschiedenen Versionen verfilmt, auch mit Mary Pickford, Anny Ondras großem Vorbild. Doch was für Anny Ondra eine Zusammenfassung und Krönung derjenigen Talente war, für die sie berühmt wurde, war für Mary Pickford ein Fiasko. »America's sweetheart«, die süße Kindfrau, wollten die Amerikaner nicht als verführerische erwachsene Frau sehen. Es widersprach allem, was sie von ihrer Mary Pickford im Kino erwarteten. Immerhin ging es in Pickfords Version darum, einen geschiedenen Mann zu erobern, bevor auch in Hollywood für eine Weile *Production code* und Scheinmoral dominierten. Pickford legte sich für diesen Film, den sie eigentlich haßte und dessen Drehbuch sie eines Nachts in tausend Teile zerriß, ohne sich zur endgültigen Aufgabe durchringen zu können, ein ganz neues Erscheinungsbild zu. Boshafte Kritiker fanden, daß sie durch die Umgestaltung ihrer Haartracht zu einem Zwischending zwischen Betty Boop und Harpo Marx geworden war. Mary Pickford verging mit *Kiki* der Spaß am Filmen, aber sie wollte ihrem Publikum auf keinen Fall ausgerechnet mit dieser Rolle in Erinnerung bleiben. Darum drehte sie 1933 noch die Ehe-Saga *Secrets,* auch ein Flop an der Kinokasse. Mary Pickford hörte zu drehen auf, als sie vierzig Jahre alt war. Das Leben verlor seinen Sinn für sie. Sie sei mit der Doppelbelastung Schauspielerin – Produzentin nicht zurechtgekommen, behauptete sie später.

Mary Pickford hätte sich an Douglas Fairbanks halten können, doch der weilte mit seiner dritten Frau gerade in Europa und trank mit Anny Ondra und Max Schmeling in Barcelona einen Tequila.

Für Anny Ondra aber war *Kiki* einer ihrer größten Erfolge. Ihr Unglück war es, daß sie kaum noch einmal an ein Drehbuch geraten sollte, das ihr solche Entfaltungsmöglichkeiten bot wie dieser Film nach dem Bühnenstück von André Picard.

Rudolf Arnheim schrieb über Anny Ondra eine vielzitierte Wahrheit:

»Sie hat etwas von Keatons kalter Schönheit und seiner akrobatisch-tänzerischen Gliederbegabung. Dieser ungewöhnliche Typ des Girl-Golems ist ein Schatz, den unsere Industrie nicht zu würdigen weiß.«

Diese dramatisch wahren Sätze veröffentlichte das *Berliner Tageblatt* nach der Premiere des Films *Eine Nacht im Paradies.* Auch dieser Film gehört zu dem halben Dutzend von Tonfilmen Anny Ondras, die heute nirgends mehr aufzutreiben sind. Alle diese Filme wurden von der Ondra-Lamač-Filmproduktion hergestellt. Die Spurensuche wird noch dadurch drastisch erschwert, daß die Max-Schmeling-KG, die die Rechte dieser Filme besitzt, mauert. Tragisches Ende für Anny Ondra und ihre große künstlerische Leistung, daß ihr filmischer Nachlaß in der Obhut von Menschen ist, die ihn als Privatsache betrachten und auf die Wahrung des Ruhms dieser einzigartigen Schauspielerin keinerlei Wert zu legen scheinen.

Im Spätherbst des Jahres 1932 fand sich die übliche Truppe (Ondra, Lamač und Heller) wieder in den Pathé-Natan-Studios in Paris zusammen. Und Lamač kam besonders beschwingt und bester Laune wieder. Er hatte eine neue Eroberung gemacht, und das junge Mädchen, um das es sich handelte, sollte unerwartet tragisch Geschichte machen: Lída Baarová. In Prag hatte Lamač gerade zwei Filme mit ihr gedreht, *Lelicek in Diensten von Sherlock Holmes* (im März) und *Der Bestatter* (im Juni 1932). Er hatte Lída Baarová für die Rolle der Frau Holmes der Frau seines Freundes Martin Frič, Suzanne Marwille, vorgezogen. Nicht nur daran denkt Lída Baarová in *Die süße Bitterkeit meines Lebens* gern zurück:

»Während der Dreharbeiten zu ›Lelicek‹ machte ich eine Erfahrung, die für jedes junge Mädchen von großer Bedeutung ist: ich lernte die Umarmung eines Mannes kennen und wurde seine Geliebte./.../Karel Lamač, der sich später vor allem in Deutschland als Carl Lamač einen Namen machte, imponierte mir gleichermaßen als Regisseur wie als Mann./.../Als die Zeit gekommen war, meinen 18. Geburtstag zu feiern, lud er mich zu sich nach Hause ein. So besuchte ich ihn in seiner Wohnung in *Prag-Smichov,* wo er mit vielen kleinen Lämpchen eine zauberhafte Stimmung erzeugt hatte. Lamač näherte sich mir dann auf eine so wundervolle Art, daß zwischen uns alles geschehen ist, ohne daß ich wußte, wie. Ich bereute nichts und war ihm dankbar, daß er mir den Augenblick, auf den jede junge Frau mit Unsicherheit und Neugier wartet, nicht verdarb. Er war mit ähnlichen Situationen wohl vertraut und wußte, was ein junges Mädchen im Alter von 18 Jahren benötigt, um sich weder um etwas gebracht, noch gar entehrt zu fühlen ... Leider weitete sich unsere Beziehung nicht weiter aus. Als Regisseur, Drehbuchautor und Schauspieler wechselte Lamač ständig zwischen seinen Wirkungsstätten in Prag, Paris und Berlin. Seine langjährige Freundin wurde meine Kollegin Anny Ondra, bevor ihr der deutsche Boxweltmeister Max Schmeling zum Lebensschicksal wurde.«

Lamač liebte nun einmal die ganz jungen Mädchen. Wer auch immer Lída Baarová von jetzt an küßte – Hans Söhnker, Gustav Fröhlich, möglicherweise Heinz Rühmann, sicher Joseph Goebbels – Karel Lamač hatte es wieder einmal vor ihm getan.

In Paris machte sich das eingespielte Team – auch vom *Kiki*-Erfolg beflügelt – an die Arbeit und drehte *Baby,* eine weiterentwickelte Version des Themas der *Saxophon-Susi.* Der Titel und die ersten Minuten des Lustspiels von Hans H. Zerlett erschrecken: Soll Anny Ondra mal wieder in eine Kindchen-Schablone gepreßt werden? Doch es kommt nicht ganz so schlimm. Nur im elterlichen Schloß muß *Baby* Anny Ondra ein Trägerröckchen mit breitem Steg über der Brust tragen, überall sonst darf sie sich wie eine Frau kleiden. Die Situationskomik entspinnt sich vor allem aus dem Kontrast zwischen den beiden Erziehungsanstalten, die Baby und ihre Freundin Suzette in London besuchen, nachdem sie die Identität getauscht haben. Baby wird in der Schule für Revuegirls hart getriezt und von allen Männerkontakten ferngehalten, ein Job, den ein Schwarzer mit hartem amerikanischen Akzent besorgt, härteste Komik à la Lamač.

Suzette als angebliche Adelstochter genießt in ihrem englischen Institut sämtliche Freiheiten. »Im Namen der irdischen Gelehrsamkeit begrüßen wir unsere neue Mitschülerin!« rufen ihre Freundinnen und holen den Schnaps aus dem Globus. Besuch von »Vettern« wird den jungen Damen geradezu aufgedrängt, während im Institut der Singing Babies das schwarze Faktotum sämtliche »Vettern«, »Onkel« oder »Väter«, unter ihnen auch Babys Verehrer Lord Cecil, mit dröhnendem Gelächter auf die Straße expediert.

Anny Ondra hat eine Reihe von hübschen Szenen, wenn sie etwa in einer Tanznummer so tun muß, als bekomme sie kein Bein hoch, oder wenn sie die Stange im Ballettsaal aus der Halterung reißt und damit ein Chaos anrichtet, um ihre totale Unkenntnis in Ballettdingen zu vertuschen. Typische Lamač-Idee: Auf der Überfahrt bedauern die beiden Mädchen einen offenbar seekranken Mann, der sich immer wieder über die Reling beugt. Als die Kamera die Perspektive wechselt, erkennt man Lord Cecils Diener, der selbstvergessen mit einem Jo-Jo spielt. An solchen Gags herrscht kein Mangel, doch die Handlung bleibt insgesamt altmodisch und ohne Schwung.

Allerdings legt eine andere Szene nahe, daß Anny Ondra durchaus bereit war, Karel Lamač ihr Verhältnis zu Max Schmeling mit einem Augenzwinkern kommentieren zu lassen: Baby Anny bittet die Leiterin der Revueschule inständig, beim nächsten Anruf ihres Verehrers mit Lord Cecil sprechen zu dürfen. Dabei neigt sie ihren Kopf auf ihre unnachahmliche, unverwechselbare Weise zur Seite und spricht mit ihrem hübschen Schmollmund die goldenen Worte: »Er ist ganz harmlos. Er tut keinem was.« Schnitt und Großaufnahme Lord Cecil, wie er gerade mit Boxhandschuhen und brutal verzerrtem Gesicht seinen Freund

Lord James zusammendrischt ... Einen Jux wollt er sich machen? Karel Lamač wird die Idee gefallen haben, und die verzweifelt um Diskretion kämpfende Anny Ondra hatte wieder etwas zu dementieren.

Vielleicht übertreibt Max Schmeling in seinen Erinnerungen aber auch Anny Ondras Bemühen um Geheimhaltung ihrer Beziehung, und sie ging in Wirklichkeit viel unbefangener damit um. Anny Ondra hat leider nie ihre Memoiren geschrieben; vieles, allzu vieles muß Vermutung bleiben.

Für Lamač aber garantierte der »liebe, harmlose Mann«, der so unverhofft und mit Verve einen anderen vermöbelt, einen hundertprozentigen Lacherfolg. Auch waren die beiden Boxer in *Baby* partout nicht zu trennen; der Diener mußte erst laut den Gong schlagen, bis sie voneinander abließen und in ihre Fauteuils im Wintergarten sanken.

Im Nationalen Filmarchiv in Prag findet sich ein merkwürdiger Brief Karel Lamačs an den Regisseur Martin Frič, manchmal auch Mac Frič genannt, der Anny Ondra 1932 noch einmal nach Prag holte und mit ihr und Karel Lamač *Betragen ungenügend* drehte. Der Brief wurde am 17. Dezember 1946 geschrieben.

»Lieber Martin!/.../Ich schicke Dir Kopien von einer Zeitschrift, die mir in die Hand kam, damit Du Deine Meinung von Anny korrigieren kannst, über die Du Dich so ungnädig geäußert hast. Deine Anfänge im Film sowie meine sind mit ihr eng verbunden, und heute, wo es ihr schlecht geht, ist es nicht nötig, ihr weh zu tun. Und daß sie sich Ondra nannte – das wäre ja so, als würde man Marta vorwerfen, daß sie sich Suzanne Marwille nannte. Na siehst Du, mein kleiner Dummkopf!«

Lamač verteidigt Anny Ondra gegen welchen Vorwurf auch immer mit Worten, die noch immer größte Zuneigung für die Gefährtin der frühen Jahre verraten. Ein sehr menschlicher Brief, in dem Lamač zunächst sein ungemütliches Hausen in einer eiskalten, sechs Meter hohen Pariser Wohnung beschreibt; ein winziger Elektroofen heize gerade mal seine rechte Hand, von der linken hingen die Eiszapfen herab. Ihm selbst geht es also keineswegs gut; er bedauert, an diesem Weihnachtsfest nicht nach Prag fahren zu können. Seine freundliche Sorge um Anny Ondra gilt nicht ihrem materiellen Wohlergehen, sondern ihrer seelischen Verfassung. Und den Spott über Suzanne Marwille, die eigentlich Marta Schullerbauerová hieß, kann er sich nicht verkneifen.

Martin Frič, der ihn und Ondra in das lächerliche Filmabenteuer von *Betragen ungenügend* hineintrieb, hätte gut daran getan, sich mit jedweder Kritik an Anny Ondra zurückzuhalten. In diesem Film, der mit Jean Vigos *Zéro de conduite* nicht das Geringste zu tun hat, ist Anny Ondra derart fehlbesetzt, daß es beinahe schmerzt, ihr zuzusehen. Die inzwischen Dreißigjährige mimt eine Schülerin, was vom bloßen Aussehen her kein Problem ist, doch sie muß die infantilsten Pennälerstreiche vollführen und darüber auch noch in ein Kleinmädchenkichern geraten, das frösteln läßt. Karel Lamač spielt den Lehrer als einen absurden Sonderling, den Anny Ondra besonders quält, doch dieses Was-sich-liebt-das-neckt-sich hat hier etwas geradezu Unappetitliches.

In Berlin wurden bei der Premiere zarte Anflüge von Beifall von der Mehrheit des Publikums vehement niedergezischt. Ein miserabler Film und ein unwürdiges Ende für das Leinwandpaar Ondra-Lamač, die zum letzten Mal miteinander vor der Kamera standen. In Deutschland hatte man zu Recht lange gezögert, den Film überhaupt ins Kino zu bringen. Erst ein knappes Jahr nach der Uraufführung wurde er ab Juli 1933 auf deutsch gezeigt.

Und das war ein Glück, denn als *Die Regimentstochter* ins Kino kam, hatte es diesen Rückschlag für das Image noch nicht gegeben. Das Duo Ondra-Lamač mit Hans H. Zerlett und Otto Heller hatte auf Narrensicheres zurückgegriffen. Der Film basierte vage auf Gaetano Donizettis komischer Oper mit demselben Titel von 1840: Eine achtzehnjährige Kriegswaise, die von einem Regiment gefunden und großgezogen wurde, wird von einer skurrilen Adligen unter die Fittiche genommen und eckt auf deren Schloß mit ihrem soldatisch-flegelhaften Verhalten an, bis sämtliche Konfusionen in einer Ehe enden. Anny Ondras Truppe ist ein schottisches Hochlandsregiment, was ihr vielfältige Möglichkeiten eröffnet, ihre hübschen Beine zu entblößen. Auch sonst ist Karel Lamač in seinem Element: Die Berge und den Schnee liebte er als Kulisse. Nächtliche Verfolgungsjagden auf Skiern beherrschen die Optik des Films. Anny Ondra konnte für eine Szene, in der sie einen ihrer Gefangenenwärter im Keller von Whiskyschmugglern trickreich mit einem Hammer ausknocked, auf Max Schmelings Know-how zurückgreifen. Vielleicht hatten sie zu Hause in Saarow-Pieskow geprobt. Otto Wallburg amüsierte als väterlicher Freund Sergeant Bully, und Adele Sandrock spielte die geizige Schloßherrin, die durch ihre wiedergefundene Jugendliebe plötzlich sentimental wird. Opfer von Skriptverwirrungen werden Lamač und Co., wenn Anny Ondra als Mary bei einer Überprüfung ihrer Schulkenntnisse kaum buchstabieren kann und nachher ganz locker einen langen Brief an ihre alten Kameraden schreibt.

Die Uraufführung fand am 31. März 1933 in Berlin statt. Da hatte sich in Deutschland schon einiges geändert.

Max Schmeling muß warten

Den siegreichen, aber traurigen Heimkehrer hatte die Berliner Schickeria aufgegeben. Endgültig, als man fand, er stelle sich Sharkey nicht schnell genug für eine Revanche. Jeder hatte dazu etwas zu sagen, sogar Herbert Jhering, der in einer Umfrage meinte, man solle Schmeling auf Lebenszeit sperren lassen. Max Schmeling saß derweil mit Anny Ondras Ex-Partner aus *Saxophon-Susi,* mit Hans Albers, bei Schwannecke und leckte seine Wunden. Albers, ein noch jüngerer Günstling des Publikums als Max Schmeling, tröstete ihn: »Max, wir dürfen uns beide nichts vormachen! Wir alle stehen auf dem Hochseil, und unten in der Arena sitzen die Leute und warten auf einen falschen Tritt.« Max Schmeling glaubten sie endlich dabei erwischt zu haben. »Mensch, wenn du nicht ruhig bist, schlag ick dir untern Gürtel, det du Weltmeister wirst!« wurde die angesagteste Drohung unter Berliner Taxifahrern. Und die Kabarettisten Max Pallenberg, Paul Nikolaus und Willi Schaeffers nahmen ihn Abend für Abend in ihren Programmen kräftig auf den Arm. Max Schmeling bedrückte das, aber er versuchte, sich mit Alltagsphilosophie darüber hinwegzuhelfen:

»Wer im Rampenlicht nur Huldigungen erwartet, sollte sich nicht hineinbegeben: das ist eine einfache Regel. Der wirkliche Profi hat sich den Gesetzen des Berufs zu beugen./…/Er muß Polemiken und das Johlen der Masse ertragen.«

Ab Februar 1931 ertrug er es wieder in den Vereinigten Staaten. Joe Jacobs hatte eine neue Schaukampftournee arrangiert, die die Zeit bis zum Sommer überbrücken half. Am 3. Juli sollte der nächste Kampf stattfinden, allerdings nicht gegen Jack Sharkey. Joe Jacobs hatte mit dem Vater von William Young Stribling einen Kampf ausgehandelt. Schmelings Erinnerung an Young Stribling war zwiespältig. Einerseits beurteilte er ihn als einen der sympathischsten Sportler, denen er je im Ring begegnet sei, andererseits als gerissenen Boxer, der alle Tricks beherrscht habe. Auch unsaubere. Einer davon war, Schmeling ständig den Daumen ins Auge zu rammen. Den tränenüberströmten Schmeling schnauzte Machon zusammen: »Warum machst du nicht dasselbe? Das hier ist kein Kindergarten!« Von da an war Ruhe. Doch über den Kampf gab es nichts Aufregendes zu sagen. Er dauerte fünfzehn Runden lang. In der achten Runde gewann Schmeling die Oberhand und trieb Stribling vor sich her. Kein sanftes Handwerk habe er sich da ausgesucht, sinniert er später, als er sich an Striblings blutendes Gesicht erinnert, doch Mitleid sei im Ring erst nach dem Aus des Ringrichters angebracht. Mit einem wuchtigen rechten Haken beendete er den Kampf. Young Stribling versuchte zwar noch, wieder hochzukommen, doch sein Vater warf das Handtuch. Striblings Kämpfe waren Familiensache. Seine Eltern waren Vaudeville-Künstler. Sepp Scherbauer beschreibt, wie Striblings Mutter ihrem Vierjährigen schon die erste kleine Boxhose genäht hatte, ihm Boxhandschuhe und Ringstiefelchen gekauft hatte und ihn rund um die Uhr betreute.

Der Kampf hatte wenig Glanz. Rolf Nürnberg zitiert den Sonderkorrespondenten von Ullstein, Heinz Reichmann, der Stribling als schwach beschrieb. Schon in den ersten Runden hätten seine Schläge keinem Kind etwas zuleide tun können. Und die amerikanischen Boxpromoter schrieben Schmeling ab. Er war in ihren Augen kein Zugpferd, das sie zur Anpeitschung des Publikumsinteresses dringend gebraucht hätten, auch wenn sich im Zusammenhang mit dem Film des Kampfes Stribling-Schmeling das Verbot des Vorführens von Boxwettkampffilmen lockerte und schließlich ganz aufgehoben wurde. Das Verbot war 1915 aufgestellt worden, um die Karriere des schwarzen Boxers Jack Johnson zu ruinieren, der als so gefährlich galt, daß nicht einmal Jack Dempsey das Bedürfnis hatte, mit ihm zu kämpfen.

Jack Johnson war seit 1907 der erfolgreichste amerikanische Boxer. Bei weißen Amerikanern hatte er damit die vorläufig unstillbare Sehnsucht nach einer »great white hope« geweckt. Am

Der ehrgeizige junge Boxer Max Schmeling posierte geschmeichelt für Fotografen, Bildhauer und Maler, die ihm schon 1926 Posen selbstverliebter Andacht gönnten.

Anny Ondráková alias Anny Ondra probt den Vamp in dem Film *Das weiße Paradies* von 1924.

Das angehende Traumpaar des tschechischen Kinos im ersten gemeinsamen Film: Die achtzehnjährige Anny Ondra schaut 1920 in *Gilly zum ersten Mal in Prag* noch etwas unwirsch auf Karel Lamač.

Nach sieben intensiven Jahren ein letzter tiefer Blick in die Augen: Das charismatische Leinwandduo Lamač/Ondra verabschiedet sich 1927 vom tschechischen Kinopublikum mit *Die Blume aus dem Böhmerwald.*

So hemmungslos brachte nur Regisseur Reinhold Schünzel den stets beherrschten Boxer zum Lachen: Schadenfroh triumphiert Max Schmeling in einer Szene in *Liebe im Ring* (1930) über seine Filmfreundin.

Endlich war es offiziell: Max Schmeling holte Anny Ondra in München von den Dreharbeiten zu *Fräulein Hoffmanns Erzählungen* ab, um sie am 6. Juli 1933 in Berlin zu heiraten.

Nüchtern war er immer: Nicht nur für den Fotografen trinkt Max Schmeling Milch.

In der Dorfkirche von Saarow-Pieskow heirateten Anny Ondra und Max Schmeling am 20. Juli 1933. Adolf Hitler schenkte einen japanischen Ahorn, und einige Freunde hatten Deutschland bereits verlassen.

Ein Mädel vom Ballett spielte Anny Ondra 1936 in dem gleichnamigen Kostümfilm im Operettenmilieu unter der Regie von Karel Lamač.

Ganz Dame posiert Anny Ondra für ein Starfoto in Abendkleid und Pelzstola.

So sah sich Max Schmeling schon immer gern: in der Pose des nachdenklichen Herrn von Welt.

Man kannte sich bereits ganz gut: Max Schmeling und Anny Ondra wurden nach dem sensationellen Sieg des Boxers über Joe Louis im Juni 1936 von Adolf Hitler in der Reichskanzlei in Berlin empfangen.

Max Schmelings Manager Joe Jacobs war so klug, von der medienwirksamen Ähnlichkeit Schmelings mit dem amerikanischen Boxeridol Jack Dempsey ausgiebig Gebrauch zu machen; hier die beiden beim Schaukampf.

Anny Ondra und Max Schmeling waren eines der beliebtesten Ehepaare Deutschlands und sorgten mit regelmäßigen Fototerminen dafür, daß dies auch so blieb.

Von Berlin war es nicht weit: Oft luden Anny Ondra und Max Schmeling Gäste in ihr ländliches Idyll nach Saarow-Pieskow ein; auf dem Foto Anny Ondra zwischen Ehemann Max und dessen Trainer Max Machon.

Wieder einmal fühlte sich Max Schmeling 1934 zum Schauspieler berufen und spielte neben Anny Ondra einen Techniker im Theater, der zum Profiboxer wird: *Knockout.*

Für einen Strandlauf mit Max Schmeling an der Nordsee verzichtete Hans Albers sogar kurzfristig auf sein Toupet.

Jeder Schlag gegen Schmeling war auch ein Schlag gegen Hitler: Max Baer machte seine Ankündigung wahr und siegte am 8. Juni 1933 über Schmeling.

Mit diesem K.o. endete Hitlers Interesse: Der schwarze Amerikaner Joe Louis schlug den weißen Deutschen am 22. Juni 1938 gleich in der ersten Runde.

Young Stribling rammte Max Schmeling immer wieder die Daumen in die Augen. Dennoch besiegte ihn Schmeling am 3. Juli 1931 in der 15. Runde.

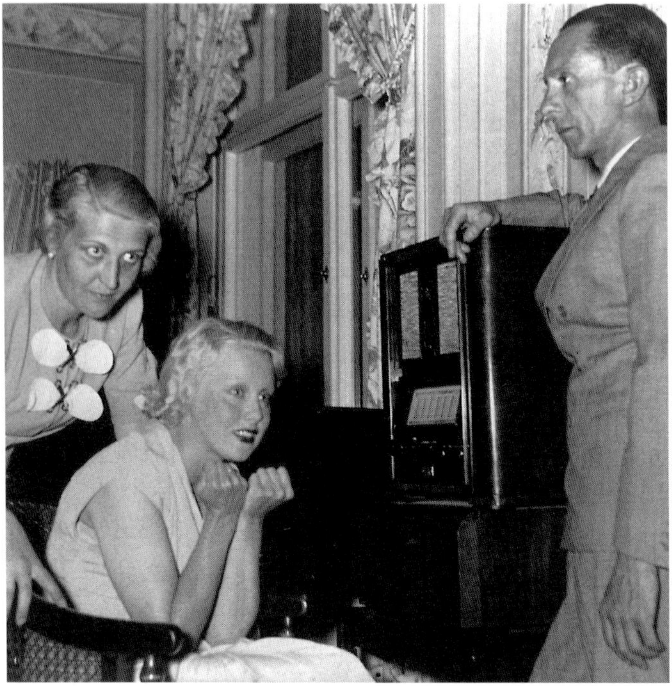

Bei den Goebbels blieb sie oft auch über Nacht: Anny Ondra drückt Schmeling bei seinem ersten Kampf gegen Joe Louis zusammen mit Magda und Joseph Goebbels die Daumen.

Nicht nur gespielte Zuversicht beflügelte Max Schmeling, seinen Agenten Joe Jacobs und seinen Trainer Max Machon *(von links)* im Mai 1936 vor dem Kampf mit Joe Louis: »I've seen something!« Schmeling und sein Team hatten wirklich etwas gesehen.

Anny Ondra litt unter Flugangst und begleitete ihren Mann nie auf seinen Reisen um die Welt. Aber sie verabschiedete ihn brav auf dem Flughafen wie hier am 15. Mai 1954.

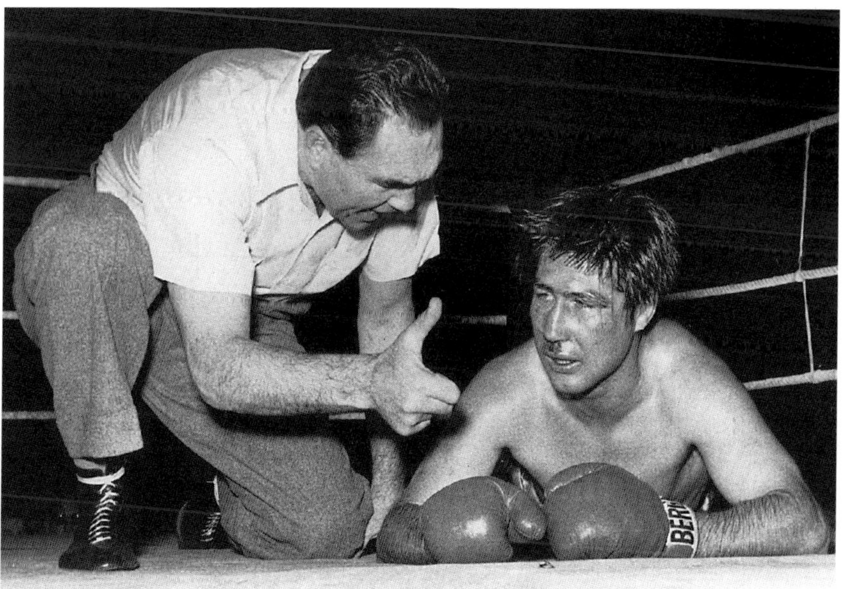

Ab und zu mußte er wieder Ringluft schnuppern: Max Schmeling zählt bei einem seiner Auftritte am Ende eines Kampfes im Juli 1957 den spanischen Boxer Manuelo Correa aus.

Vom riesigen Rittergut Ponickel im Pommern der frühen vierziger Jahre ins vergleichsweise bescheidene Anwesen in Hollenstedt nur ein halbes Jahrzehnt später: Anny Ondra und Max Schmeling bei der Bohnenernte im eigenen Garten.

Karel Lamač schien in Gedanken ganz woanders zu sein, als die strahlende Anny Ondra ihm, Hilde Weissner, Gisela L'Arronge und Lilian Harvey die Ergebnisse ihrer Nerzzucht vorführte. Wenig später, am 2. August 1952, starb Lamač in einem Hamburger Krankenhaus.

Nach dem Krieg gab es eine Versöhnung und etliche Treffen, auch in Hollenstedt: Joe Louis und Max Schmeling flachsen im August 1973 auf dem New Yorker Kennedy-Flughafen.

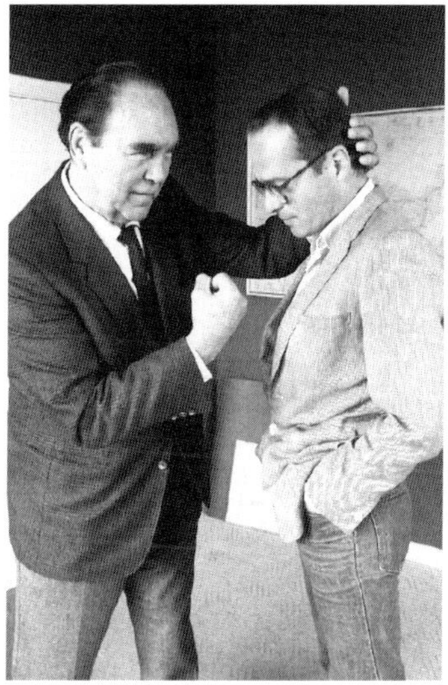

Der Boxer und der Dichter: Gutmütig stellt Max Schmeling mit Wolf Wondratschek das berühmte Foto von Paul Samson-Körner und Bert Brecht nach.

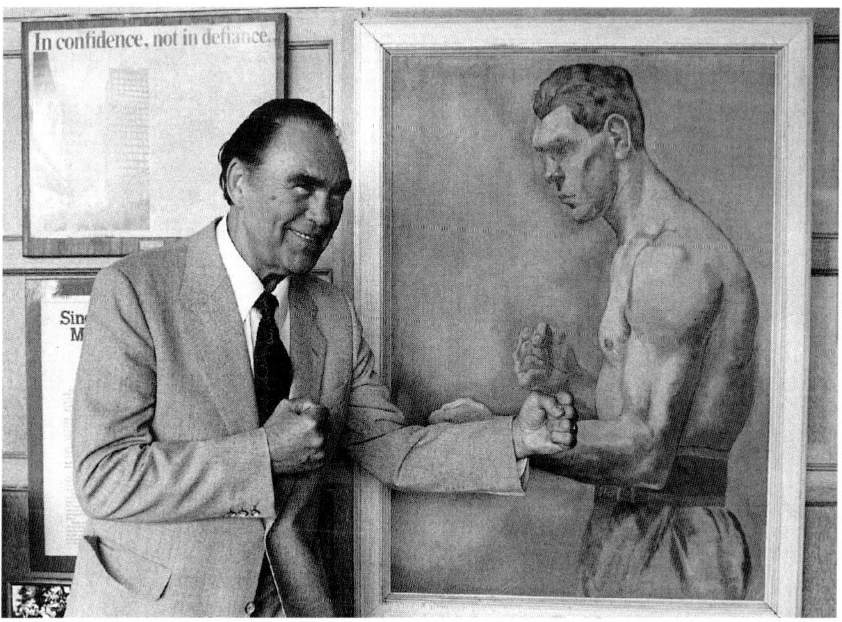

Always a good sport: Geduldig stellt sich Max Schmeling 1977 im Axel-Springer-Haus vor dem Porträt in Positur, das George Grosz im Auftrag des Kunstmäzens Alfred Flechtheim fünfzig Jahre zuvor von ihm gemalt hatte.

Sie tut, als wolle sie schaukeln, doch er hält sie fest: Anny Ondra und Max Schmeling in ihrem Garten in den achtziger Jahren.

amerikanischen Nationalfeiertag des Jahres 1910 schlug Johnson den legendären weißen Boxer Jeffries, der für diesen Kampf ein Comeback gewagt hatte. Der Film von diesem Kampf war auf Druck der »Gesellschaft für christliches Benehmen« verboten worden, die den Boxsport für amoralisch, korrupt und bestialisch erklärte. Unter diesem Deckmantel wurden in einem rassistischen Klima Boxfilme insgesamt aus der Öffentlichkeit verbannt.

Merkwürdig bleibt in Schmelings Geschichte, daß ausgerechnet der Film vom Schmeling-Stribling-Kampf in der dreizehnteiligen Retrospektive *Hallo Max!* nicht einmal ausschnittsweise gezeigt wurde. Max Schmeling behauptete am 24. März 1964 im Zweiten Deutschen Fernsehen etwas vollmundig: »Stribling hat nie wieder geboxt.« Nie wieder?! Young Stribling kämpfte noch einundzwanzig Mal, nicht nur in Amerika, sondern auch in Australien, Südafrika, Paris und Rom. Max Schmeling hätte das eigentlich wissen können. Erst im Oktober 1933 kam Young Stribling bei einem Motorradunfall ums Leben. Er war zu übermütig gefahren, als er zu seiner schwangeren Frau ins Krankenhaus raste. Das war genau zehn Tage nach seinem Kampf gegen Maxie Rosenbloom in Houston, den er in der zehnten Runde gewonnen hatte.

Max Schmeling aber machte wieder ein Jahr lang Pause. Er erlaubte sich, nach dem siegreichen Kampf gegen den Herausforderer Young Stribling das Gefühl zu genießen, wirklich Weltmeister zu sein. In Deutschland kippte die Stimmung völlig zu seinen Gunsten um. Nach einigem Zögern gab auch James Farley, der sich von Schmeling wegen des Aufschubs der Sharkey-Revanche getäuscht gesehen hatte, als Vertreter der New Yorker Boxkommission seinen Widerstand auf und erkannte ihn als Weltmeister an. Kurze Zeit später war endlich auch der Vertrag mit Bülow abgelaufen. Jacobs und Schmeling zahlten ihm zwanzig Prozent der bisherigen Gagen und dreitausend Dollar Abfindung.

So jedenfalls beschreibt Rolf Nürnberg 1932 das Ende der Beziehung Schmeling-Bülow, das im Juli 1931 stattgefunden haben soll. Nürnberg war voreilig. 1936 war Bülow noch immer im Spiel, doch da nahmen sich andere der Sache an. »Schmeling befreie ich von seinem gemeinen Widersacher Bülow. Das wird ihm Freude machen. Freitag kommt er im Zeppelin zurück«, schrieb Goebbels am 24. Juni 1936 in sein Tagebuch.

In Bremen, Hannover und auf dem Berliner Flughafen Tempelhof wurde Schmeling bei seiner Rückkehr im Juli 1931 schon zehn Tage nach dem Kampf gegen Stribling begeistert empfangen. Jegliche Tiefschlag-Häme war wie weggeblasen. Doch es mischten sich schon unangenehm nationalistische Töne in den Chor der Bewunderung. Schmelings Sieg könne man nutzen, um den Glauben des Auslands an Deutschlands unerschöpfliche Energien zu stärken, für die Schmeling ein glänzendes Beispiel sei, hieß es im *Börsen Courier*. Die *New York Times* übernahm es, die Amerikaner von dieser Auffassung zu unterrichten.

Noch versuchte Schmeling solche Töne zu überhören. Ihm wäre es lieber gewesen, ein Jahr früher bejubelt zu werden, und er war nicht mehr so arglos und naiv, an eine dauerhafte Loyalität seiner Fans zu glauben. Doch für und mit Anny Ondra freute es ihn, daß er gesellschaftlich nicht mehr geächtet war und daß die Deutschen schon diesen Sieg als sein Comeback verstanden, auf das er in den Vereinigten Staaten noch wesentlicher länger warten mußte.

Ganz vorbehaltlos war die Liebe der Deutschen zu Max Schmeling ohnehin nicht mehr. Als dem naturverbundenen jungen Mann in der Nähe Saarow-Pieskows eine Jagd angeboten wurde, griff er sofort zu. Dem fünfundzwanzigjährigen Boxer kreidete man das gleich wieder als Gutsherrengetue an. Das konnte er nicht verstehen: »Ich hatte aus meiner Herkunft nie einen Hehl gemacht, gleichzeitig aber immer zu erkennen gegeben, daß ich sie hinter mir lassen wollte.« Aber das Volk wollte eben nicht begreifen, daß in jedem Boxer ein gut Teil Jagdinstinkt steckt: »Wenn die Lage es erfordert, muß man viele Runden abwarten können, um den Augenblick zu erfassen und energisch zu nutzen, der alles entscheidet.« Um Max Schmeling eine Freude zu machen, erwarb auch Anny Ondra den Jagdschein und erlegte sogar einiges Wild. Doch bald zog sie es vor, ohne Waffe mit Schmeling stundenlang auf dem Hochsitz auszuharren und das Wild zu beobachten.

Das zweite Weihnachtsfest mit Anny Ondra verlief nicht ganz so harmonisch wie das erste. Das junge Paar hatte vereinbart, einander keine Geschenke zu machen, doch Max Schmeling wäre der erste Mann gewesen, der bei einer solchen Vereinbarung mit einer Frau nicht am Ende als der Dumme dagestanden hätte. Zumindest schwante ihm die Gefahr, doch er wählte den falschen Ausweg: Er fragte törichterweise ausgerechnet Paul Damski um Rat. Der empfahl einen Kompromiß, eine Kleinigkeit, kurz, einen Schal: »Den braucht man nicht zu probieren. Alles andere hat sie ja auch schon.« Natürlich hatte auch Anny Ondra ein Geschenk gekauft, das sie am Heiligen Abend flugs aus ihrem Safe holte. Es war eine Platinuhr. Max Schmeling war erst beschämt, dann wütend auf Damski, denn es stellte sich heraus, daß ausgerechnet er Anny Ondra den Tip gegeben hatte, Schmeling fehle zu seinem Frack dringend noch die Uhr. Die Harmonie des Weihnachtsabends war zerstört. Einer der ganz wenigen kleinen Kräche im Hause Ondra-Schmeling, und das ausgerechnet zum Fest der Liebe.

Die guten Kritiken für *Die Fledermaus,* die am ersten Weihnachtsfeiertag uraufgeführt wurde, stellte den Seelenfrieden der beiden wieder her. Die Uhr hatte Anny Ondra in den Safe zurückgelegt. Erst am Tag der Hochzeit holte sie sie wieder heraus.

Schon zu Silvester fuhr Max Schmeling auf der »Europa« zur nächsten Schaukampftournee nach Amerika zurück. Joe Jacobs habe Jack Sharkey noch ein wenig hinhalten wollen, erzählt er. Doch während seiner Tour kam er auch nach Boston und behielt die Nerven, als ihm plötzlich Jack Sharkey gegenüberstand. Der unwillkommene Überraschungsgast hatte Schmeling in seiner Heimatstadt abgepaßt. Bevor er aber auch nur einen Satz herausbringen konnte, hatte ihn Schmeling schon umarmt, ihm auf die Schultern geklopft und einen freundlichen Klaps auf den Hintern gegeben: »Dann hielt ich die Seile auseinander und schob ihn mit einem herzlichen Lächeln aus dem Ring.« Doch die Tournee wurde ein Flop. Viele Häuser blieben leer. Schmeling war enttäuscht. Am 22. Januar unterschrieb er den Vertrag, den Joe Jacobs ausgehandelt hatte: zehn Prozent für Sharkey, zweiundvierzigeinhalb für Schmeling. Joe Jacobs war ein harter Verhandlungspartner.

James Farley, der Schmeling vor der Relegation durch die New Yorker Boxbehörde bewahrt hatte, machte Karriere in der Partei der Demokraten. Er war Politiker genug, um nach einer Weile über Schmelings Zögern im Fall Sharkey hinwegzusehen. Und er glaubte, bei den Deutschamerikanern Stimmen für Franklin D. Roosevelt gewinnen zu können, wenn Roosevelt Schmeling träfe. Farley war Chef der Wahlkampagne Roosevelts geworden, und der ungeschlagene Weltmeister Gene Tunney wurde für ihn und seinen Kandidaten zum Wahlredner. In ihrem Trainingslager in Greenskill bei Kingston empfingen also Schmeling, Machon und Jacobs den Präsidentenanwärter Franklin D. Roosevelt. Seine Annäherung an die deutsch-amerikanischen Stimmen trieb Roosevelt damit auf die Spitze, daß er mit Schmeling deutsch sprach; er hatte sich auf einer Deutschlandreise einige Sprachkenntnisse angeeignet. Seine Frau Eleanor hielt sich die Augen zu, als sie Schmeling beim Sparring zusah. Sie konnte es nicht ertragen, zuzusehen, wenn zwei erwachsene Männer aufeinander einschlugen. Anny Ondra war also nicht die einzige.

Die Spielstätte für den langerwarteten Kampf war nagelneu. William Carey, der Herr des Madison Square Garden, hatte lange mit den Betreibern des Yankee-Stadions verhandelt. Eine andere Spielstätte stand im Sommer nicht zur Verfügung. Doch als Carey die Forderungen zu astronomisch blieben, beendete er die Gespräche abrupt. Seine Aufsichtsräte drehten fast durch, als er ihnen mitteilte, er werde sein eigenes Stadion auf Long Island bauen. Nach acht Wochen hatte er es geschafft, Madison Square Garden Bowl war fertig. Fünf Tage vor dem Kampf trainierte Schmeling in der Bowl und sah Arthur Bülow mit Presseleuten in der ersten Reihe sitzen. Er ging zu ihm und reichte ihm die Hand. In New York erschienen daraufhin Extrablätter über die Versöhnung, so sehr hatte der Streit zwischen dem Manager und seinem Boxer die Medien und das Publikum beschäftigt.

500 000 Dollar kamen in die Kasse. Am 21. Juni 1932 um zehn Uhr abends begann der Kampf. Etwa sechzigtausend Leute sahen zu. »War etwas von dem Tiefschlag zwischen Ihnen und Sharkey zurückgeblieben?« will Harry Valérien dreißig Jahre später von Schmeling wissen. Aber nein, beteuert Schmeling: »Während des Kampfes herrscht selbstverständlich Gegnerschaft, aber dann ist der alte Zustand wieder hergestellt – und zwar der gute«, beeilt er sich hinzuzufügen. Beide waren äußerst vorsichtig. »Sie respektierten sich so, daß kaum jemals in einem Boxkampf zweier ganz Großer so viel Chancen ausgelassen wurden wie in diesem«, kommentiert Rolf Nürnberg, für einen Augenblick wohl vergessend, daß er eigentlich zweihundertfünfzig Seiten lang erklären wollte, weshalb Schmeling gar kein ganz Großer sei …

Doch der Kampf fing nur sachte an und wurde dann brutaler. Schmeling hält sich ab der elften Runde an Machons Kurzbefehl: »Sein linkes Auge!« Er drischt energisch los und kann befriedigt die Folgen beobachten: »Sein bereits geschwollenes Auge schloß sich ganz. Ein ekelhaftes Handikap – das wußte ich aus eigener Erfahrung.« Nach der dreizehnten Runde wurde eine Vorausmeldung an die Presse weitergegeben: »Informatorisch für Redakteure: Sieger Schmeling.« Das war voreilig. Nach der fünfzehnten Runde erklärte der Sprecher Jack Sharkey zum Sieger. Zum ersten Mal war dessen Frau im Publikum. Sie hatte ihm wohl Glück gebracht.

Das Urteil galt als umstritten, doch die Zuschauer blieben ruhig. Die Spannung in der Arena hatte Schmeling gleich als nicht so stark wie bei vielen seiner früheren Kämpfe empfunden. Joe Jacobs jedoch konnte es nicht fassen, ihm entfuhr in seinem schweren Akzent der Schrei: »We waz robbed!« Für diese Beleidigung der Kampfrichter wurde er lebenslang für New York gesperrt, das Urteil wurde dann später wieder aufgehoben.

Für Schmeling ergriffen jedoch der Oberbürgermeister von New York, Jimmy Walker, Partei und, viel wichtiger für Schmeling, Gene Tunney. »Das Urteil ist ein Skandal«, sprach er Schmeling Trost zu. »Sharkey hat sich fünfzehn Runden nur verteidigt. Noch nie ist jemand auf diese Weise Weltmeister geworden.« In Deutschland schlug sich die öffentliche Meinung auf Schmelings Seite. Gustav Knuth und seine Kollegen machten sogar auf der Bühne ihrem Ärger Luft. In welchem Stück, verrät Knuth leider nicht. Max Schmeling verkündete, er werde wegen der Ächtung von Joe Jacobs nie wieder in New York kämpfen.

Doch schon drei Monate später kämpfte er gegen Mickey Walker, gegen den Mann, von dem er am 30. Juni 1927 in London gelernt hatte, »wie erbarmungslos und hart« amerikanische Boxer ihren Beruf auffaßten. Diese Lektion setzte er in die Tat um. Entgegen seiner Gewohnheit boxte Schmeling von Anfang an offensiv. Er war gewarnt. Sachlich und gänzlich ungeschönt gibt er 1967 den Kampf wieder:

»In Long Island schlug ich nun diesen tapferen Kämpfer, in dessen Sprachschatz es das Wort ›aufgeben‹ nicht gab, zusammen. Acht Runden lang war der tapfere, bullige Mickey in meine Konter hineingelaufen. Er hatte Unmenschliches im Nehmen gezeigt.«

Valérien seufzt, als sie die Aufzeichnung des Kampfes gemeinsam ansehen: »Ihnen muß es wirklich schwer gefallen sein, Max, jetzt noch einmal den letzten Schuß anzubringen – ich empfinde es wenigstens so«, fügt er vorsichtshalber hinzu. Nach kurzem Schweigen erwidert Schmeling knapp: »Ja, Sie haben recht.« Doch bei anderer Gelegenheit erinnert er sich, in diesem Kampf etwas noch nicht Dagewesenes getan zu haben: Er bat den Ringrichter Jack Denning in der achten Runde, den Kampf abzubrechen, denn es habe ihm widerstrebt, auf einen vollkommen verteidigungsunfähigen Gegner einzuschlagen. Mickey Walker gestand ihm später, er habe bereits ab der ersten Runde unablässig drei Schmelings vor sich gesehen. In den folgenden drei Jahren kämpfte Walker noch dreiundzwanzig Mal. Ganz große Kämpfe waren nicht mehr dabei.

Zu seinem sechzigsten Geburtstag erhält Max Schmeling einen

Brief seines ehemaligen Gegners, der inzwischen ein erfolgreicher Kunstmaler geworden war und ohne Groll die alten Zeiten heraufbeschwor: »Einer wollte des anderen Lebensnerv treffen. Das war eine verrückte halbe Stunde, bis alles vorbei war.«

Der Kampf gegen Walker hatte am 26. September 1932 stattgefunden. Am nächsten Tag konnte sich Max Schmeling mit Anny Ondra freuen: Stolz und glücklich berichtete sie am Telefon vom Riesenerfolg der *Kiki*-Premiere. Dieser September war für beide ein glücklicher Monat. Bald darauf folgte der Antrag.

Wann genau Max Schmeling Anny Ondra den Heiratsantrag machte, wird man wohl nie erfahren. Denn seine Angaben dazu sind widersprüchlich. Es sei an dem Tag passiert, als er mit dem Bildhauer Josef Thorak und ein paar Freunden auf die Pirsch ging. In der Nähe von Küstrin an der Oder schoß er daneben. Einen fetten Rammler hatte er im Visier, Josef Thorak traf er. Allerdings nur mit einer verirrten Schrotkugel im Ohr. Thorak wollte das Schrotperlchen gleich am nächsten Tag von Professor Sauerbruch an der Charité entfernen lassen und war beleidigt, als dieser die Sache einem Assistenten überließ. Doch wenigstens zur Nachsorge wollte er bei Sauerbruch vorbeischauen. Das war ein Fehler, über den sich Thorak wie ein »Berserker« bei Schmeling aufregte. Schmeling feixte: Sauerbruch hatte von Thorak daraufhin zwar kein Arzthonorar, aber hundert Mark für das Winterhilfswerk verlangt. Das WHW wurde jedoch erst im September 1933 gegründet.

Während sie noch in ihrer Jagdhütte über Josef Thorak lachten, der mit der schwarzen Kugel im Ohr ausgesehen habe wie ein Zigeuner, rief Anny Ondra an. Sie war in Tränen aufgelöst. »Es ist alles aus!« stammelte sie. Ihre Beziehung zu Schmeling sei zu Ende. Schmeling war entsetzt. Der *Berliner Herold* habe gemeldet: »Liebesaffaire Max Schmeling – Anny Ondra!« Sie fürchtete nun, Max Schmeling könne sich von ihr zurückziehen. Dabei hatten sie noch Glück gehabt, daß ihnen der *Berliner Herold* nicht einen Reporter auf die Bettkante gehetzt hatte. Zur gleichen Zeit, als der *Herold*-Redakteur Wolfgang Fischer den Berliner Newcomer Max Schmeling in sein erstes Filmabenteuer getrieben hatte, setzte er nämlich einen jungen Mann auf die Schauspielerin Lya de Putti an. Danach hatte der *Herold* eine Exklusivgeschichte von der nymphomanischen Schauspielerin. Sie hatte sowohl den Zahnarzt als auch den Rechtsanwalt ihrer Gastgeberin sowie einen dritten unbekannten Gast verführt, die sich sodann ihretwegen auf der Party prügelten. Es gab ein Happy-End: Der Zahnarzt setzte dem Rechtsanwalt die ausgeschlagenen Zähne unentgeltlich wieder ein. Das war die Art von Geschichten, die der *Berliner Herold* verbreitete.

Im Falle von Anny Ondra und Max Schmeling ging der Schuß nach hinten los. Denn Max Schmeling setzte sich sofort ins Auto und fuhr nach Saarow-Pieskow zurück. Er nahm Anny Ondra in die Arme und fragte sie, ob sie seine Frau werden wolle: »Als sie glücklich lächelte, setzten wir gemeinsam einen Brief an ihre Mutter auf, in dem ich formell um ihre Hand anhielt. Schon wenige Tage später bestellten wir das Aufgebot und beschlossen, die Hochzeit im kommenden Sommer zu feiern.«

»Im kommenden Sommer« – das kann ja nur heißen, im Sommer des nächsten Jahres. In die Chronologie der Boxkämpfe ist diese Episode so eingebettet, daß sie sich unmittelbar nach dem Walker-Kampf abgespielt haben muß. Das aber wäre 1932 gewesen; da aber Thorak auf Geheiß Sauerbruchs bereits für das WHW spenden »durfte«, gerät die Chronologie völlig durcheinander. Und freiwillig haben die beiden Monate vor der geplanten Trauung gewiß keinen Aushang im Standesamt veranlaßt. Konfusionen … Irgendwann also zwischen Ende 1932 und Anfang 1933 hat Max Schmeling Anny Ondra einen Heiratsantrag gemacht. Und sie hat ihn angenommen.

Hitler und Goebbels zeigen Interesse

Die Nationalsozialisten ließen keine unnötige Zeit verstreichen, mit Max Schmeling Kontakt aufzunehmen. Gleich im April 1933 lud Hitler ihn zum Essen ein. Er schickte einen SA-Führer zum »Hahnen« am Nollendorfplatz, wo Schmeling mit einigen Rennfahrern und dem Besitzer von Fichtel & Sachs, Willy Sachs, zu Mittag aß. Der Motorclub von Deutschland habe dort eine Art Stammplatz gehabt, erinnert sich Schmeling. »Man« wußte also schon genau, wo man ihn finden konnte. Schmeling war satt, aber er kam trotzdem mit. Er war überrascht von Hitlers Ungezwungenheit. Das Verkrampfte und Überspannte seiner öffentlichen Auftritte habe völlig gefehlt: »Er bewegte sich vollkommen gelöst, er war liebenswürdig und behandelte seine Umgebung mit einer ruhigen Sicherheit.« Schmeling aß nicht noch einmal mit; viele andere hätten das getan. Seine Ablehnung habe Hitler freundlich aufgenommen: »Dann lassen Sie uns ein bisserl plaudern.« Hermann Göring, Franz von Papen, Joseph Goebbels und andere Kabinettmitglieder kamen dazu. Ungefähr zwanzig Minuten lang unterhielt man sich über Belangloses, doch kurz vor dem Abschied kam Hitler zur Sache. Schmeling fahre doch demnächst nach Amerika, und vielleicht frage man ihn dort ja, wie es in Deutschland aussehe: »Dann können Sie ja die Schwarzseher beruhigen, wie friedlich hier alles ist und daß alles vorangeht.«

Seine letzte Aufforderung wird sich Max Schmeling besonders gut merken: Wenn Schmeling jemals Sorgen hätte, solle er es Hitler wissen lassen.

Max Schmeling ist ehrlich: Auf dem Rückweg habe er sich natürlich geschmeichelt gefühlt: »Man kann ja auch durch kleine Gesten bestochen werden.« Das hätte er 1977 nicht mehr zugeben müssen, und andere hätten es vermutlich auch nicht getan. Ein Grund für seine Offenheit war, daß der Stachel der Ablehnung durch Hindenburg immer noch tief saß. Schmelings Ehrgeiz war groß. Das hat er auch nie bestritten. Warum auch. Ganz offen schreibt er, es sei jahrelang sein Wunsch gewesen, einmal vom Reichspräsidenten empfangen zu werden. Lieb Kind beim künstlerischen Jet-set Berlins zu sein war nett. Eine offizielle Ehrung wäre aber noch netter gewesen: »Aber bei Hindenburg mußte man adlig sein./.../Ich selbst war über Berlins Bürgermeister, Dr. Böss, nicht hinausgelangt.« Das wurmte ihn. Der Kritik der bürgerlichen Kreise, die die Nationalsozialisten für »ordinär« gehalten hätten, habe er sich nicht anschließen können:

»Vor allem konnten meine Freunde und ich weniger an dem vulgären Rummel, den die neuen Machthaber entfachten, Anstoß nehmen, weil wir ja alle auch mehr oder weniger aus der Lunaparkatmosphäre hervorgegangen waren: die Welt des großen Showgeschäfts verband uns alle.«

Max Schmeling fuhr also nach Amerika und hatte zum ersten Mal einen Auftrag Hitlers im Gepäck. Sein nächster Gegner sollte der amerikanische Boxer Max Baer sein. Obwohl Baers religiöses Zugehörigkeitsgefühl nicht eindeutig war, renommierte er angesichts des Nationalsozialismus mit seiner jüdischen Herkunft. Als er Max Schmeling nach dem ersten Kampf noch einmal schlagen wollte, ließ er in der Presse verkünden: »Jeder Schlag ins Auge von Schmeling ist ein Schlag gegen Hitler.« Schmeling hatte Baers Abstammung im Gespräch mit seinen jüdischen New Yorker Freunden noch leicht genommen. Sie fragten ihn, was der »Führer« zu diesem Kampf gesagt hätte: »Ob das nicht im Neuen Reich als sportliche Rassenschande verboten sei? Wir lachten nur.« Schmeling und seine Freunde wußten offenbar nicht, daß Baer angeboten hatte, in Hamburg gegen Schmeling zu kämpfen und Hitler dies abgelehnt hatte.

Den Kampf Schmeling-Baer in New York hatte neben anderen Jack Dempsey organisiert, der jedoch hinterher versicherte, er habe mit einem Sieg Max Schmelings gerechnet.

Jack Dempsey wird von Max Schmeling zeitlebens als sein großes Vorbild bezeichnet. Für das Vorbild seiner Frau hält er Mary Pickford – nicht ohne den Zusatz, Pickford sei eine der reichsten Frauen Hollywoods gewesen. Geld war ihm immer wichtig, und daß seine Frau Mary Pickford künstlerisch längst überflügelt hatte, war ihm vielleicht gar nicht klar. Anny Ondra mit ihrer notorischen Bescheidenheit konnte es ihm ja nicht erzählen.

Doch Jack Dempsey war ein Kapitel für sich. Joyce Carol Oates nennt ihn eine der »abschreckendsten, alptraumhaftesten Persönlichkeiten« im Boxsport. Max Schmeling nennt ihn einen guten Freund, und Dempsey gab das Kompliment öffentlich gern zurück. Im Zusammenhang Dempsey-Carpentier war schon die Rede davon, wie Dempsey im Ersten Weltkrieg gekniffen hatte – so sah es jedenfalls das amerikanische Volk. Für seine Drückebergerei sollte er gerichtlich belangt werden und hing in diesem Verfahren von seiner inzwischen geschiedenen ersten Ehefrau ab, einer Klavierspielerin in einer Bar. Als er sie das erste Mal gesehen hatte, empfand er das Gefühl eines elektrischen Schlags. Er war noch nicht zwanzig, sie fünfunddreißig Jahre alt, als sie heirateten. Warum er nicht irgendein nettes Collegemädchen geheiratet habe, wird Dempsey später gefragt, nachdem er zwanzig Millionen Dollar verdient und wieder verschwendet hatte. Er pflegte zu antworten: »Ich hatte ein Hemd, ein Paar Hosen, ein Paar Stiefel und null Zukunftsaussichten. Welches süße Collegemädchen hätte mich wohl nehmen sollen?«

Da nahm er Maxine Cates, »the sexiest woman I'd ever met«. Roger Kahn, sein Biograph, ist davon überzeugt, daß Dempsey für eine Weile auch als Maxines Zuhälter fungiert hat. Diese Welt war Dempsey durchaus nicht fremd. Als Halbwüchsiger war er durch Amerika getrampt, hatte jeden Job angenommen und in diesen Landstreicherjahren vor allem in den Bergarbeiterstädtchen Colorados etwa hundert Kämpfe bestritten. Als Fünfzehnjähriger kämpfte er als »Kid Blackie« für fünf Dollar zum ersten Mal für Geld. Er konnte sich steigern: Im Juli 1919 zahlten zwanzigtausend Zuschauer eine halbe Million Dollar, um den Vierundzwanzigjährigen gegen Jess Willard boxen zu sehen, den

Mann, der eine Legende war, seit er auf Kuba der »Schwarzen Bedrohung« des weißen Boxsports Jack Johnson eine Ende gesetzt hatte. Ein Kampf war nur auf Kuba möglich gewesen, weil sich Johnson unter der offiziellen Scheinbeschuldigung, sexuelle Straftaten begangen zu haben, durch Flucht aus den Vereinigten Staaten der Strafverfolgung entzogen hatte.

Jess Willard ging aus diesem Gefecht ziemlich ramponiert hervor. Dempsey brach ihm drei Rippen, was an sich noch nichts Besonderes ist. Doch er brach ihm außerdem den Unterkiefer in vier Teile, spaltete ihm die Lippen, schlug ihm die Augen zu, riß ihm ein Ohr halb ab und brachte ihn in der ersten Runde schon sieben Mal zu Boden. Doch zu früh fühlte er sich als Sieger und verließ den Ring. Er hatte den Gong überhört. Als Harry Valérien in *Hallo Max!* das Filmdokument dieses Kampfes zeigte, empfahl Beisitzer Max Schmeling, empfindliche Zuschauer sollten lieber wegsehen. Er lachte dabei.

Doch Dempsey mußte wider Erwarten zur zweiten Runde antreten. Denn unglaublicherweise kam Willard wieder zu Kräften und konnte prompt einen schweren Aufwärtshaken landen. Aber in der dritten Runde zerbrach ihm Dempsey auch noch das Jochbein und schlug ihm ein paar Zähne aus; Sepp Scherbauer hat die Hitliste zusammengestellt. Damit war Dempsey Weltmeister im Schwergewicht geworden. Die neue Popularität brachte ihm eine kleine Filmserie mit dem Titel *Daredevil Jack* und die Bekanntschaft etlicher Hollywoodgrößen ein. Mit der Clique von Douglas Fairbanks, Charlie Chaplin und Rudolph Valentino zog er um die Häuser, und irgendwann schlief auch er mit Clara Bow.

Immer dabei war Jack Dempseys Bruder Johnny. Während Partyfreundin Mary Pickford bei ihren Festivitäten immer nur darauf achtete, daß der aus San Pedro geschmuggelte Wein und Champagner – der Prohibition bot Hollywood eisern die Stirn – auch wirklich zum Essen paßte, exerzierte Hausfreund Wallace Reid ganz andere Dinge vor. Der Alkoholiker Reid war nach einem schweren Unfall auch noch morphiumsüchtig geworden, und als die Dempseys ihn in Hollywood kennenlernten, rauchte er Haschisch, schnüffelte Koks und spritzte Heroin. 1922 starb er daran, aber nicht ohne Jacks Bruder Johnny in den Drogengenuß eingewiesen zu haben.

Dann ließ sich Jack Dempsey scheiden. Die Scheidung kostete ihn viel Geld und noch mehr Renommee, denn er hatte als Boxer eine Todsünde begangen und seine Frau Maxine geschlagen.

Wenig später lernte er Estelle Taylor kennen. Nachdem sie eine Weile zusammen waren, machte er ihr einen Heiratsantrag. »Wann immer du willst, Jack, Liebling«, gurrte Estelle. »Vorher muß ich nur noch etwas erledigen.« »Was?« fragte Jack. »Ich muß mich scheiden lassen.«

Estelle Taylor war Schauspielerin. Mit ihr hatte er die Flitterwochen in Europa verbracht und mit der Schaukampftournee verbunden, bei der Schmeling ihn zum ersten Mal traf. Estelle Taylor war eine Schönheit der Stummfilmära, und Dempsey genoß ihrer beider Berühmtheit. Doch sie führte ihn auch in Hollywood ein. Ein eher harmloser Nebeneffekt waren die Schönheitsoperationen. Estelle Taylor beschloß, sich die Nase operieren zu lassen. Sie überredete Dempsey, das Gleiche zu tun. Hinter Dempseys Rücken machte sie sich über seine »palooka«-Nase lustig. Rücksichtsloser als Estelle war ihre Freundin und Kollegin Lupe Velez, die den Spitznamen »Mexican Spitfire« trug, was man je nach Temperament als »Giftnudel« oder »feuerspeiendes Ungeheuer« übersetzen mag. Nachdem Dempsey ein paar Mal mit ihr geschlafen hatte, nahm sich Lupe Velez die Freiheit, ihm ins Gesicht zu sagen, wie scheußlich seine Nase aussehe. Dempsey meldete sich umgehend bei Estelles Schönheitschirurg an, und auch sein Manager Doc Kearns wollte nun nicht länger zurückstehen. Roger Kahn zitiert einen Drehbuchschreiber und Dempsey-Freund: »Ich habe Jack mal gefragt, ob der Arzt ihnen Rabatt gegeben hat, vielleicht drei Nasenjobs für den Preis von zwei. Aber er hat es mir nie verraten.«

Vor dem Kampf mit Jess Willard hatte Dempsey gern mit dem Spruch geprahlt: »I can lick any son of a bitch in this room.« Jetzt spielte er in der Oberliga und konnte jeden Hurensohn auf der ganzen Welt fertigmachen. Nur sein Manager war stärker. Der berühmt-berüchtigte Doc Kearns, der später Mickey Walkers

Manager wurde, nahm ihm nicht nur horrende fünfzig Prozent seiner Einnahmen ab, sondern betrog ihn nach Strich und Faden. Getrennt haben sie sich allerdings wegen Estelle Taylor, die einen Filmstoff von Produzentin Mary Pickford kaufen wollte, um mit Jack Dempsey in diesem Filmprojekt *Manhattan Madness* zu spielen. Da waren sie noch nicht verheiratet.

Die Szene fand im »Montmartre« statt, einem Restaurant in Hollywood, das Dempseys übliche Kumpel favorisierten, aber auch William Randolph Hearst und Marion Davies, die bekannte Mätresse und indirekt Ansporn für den Milchfonds von Frau Hearst, der für die Schmeling-Kämpfe so wichtig wurde.

Kearns fand Estelle Taylors Plan dumm, noch dümmer aber Dempseys Absicht, diese Frau zu heiraten, die Kearns von Detektiven hatte beschatten lassen. Mit eindeutigen Ergebnissen. Kearns und Taylor begannen zu streiten. Kearns schrie, er habe genug Material, um Estelle in der Gosse zu versenken. Estelle Taylor versteinerte. Dann schrie sie auch, aber in Richtung Dempsey: »Jede Nacht schwörst du mir im Bett, wie sehr du mich liebst, und jetzt läßt du zu, daß dieser Dreckskerl mich beleidigt! Er oder ich!« Dempsey trennte sich von Kearns, und sie sprachen fünfunddreißig Jahre lang kein Wort mehr miteinander.

Dempsey begab sich unter die Fittiche von Tex Rickard, der ihn aber nicht so clever vertrat wie Kearns, da er noch andere, weitverzweigte Interessen im Boxsport hatte.

Ein Jahr nach der Hochzeitsreise durch Europa geschah 1926 das Fiasko mit Gene Tunney. Dempsey verlor nach Punkten. Estelle Taylor fragte ihn, wie das habe passieren können. »Ich habe vergessen, mich zu bücken«, antwortete er bissig.

In der Familie holte ihn die Vergangenheit ein. Denn nicht Johnny Dempseys Depressionen, sondern seine Drogenabhängigkeit führte Jacks Bruder in die Katastrophe.

Es war der Juli 1927. Anny Ondra begann mit den Dreharbeiten zur *Blume aus dem Böhmerwald.* Max Schmeling hatte gerade Fernand Delarge zum Weinen gebracht und ihm den Europameistertitel im Halbschwergewicht abgenommen. Jack Dempsey machte sich an den Ufern des Saratoga-Sees fit für seinen Kampf mit Jack Sharkey am 21. Juli. Am Nachmittag des 2. Juli brachte Johnny Dempsey im Drogenrausch erst seine Frau und dann sich selbst um. Seinen zweijährigen Sohn Bruce ließ er am Leben. Der Kleine hieß Bruce wie sein Onkel, der dritte Dempsey-Bruder, der als sechzehnjähriger Zeitungsverkäufer mitten auf der Straße durch Messerstiche getötet worden war. Einfach so.

Dempseys Duell mit Jack Sharkey wurde berühmt als Kampf mit einem der bösartigsten linken Haken in der Boxgeschichte (Oates meint, es sei ein rechter, aber es ist ein linker Haken gewesen). Sharkey beging den Fehler, Dempsey den Rücken zuzudrehen, um sich beim Ringrichter über ein Foul zu beschweren. Da schlug ihn Dempsey k. o. Die darauffolgende Änderung der Regeln kostete ihn allerdings im letzten Boxkampf seines Lebens am 22. September 1927 den Sieg. Der Ringrichter weigerte sich, Tunney weiter auszuzählen, bevor Dempsey nicht in seiner Ecke war. Das gab Tunney Zeit, sich zu erholen. In seiner Autobiographie erklärt Dempsey lakonisch, wenn er Sharkey nicht fertiggemacht hätte, dann hätte der es mit ihm getan. Für ihn sei es die Hauptsache gewesen, nach diesem Sieg nun noch einmal gegen Tunney antreten zu dürfen: »Der gute alte Dempsey war noch lange nicht mit ihnen fertig!«

»Wie konnten Sie nur Sharkey schlagen, als er die Arme unten hatte und gerade mit dem Richter sprach?« wurde Dempsey regelmäßig gefragt. Dempsey grinste darauf: »Hätte ich ihm vielleicht einen Brief schreiben sollen?«

Das war Jack Dempsey. 1993 wurde Max Schmeling in seinem offiziell letzten Interview gefragt, welcher Mensch ihm am meisten imponiere. »Mein großes Vorbild ist der Amerikaner Jack Dempsey. Er war ein wunderbarer Mensch.«

Aus dem Sieg gegen Baer, mit dem Dempsey so fest rechnete, wurde nichts. Beim munteren Ballyhoo im Trainingslager hatten Schmeling und Dempsey den Journalisten noch ein Kämpfchen vorgespielt. Dempsey hatte um Schonung gebeten und dann doch kräftig losgedroschen. »Warte, Freundchen! Kaum stehst du im Ring und spürst die Bretter unter den Füßen, schon sind die guten Vorsätze vergessen!« ärgerte sich Schmeling. Als Dempsey nicht damit aufhören wollte, schlug er ihm die wertvolle, operierte Nase blutig, um deren Schonung Dempsey so scheinheilig gebeten hatte. Max Baers Nase blieb heil. Die unerträgliche Hitze in New York lähmte Schmeling. Seine Beine waren wie Blei. Er kam nicht vom Fleck. In der achten Runde wurde der Kampf abgebrochen: technischer K. o. durch Baer. Machon sprach Schmeling auf seine Weise Mut zu: »Das war keine Niederlage, das war ein Zusammenbruch.«

Am Tag danach kämpften in Berlin Johann Wilhelm Trollmann, genannt Gipsy, und Adolf Witt um die Meisterschaft in Schmelings früherer Gewichtsklasse, dem Halbschwergewicht. Trollmann war Sinto. Nach massiven Publikumsprotesten wurde ihm schließlich der Titel zuerkannt, nach wenigen Tagen jedoch aus rassistischen Gründen wieder abgenommen. Knud Kohr und Martin Krauss haben seine und Erich Seeligs Geschichte für ihr Buch *Kampftage* recherchiert. Trollmanns Stil habe als »undeutsches Instinktboxen« gegolten.

In New York verfiel Max Schmeling nach seiner Niederlage in Depressionen, um die er sich jedoch zunächst nicht kümmern konnte. Denn vier Wochen später sollte Hochzeit sein. Er fuhr zurück nach Europa und gleich nach München, wo er Anny Ondra abholte. Sie drehte in Geiselgasteig *Fräulein Hoffmanns Erzählungen,* eine etwas krampfige Geschichte um eine Kaffeefirma-Besitzerin, krampfig vor allem durch Ondras Partner Mathias Wieman. Der Mathias Wieman, der 1937 Staatsschauspieler und Mitglied im Kunstausschuß des Aufsichtsrats der Ufa wurde und über den Joseph Goebbels am 13. September desselben Jahres in sein Tagebuch schrieb: »Wieman ganz benommen von der monumentalen Größe des Parteitags.« So sah Wieman auch aus. Kurios, daß Karel Lamač ausgerechnet auf diesen Mann verfallen war, der sonst edel und ernst Ärzte und Offiziere in Melodramen mimte, um ihn an Ondras Seite in einem Lustspiel den Kaffee-Konkurrenten spielen zu lassen. Hatte Zerlett das eingefädelt?

Wirklich komödiantisch waren vor allem die anderen Frauengestalten, Ida Wüst etwa als liebeshungrige Tante oder Liesl Karlstadt als herzensgute Haushälterin mit abgeklärter Haltung gegenüber blasierten Zofen: »Bleede Kua!« Wieman spricht manchmal Sätze, die einen glauben lassen könnten, Regisseur Lamač und Drehbuchautor Zerlett wollten sich über ihn lustig machen. Als Wieman alias Unternehmer Karding die vermeintliche Selbstmörderin – in Wirklichkeit natürlich Geschäftsrivalin Anita Limann – im Badezimmer laut lachen hört, weil sie rückwärts in die gefüllte Badewanne gefallen ist, sagt er träumerisch zu seinem Diener: »Sehen Sie, das ist das erlösende Lachen eines geretteten Menschenkindes!« Und in diesen verklemmten Hagestolz muß sich Anny Ondra verlieben.

Einiges knirscht in diesem Film. Nicht einmal Anny Ondras schlafwandlerisch sicheres komisches Talent kann Komik in einer Schlafwandelszene produzieren, wenn die Vorgabe einfach zu albern ist. Die von einem unwissentlich eingenommenen Schlafmittel völlig Benommene klettert aus dem Auto, das sie in einen bayerischen See gefahren und in dem sie einige Stunden geschlafen hat, und tut dann so, als befinde sie sich bei ihrer Morgenwäsche. Komik ohne Grund und Boden. Auch wenn sie einen riesigen Turm von Möbeln hinter ihrer Schlafzimmertür aufbaut, um sich breitbeinig auf die Spitze zu hocken – Bauerntheater. Erst ihr frecher Kommentar »Feigling!« führt auf die richtige Spur. Ihr Gastgeber denkt noch, er habe ein Kind vom Lande eingefangen, mit dem er zur eifersüchtigen Verzweiflung seines schneller besonnenen, nämlich sofort heiß verliebten Dieners Haschmich spielt. Der hitzige Diener möchte schon seinen Benzintank leertrinken, um wenigstens eine Ersatzexplosion zu genießen, falls ihn dieses temperamentvolle, auf der Straße aufgelesene Weib nicht erhört. Da faselt der Herr noch von einem Sonnenschein, der ihm ins Haus geflogen sei.

In der Nacht nützt Anita Limann die blockierte Tür gar nichts, denn der Angreifer kommt mit der Leiter: Der Diener fensterlt. Sie verläßt das Haus und überläßt es Liesl Karlstadt, dem Herrn mitzuteilen, sie könne nicht bleiben, »wo Buam fensterln«. Der

Herr versteht nichts. »Was sind ›Buam‹?« fragt er ratlos. Er muß eben erst noch einer werden.

Manche Dialoge aber vernebeln den Charakter der Figuren eher, als daß sie ihn erhellen. Anita Limann erzählt Karding – und in dieser Szene ist Anny Ondra wirklich komisch – von ihrer Vergangenheit: »Meine Eltern waren arme, aber unehrliche Leute, meine Mutter – wusch …« – »Was tat sie?« fragt Karding alarmiert, denn Anny Ondra spricht das Wort wirklich so drollig aus, daß auch das Publikum zu rätseln beginnt. »Wusch Wäsche!« erklärt Anita Limann und schrubbt mit ihren Händen auf einem imaginären Waschbrett herum. »Na, kapiert?« fragen ihre Augen, und ihr Mund lügt weiter. Der Vater sei Geldschrankknacker und in dieser Eigenschaft nach München versetzt worden. Jetzt muß Wieman-Karding kichern. Sie nimmt ihn wohl auf den Arm! Anders ist seine Reaktion nicht zu verstehen. Doch der jungen Frau geht die Lügerei allmählich auf die Nerven. Der Herr aber will mehr und mehr von »Fräulein Hoffmanns« Erzählungen. »Anni Hoffmann« wählte die Unternehmerin als Pseudonym, als ihr verzweifelter, namensuchender Blick in der Bibliothek an E. T. A. Hoffmanns Erzählungen hängenblieb. Erst als die verfolgte Unschuld aus ihrer Vergangenheit erzählt und von der Unbill, die ihr drohte, als sie den Pfad der Tugend nicht verlassen wollte, unterbricht Herr Karding sie hastig. Von »solchen Sachen« will er nichts hören. »Vergiß das, das liegt alles hinter dir«, sagt er ganz ernst – und irrt sich schon wieder: Was ihn so ängstigt, liegt alles noch vor ihnen.

Anny Ondras Frivolitäten wehrt er ängstlich ab. »Seltsam, was Sie für zarte weiße Hände haben!« überlegt er in einem lichten Moment. »So bin ich am ganzen Körper«, sagt die Frau. »Ssst!« sagt er erschrocken. Und duzt sie schleunigst wieder, denn sie hat ihn dabei ertappt, wie er auf diesem verminten Gelände ein »Sie« zwischen sich und ihren Körper schieben mußte.

Optisch findet Lamač noch eine hübsche Umsetzung des Gedankens der weggesperrten Sexualität, garantiert ideologiefrei. Die hübsche Heldin zieht ihre nassen Sachen aus, stolpert und fällt dabei rückwärts in ein Schränkchen, so daß nur ihr Kopf mit den Schultern und ihre hübschen, langen Beine zu sehen sind; das mußte reichen. Am Ende gönnen Lamač und Zerlett aber doch Anny Ondra den Sieg. Wieman-Karding versteht endlich, daß er die ganze Zeit an der Nase herumgeführt worden ist. Freud läßt grüßen, denn Karding möchte in ein Mauseloch kriechen. »Himmel, wie steh' ich jetzt da!« fragt er eher rhetorisch. »Saublöd«, sagt sein Diener.

»Neben der unvergleichlichen Ondra der seltsam gelöste, heitere, freundliche Wieman, – Mathias Wieman: merken Sie sich das! So sind Sie der Natur ganz nahe. Lachen Sie; es steht Ihnen gut.« Mathias Wieman las nach der Premiere vom 25. August 1933 aber noch viel lieber eine zweite Rezension, in der die *Filmwoche* Wiemans Schicksal beklagte: »... wird viel zu wenig im Film beschäftigt.«

Da hatte die berühmte »Aussprache« mit Joseph Goebbels im Kaiserhof schon stattgefunden, auf der Goebbels zwar die allgemeine Verwirrung noch steigerte mit seinem Lob für *Panzerkreuzer Potemkin* von Sergej M. Eisenstein (Jude), für *Die Nibelungen* von Fritz Lang (Jude), für *Der Rebell* von Kurt Bernhardt (Jude), Ko-Regie Luis Trenker, und für *Love* mit Greta Garbo als Anna Karenina unter der Regie von Edmund Goulding, produziert von Irving Thalberg (Jude). Thalberg besuchte ein Jahr später Deutschland, das die Hollywoodstudios – außer den Warner Bros. – nur ungern als Exportland aufgaben, und teilte bei der Rückkehr seinen Kollegen mit, viele Juden würden zwar ihr Leben unter Hitler verlieren, doch die Juden sollten keinesfalls die Nazis bekämpfen, schon gar nicht die Juden Hollywoods. Michael E. Birdwell hat diese Fehleinschätzung deutscher Verhältnisse in seinem Buch D*as andere Hollywood der dreißiger Jahre* minutiös nachvollzogen.

Doch dann ließ Goebbels an jenem 28. März 1933 zum feierlichen Ausklang des Abends das Horst-Wessel-Lied singen. Die Leute aus der Filmbranche konnten zwar noch nicht mitsingen, aber es rückte die Verhältnisse zurecht. Das taten auch schon die NSBOs, die in allen Filmgesellschaften gegründet wurden (Nationalsozialistische Betriebszellenorganisationen, gegen die sich

Goebbels im Lager der NSDAP bald durchsetzte, berichtet Klaus Kreimeier; Goebbels wollte in Filmsachen allein das Sagen haben).

Da konnte der Ruf der gleichgeschalteten Presse, Mathias Wieman sei stärker zu beschäftigen, nicht ungehört bleiben. Mathias Wieman wurde 1937 von Goebbels persönlich gecoached, als er mit Lída Baarová *Patrioten* drehte.

Am Abend schrieb Goebbels in sein Tagebuch:

»Ich rede abends im Kaiserhof zum erstenmal vor den Filmschaffenden und entwickle mit großem Erfolg ein neues Programm für die Filmkunst. Ich habe die Überzeugung, daß alle Beteiligten ehrlich bestrebt sind, mitzuarbeiten. Der Film kann nur gesund werden, wenn er sich wieder auf sein Deutschtum besinnt und im deutschen Wesen die Wurzeln seiner Kraft sucht.«

Am 1. April wird er enthusiastisch durch Berlin fahren und vor den Eingängen der geschlossenen »Judengeschäfte« SA-Posten stehen sehen: »Es herrschte eine mustergültige Disziplin. Ein imponierendes Schauspiel!/.../unbeschreibliche Siedestimmung.« Unglücklicherweise war es aber gar kein Schauspiel, sondern Wirklichkeit.

Nach der Hochzeit Depressionen

Anny Ondra und Max Schmeling aßen in einem Münchner Garten noch ein paar Kirschen; ein Foto von dieser Nascherei erschien zur Ankündigung der Trauung in vielen Zeitungen. Dann fuhren sie mit dem Auto nach Berlin, um am 6. Juli 1933 im Standesamt Charlottenburg zu heiraten. Die kirchliche Trauung fand erst am 20. und nicht am 6. Juli in Saarow-Pieskow statt; hier muß man Max Schmelings *Erinnerungen* diskret berichtigen.

Jetzt war alles nur noch frohe Erwartung. Das bald geflügelte Wort »Max Schmeling ist A. O. gegangen!«, das böse oder spöttisch benutzt wurde, verlor seine Spitze. Nach der Trauung meldeten die Zeitungen wahrheitsgemäß, das Brautpaar sei nach Heiligendamm an die Ostsee gefahren. Braut und Bräutigam ließen sie dort vollkommen in Ruhe. Der darüber verwirrte Max Schmeling glaubte sogar irrtümlich, die Zeitungen hätten das populäre Paar an der Riviera oder in Venedig vermutet. Unbehelligt jedenfalls von Reportern bauten Anny Ondra und Max Schmeling Sandburgen, tobten durch die Wogen oder schossen Tontauben. Eine bräutliche Idylle. Und abends schrieb Anny Ondra einen drei Seiten langen Brief an Alfred Hitchcock, in dem sie Max Schmelings Qualitäten leidenschaftlich und detailliert rühmte. Hitchcock hatte sie mit einem vermeintlich entrüsteten Telegramm auf die Schippe genommen, in dem er sich scheinheilig darüber entsetzte, daß sein Star einen primitiven Boxer heiraten wolle.

Die kirchliche Hochzeit zelebrierte der junge protestantische Pfarrer von Saarow-Pieskow, Kurt Lang. Er hatte für den Text seiner Ansprache eine Stelle aus dem ersten Buch der Chronik gewählt, in der von den tapferen Kämpfen König Davids die Rede ist, passend für einen Boxer also. Die Braut hatte Tränen in den Augen, als das Lied »So nimm denn meine Hände« gesungen wurde:

»So nimm denn meine Hände und führe mich/bis an mein selig Ende und ewiglich./Ich mag allein nicht gehen, nicht einen Schritt: wo du wirst gehen und stehen, da nimm mich mit.

In dein Erbarmen hülle/mein schwaches Herz/und mach es gänzlich stille/in Freud und Schmerz./Laß ruhn zu deinen Füßen/dein armes Kind:/es will die Augen schließen/und glauben blind.

Wenn ich auch gleich nichts fühle/von deiner Macht/du führst mich doch zum Ziele/auch durch die Nacht:/so nimm denn meine Hände/und führe mich/bis an mein selig Ende/und ewiglich!«

Die Dorfjugend stand Spalier, Mädchen mit Rosenkränzen im Haar streuten Blumen. Das Hotel Esplanade platzte vor wichtigen Gästen fast aus den Nähten. Die Brautleute hatten sich nicht lumpen lassen und sogar ein Feuerwerk bestellt. Vorsorglich hatten die Gastgeber gebeten, Badeanzüge mitzubringen, und so stürzte sich die Jeunesse dorée Berlins aufgekratzt in den Swimmingpool. Josef Thorak mußte natürlich wieder etwas Besonderes bieten und kam in kleinem Jagdwagen mit vorgespanntem Schimmel. Er überreichte eine Urkunde und erklärte die beiden – regional bedingt – zu »Oberdudelbauern«, die für zahlreiche Nachkommen zu sorgen hätten. Die Stimmung war ausgelassen und fröhlich. Schmeling gedenkt in seinen *Erinnerungen* der Freunde und Bekannten, die nicht mehr dabei waren, weil sie Deutschland schon verlassen hatten: Fritz Kortner, Ernst Deutsch, George Grosz. Ob er inmitten des Trubels und des Glücks auch schon an sie gedacht hatte, weiß er nicht mehr genau.

Einen Tag später nahm der Boxer »Gipsy« Trollmann seinen erzwungenen Abschied vom Ring. Er puderte seine dunkle Haut weiß und hatte seine Haare blondiert. Die Zeitschrift *Boxsport* verhöhnte ihn zum Abschied: »War einmal ein Zigeuner,/So schön wie er – war koiner.«

»Als wir zurückkamen, warteten düstere Nachrichten auf Anny«, notiert Schmeling in seinen *Erinnerungen.* Bis dahin habe sie sich nicht daran gestört, daß vier von sechs Teilhabern ihrer Filmfirma Juden gewesen seien, sie habe es nicht einmal gewußt. Die beiden anderen seien Tschechen gewesen. Nicht einmal Hugenberg, erklärt Schmeling, habe seine Hand schützend über die Ufa halten können; die jüdischen Filmleute mußten gehen:

»Für Annys kleines Unternehmen in der Friedrichstraße aber war die Lage ganz und gar aussichtslos geworden. Plötzlich bekam sie keine Aufträge mehr, und zum ersten Mal warteten nicht mehr ein halbes Dutzend Drehbücher gleichzeitig auf dem Schreibtisch ihres Produktionsleiters. Berlin war so international gewesen./.../Eine Zeitlang erwog Anny, die Firma nach Amerika zu verlegen; sie selber hatte mehrere Angebote aus Hollywood. Doch dann, nach längeren Beratungen mit den Anwälten, wurde beschlossen, die Ondra-Lamač-Produktion zu liquidieren.«

Das war definitiv nicht so. Möglich, daß Teilhaber der Ondra-Lamač-Produktion jüdisch waren oder tschechisch und Deutschland verließen. Namen kennt man allerdings keine. Eine 1958 erschienene tschechische Aufsatzsammlung zu Karel Lamač hätte zu dieser Zeit politisch *die* Gelegenheit geboten, einer Leidensgeschichte Lamačs unter den Nationalsozialisten breiten Raum einzuräumen. Das ist nicht geschehen. Und weder von verfolgten jüdischen noch tschechischen Mitarbeitern oder Gesellschaftern ist dort die Rede.

Natürlich kann es sie trotzdem gegeben haben. Da aber auch die Ondra-Lamač-Produktion keineswegs aufgelöst wurde, sondern bis 1937 noch Filme produzierte, sind Zweifel angebracht. Die Ondra-Lamač-Produktion stellte ausschließlich Ondra-Lamač-Filme oder reine Lamač-Filme her. Andere Regisseure wurden nicht beauftragt; allenfalls arbeitete Hans H. Zerlett als Ko-Regisseur. Prekär wurde die Lage für Karel Lamač erst 1938, als Goebbels mit seinem Film *Frühlingsluft* nicht zufrieden war. In Goebbels' Tagebucheintrag vom 25. März 1938 heißt es:

»Und dann Filme geprüft: ein paar Probeaufnahmen, die gut ausgefallen sind. Einen Wahlfilm von Ucicky, der sehr gut und werbend ist. ›Frühlingsluft‹ von Lamač; ich lasse abbrechen wegen allzu großen Blödsinns und ordne scharfe Maßnahmen an.«

Lamačs Film mit Magda Schneider und Wolf Albach-Retty kam trotzdem am 16. April ins Kino, blieb aber Lamačs letzter im nationalsozialistischen Deutschland gedrehter Film. Goebbels hatte solche radikalen Urteile auch öfter über Hans H. Zerlett gefällt, der unter den Nazis ja vor allem als Regisseur arbeitete, doch im Gegensatz zu seiner Inkonsequenz gegenüber Zerlett setzte er im Fall Lamačs sein Verdikt in die Tat um. 1938 also ging Lamač nach Prag und drehte dort sechs Filme. 1939 emigrierte er zusammen mit seinem engsten Freund und Kameramann Otto Heller nach England.

Doch bis dahin produzierten Anny Ondra und Karel Lamač zunächst weiter wie gewohnt, 1933 und 1934 vier Filme mit Karl Valentin, bei denen Lamač Regie führte. Das war Neuland, doch eine eigene Handschrift Karel Lamačs ist schwer zu erkennen. Karl Valentin war zu dominant. Ähnlich erging es Lamač 1937 mit Pat und Patachon, mit denen er in Budapest einen Film drehte. Der deutsche Film brauchte Ateliers, und die ungarische Regierung stellte Ateliers unter der Bedingung, von den Deutschen zu zwei Dritteln eine ungarische Version finanziert zu bekommen. Lamač trug auch aus Verständigungsgründen Géza von Cziffra die Regieassistenz an, und der stöhnte noch Jahre später über die dänischen Komiker: »Sie sprachen weder Deutsch noch Ungarisch noch miteinander. Sie waren rettungslos verkracht.« Lamač war es übrigens, der Cziffra 1937 nach Deutschland schickte. Dort gebe es derzeit nur Autoren für »Blubo-Stoffe«. Cziffra blickte ratlos. »Blut-und-Boden-Filme«, erklärte Lamač.

Doch soweit war es noch nicht. Es ging schleichend.

Kurz vor dem Weihnachtsfest 1933 wurden allerdings Filmleute und andere Prominente von den Nationalsozialisten zum ersten Mal für die »Volksgemeinschaft« karitativ rekrutiert. Man drückte ihnen Büchsen in die Hand und forderte sie zur Straßensammlung auf. Im KaDeWe sammelte Hans Söhnker, in der Tauentzienstraße sah man Luise Ullrich, und am Bahnhof Friedrichstraße gaben Willy Fritsch und Paul Hörbiger gegen Bezahlung Autogramme. Camilla Horn, die von diesem Einsatz berichtet, war mit Anny Ondra unterwegs und flüchtete gegen Abend in ein Geschäft in der Friedrichstraße ganz in der Nähe der Räume der Ondra-Lamač-Produktionsgesellschaft:

»In den Abendstunden sammelte dann die SS einige der Prominenten ein und brachte sie zu Adolf Hitler ins Reichskanzlerpalais. Zu den ›Glücklichen‹ gehörten Lucie Englisch, Maria Paudler, Charlotte Susa, Anny Ondra, Leni Riefenstahl, Hans Stüwe und Max Schmeling./.../Ich hatte an diesem Abend Glück und entkam.«

Das folgende gemeinsame Projekt Karel Lamačs und Anny Ondras war *Das verliebte Hotel,* die Geschichte einer bitterarmen jungen Frau, die unverhofft zur Erbin eines heruntergekommenen Hotels wird und den ebenso unverhofften millionenschweren Gast für sich erobern kann. Drehbuch wieder Hans H. Zerlett, Partner wieder Mathias Wieman. Der durfte im Presseheft von seinem Offiziersepos *Rosenmontag* schwadronieren, einem Film, dessen Szenenablauf dic Schauspieler wie ein Theaterstück drei Wochen lang hätten proben können. Das sei ideal, und man müsse endlich dem »durch die mosaikartige Aufnahmepraxis üblich gewordenen Lotteriespiel den Abschied geben«. Und das einem Regisseur wie Lamač, der vor den Dreharbeiten einen genauen Ablaufplan aufstellte, um schnell und effizient drehen zu können. Immerhin gab Wieman zu, daß es der Phantasie eines Mannes wie Karel Lamač bedurft hätte, einen Mann wie ihn, der »innerlich brannte« (Goebbels), in einer Komödie einzusetzen. Für die Kritik blieb Mathias Wieman ausnahmsweise blaß, ganz im Gegensatz zu dem »quicklebendigen Weibsteufelchen« Anny Ondra.

Erkennbar unangenehm ist Anny Ondra die wertkonservative Frage eines Journalisten nach dem Einverständnis des Ehemanns mit ihrer Berufstätigkeit. In solchen Momenten sehnte sich Anny Ondra nach der Zeit der Perücken und Sonnenbrillen zurück. »Ach, der freut sich darüber und schaut zu, mehr als ich mich darüber freue, daß er wieder das Training aufnehmen will«, sagte sie so leichthin wie möglich. Sie wußte ja, daß Schmeling immer noch in einer Krise steckte, und sie war wirklich froh darüber, daß er das Training wieder aufgenommen hatte.

Doch Anny Ondra steckte schon mitten in den Dreharbeiten für ihren nächsten Film, als Max Schmeling ein neues Desaster erlebte: Steve Hamas, ein Boxer aus der zweiten, wenn nicht dritten Reihe, schlug ihn am 13. Februar 1934 in Philadelphia in zwölf Runden klar nach Punkten. Max Schmeling verzweifelte an sich selbst und litt:

»Hatte ich es wirklich nötig, von Ring zu Ring zu ziehen und mich auf blamable Weise zusammenschlagen und demütigen zu lassen? Schließlich hatte ich inzwischen viele Millionen verdient und brauchte mich um meine Zukunft nicht zu sorgen. Wer zwang mich denn dazu, in Provinzstädten für billiges Geld gegen zweitklassige Gegner in den Ring zu steigen und meinen Ruhm im Nachhinein zu verspielen?«

Irgendwie schaffte es Joe Jacobs dann, Max Schmeling neu zu motivieren und einen zweiten Kampf mit Paolino Uczudun zu arrangieren, dem »baskischen Holzfäller«, den Schmeling 1929 so vernichtend besiegt hatte. Der Kampf sollte in Barcelona stattfinden. Und sobald Anny Ondra mit dem neuen Film der Ondra-Lamač-Produktion, *Die vertauschte Braut,* fertig war, wollte sie Max Schmeling zum ersten Mal zu einem Kampf begleiten.

Die bewährten Vier – Lamač, Ondra, Heller und Zerlett – gehorchten diesmal willig oder versehentlich dem Zeitgeist. In *Die vertauschte Braut* bekommt den Mann am Ende die anschmiegsame Frau, die um Küsse bettelt, statt sie wie eine Huld zu vergeben.

Anny Ondra hat diesmal eine wirkliche Doppelrolle, nicht nur eine schwarze Perücke und südamerikanisches Getue wie in *Fräulein Hoffmanns Erzählungen.* Sie spielt die amerikanische Millionärin Virginia Vanderloo und deren Doppelgängerin, die Straßenverkäuferin Dolly. Die ist so arm, daß sie nicht einmal einen Familiennamen besitzt. Miss Vanderloo ist kalt, kapriziös und schikanös und macht ihrem Freund (Adolf Wohlbrück bleibt blaß) das Leben zur Hölle. Er heißt Charles und braucht auch keinen Familiennamen, weil seine Funktion als Mann seine einzige Bedeutung ist. Dolly ist die einsame Kämpferin, die dem Leben alles abtrotzen muß und – vorläufig – bei einem Mann nur solange kuscht, wie sie ihn für einen Polizisten hält. Sobald sich das als Irrtum herausstellt, schimpft Dolly wie ein Spatz: »So dämlich wie Sie war ich schon, wie ich zum ersten Mal aus dem Kinderwagen gefallen bin!«

Trotzdem findet sie sich plötzlich im Gefängnis wieder, wo sie als vermeintliche Millionärin deren Strafe abbüßt. Die reiche Virginia hat nämlich die öffentliche Ordnung im allgemeinen und die der Männerwelt im besonderen gefährdet, als sie nicht auf männliche Unterweisung warten mochte, ohne Pilotenschein einfach drauflosflog und über einem Wohngebiet abstürzte.

Doch bevor Dolly ihre inneren Werte beweisen darf, wird die Verpackung verglichen. Die Frau ist der Frau schlimmster Feind. »Sie hat O-Beine!« schreit die eine. »Säbelbeine!« die andere. Sie heben die Röcke und giften sich an. Die gegenseitige Anerkennung der Schönheit kostet die eine die Freiheit, die andere fünfhundert Dollar. (In den Rezensionen war von fünfhundert »Mark« die Rede – Versehen oder ein erster Versuch, das gefürchtete Fernweh der Zuschauer im Keim zu ersticken?)

Charles besucht die falsche Miss Vanderloo im Gefängnis und ist beglückt über die Zutraulichkeit, mit der sie seine Avancen akzeptiert. Die treuherzige Dolly ist von seiner Freundlichkeit wie berauscht. Nie wieder will das arme Ding den Verlobungsring hergeben, den ihm die reiche Tyrannin dreimal täglich vor die Füße wirft. Kaum ist sie mit Charles verlobt, fragt die gefangene Dolly ihre Wärterinnen verträumt: »Wer war denn der Herr?« Den Gefängnisurlaub wehrt sie mit Händen und Füßen ab. Die neue Braut will hinter Gittern bleiben, um den Bräutigam nur ja nicht zu verlieren. Und Charles besucht sie wieder.

Was er seiner Braut an materiellen Werten zu bieten hat, wird von der Obrigkeit gründlich geprüft, und alles, was Lustgewinn verspricht, ist »Verboten! Verboten? Verboten!«, wie der Gefängniswärter und Charles bald gemeinsam und monoton wiederholen. Wobei der Beamte ungerührt Bonbonnieren aufreißt und auf der Suche nach verdächtigem Material einen süßen Stoffhund aufschlitzt. Als Dolly die zerstörten Mitbringsel sieht, ist sie gerührt. Miss Vanderloo dagegen, die von einem Mann eigentlich gar nichts braucht, weder Geld noch Liebe, wirft das ausgeweidete Hundchen angewidert auf den Boden. Jetzt kommt Charles endlich zur Besinnung: »Ich muß verrückt sein!« Die reiche Miss hat alles, kann alles, weiß alles, macht alles und läuft perfekt Schlittschuh. Doch wirklich glücklich macht den Mann nur die auf den Hintern fallende Dolly.

Charles identifiziert die Verbrecherin im Sinne des Gesetzes, nachdem auf dem Höhepunkt der Verwirrung *beide* Frauen auf das Eis gegangen sind, warnt aber gleichzeitig den Gefängnisdirektor: »Die Richtige für Sie ist die Falsche für mich!« Die reiche Ruhestörerin wird eingesperrt, das arme anständige Mädchen von Charles persönlich in Haft genommen. Das Codewort der Liebenden heißt »Noch einen!« Um noch einen Kuß nämlich bittet nur die Richtige fürs Gefühl und für die Liebe.

Anny Ondra brilliert mit ihren Sprüngen und Kapriolen auf dem Eis. Bedauerlich eigentlich, daß Lamač seinem Star, den er angeblich so ideal einzusetzen verstand, nicht öfter die Chance gab, in Tanzszenen zu glänzen, obwohl unumstritten war, daß Anny Ondras Tanzbegabung der einer Lilian Harvey in nichts nachstand. So bleibt es meistens bei ein paar Einsprengseln, die ihr Können aufblitzen lassen, bevor Lamač und Co. zügig zum Tagesgeschäft übergehen. Lamač verstand es, »seine« Ondra zu monopolisieren. Während er selbst weitverzweigte Interessen hatte wie etwa die Valentin-Regie, weiter Filme in Prag drehte, sieben davon allein in den Jahren 1933 und 1934, während er in Deutschland und in Österreich auch Filme ohne Anny Ondra und für andere Produktionsgesellschaften drehte, wartete sie treu und brav auf sein nächstes Angebot. Ihr Tanztalent aber war allein ihre Sache, auf diesem Gebiet hätte ihr Stern auch ohne Lamač funkeln können. So aber blieb sie an Lamač gebunden, und jeder Filmkritiker erzählte ihr dasselbe: Ondra und Lamač sind das ideale Gespann, Lamač wisse Ondra perfekt einzusetzen und so weiter. Als die Stimmen kritischer wurden, war es zu spät.

Privat schlug die frischverheiratete junge Frau düstere Töne an. In Saarow-Pieskow besuchte sie Ende Februar 1934 ein Reporter. Anny Ondra orakelte dunkel:

»Hier draußen merkt man nichts von der Not der Menschen. Und ich habe sie auch sicherlich noch nirgends gesehen. Sie muß furchtbar sein. Sollen wir Künstler nicht unsere Aufgabe darin erblicken, die Menschen einmal für ein paar Stunden die Sorgen des Alltags vergessen zu machen, sie zum Lachen zu bringen, ihnen wieder Lebensmut zu geben?«

Dafür wollten aber in Deutschland seit Januar 1933 andere sorgen. Anny Ondras Schwermut paßte nicht in die verordnete Begeisterung über die Erneuerung Deutschlands. Das Interview durfte nicht veröffentlicht werden.

Doch Anny Ondra wurde auch in anderen Stimmungen beobachtet. Der Schauspieler Gustav Fröhlich nahm bei den Berliner Feten jener Zeit eher Max Schmeling als den Nachdenklichen unter all den munteren Schauspielern wahr:

»Ihrer Leichtlebigkeit gab er nie nach. Bei mehr als einer Silvesterfeier, wo auch die Bravsten mal über die Stränge schlagen, habe ich ihn beobachten können: Inmitten zechender, rauchender, flirtender, angebender Verrückter saß oder stand er, ein freundliches Buddhalächeln auf dem Gesicht, und wartete, bis seine zierliche Anny heim wollte.«

Ein sympathisches Bild und für Anny Ondra eine Erholung nach dem Frauenhelden Lamač. Seit dem Sommer 1933 kehrten sie und Max Schmeling von solchen Partys in ihre Wohnung in der Podbielskiallee in Dahlem zurück. Die Wohnungen am Sachsenplatz gaben sie auf. Wo Schmelings Mutter dann unterkam, ist nicht bekannt. Es fällt jedoch auf, daß Max Schmeling nur ein einziges Mal eine Begegnung zwischen seiner Mutter und Anny Ondra erwähnt, und die fand ausgerechnet in der Reichskanzlei in Gesellschaft Hitlers statt. Ob das Verhältnis zwischen den Frauen gut oder schlecht oder nicht-existent war, bleibt Spekulation.

Irgendwann im März oder April 1934 fuhren Anny Ondra und Max Schmeling nach Barcelona, wo Schmeling gegen Paolino Uczudun kämpfen sollte. Es war ihre erste längere gemeinsame Reise. In Barcelona trafen sie Douglas Fairbanks, den Schmeling einen »alten Freund« nennt. Von der Begeisterung der Spanier über den Besuch des Hollywoodschauspielers, der mit seiner dritten Frau, Lady Ashley, nach Spanien gekommen war, um sich den Boxkampf anzusehen, wurden die beiden völlig überwältigt. Sie seien beide Popularität gewöhnt gewesen, doch was Hollywoodruhm bedeute, hätten sie erst durch Fairbanks gelernt. Unentwegt seien sie von Menschentrauben umringt gewesen: »Douglas Fairbanks konnte nicht die Tasse zum Munde führen, ohne ein erstauntes ›Ah‹ und ›Oh‹ auszulösen.« Das irritiert Schmeling doch ein bißchen, und er philosophiert über die ganz unterschiedlichen Ursachen ihres Ruhms: »Ich war immer nur Max Schmeling gewesen, und mein Erfolg war meine Leistung. In Douglas Fairbanks aber hatte sich eine ganze Epoche ihren Idealtypus geschaffen, vielleicht auch ihr Klischee.«

Es ist schade, daß Max Schmeling bei solchen Gelegenheiten nie verrät, was denn eigentlich Anny Ondra von all den Dingen hielt, die sie gemeinsam erlebten. Dachte auch sie über ihren

Ruhm nach? Hätte es also nicht viel näher gelegen, über die Popularität von Kollegen, von Schauspielern nachzudenken? »Wir« merkten, was Hollywoodruhm bedeutet, schreibt Max Schmeling, und eine Seite später: »Ich« fuhr nach Deutschland zurück – und Anny Ondra blieb in Spanien? Die enge Gemeinsamkeit und große Liebe spiegeln sich in seinen Autobiographien kaum wieder.

Anny Ondra kehrte natürlich mit ihm zurück. Als der Kampf mit Paolino dann wirklich stattfand – wegen einer Verletzung Schmelings im Training hatte er verschoben werden müssen –, drehte sie in München in Geiselgasteig *Klein Dorrit* nach dem Roman von Charles Dickens. Wäre sie nur in Spanien geblieben. Und diesmal liegt es nicht einmal an dem unseligen Wieman, der schon wieder ihr Partner ist. Er ist im Biedermeieroutfit ohnehin kaum zu erkennen. Der damals Zweiunddreißigjährige sieht aus wie fünfzig; man hält ihn eher für den väterlichen Freund der kleinen Dorrit als für ihren Liebsten. Ansonsten ist hier der ganze Sozialschmonzes, dessen Dickens *auch* fähig war, zu einem Konglomerat peinlicher Szenen geronnen. Man nimmt Anny Ondra die herzensgute Tochter eines Sträflings einfach nicht ab. Vielleicht hatte sie die Bekanntschaft mit Fairbanks in Spanien zu sehr an ihre frühe Verehrung für dessen zweite Frau Mary Pickford erinnert, denn sie tat alles, um nun endlich Deutschlands Sweetheart zu werden. Die mißglücktesten Szenen spielen sich im Gefängnis ab, in das Dorrit, die bei einem Schneider arbeitet, jede Nacht zu ihrem Vater zurückkehrt. Zum Geburtstag ihres Vaters hat sie ihren mißratenen Geschwistern, die längst ihr eigenes Leben leben, Geld und kleine Geschenke abgejagt und deckt den Gabentisch, als plötzlich von überallher süße kleine »Rackerchen« kommen, die nicht schlafen wollen, bevor ihnen Dorrit das Gutenachtliedchen gesungen hat.

Sozialkitsch unerträglicher Art ist auch Dorrits Rundgang bei den übrigen Gefangenen. »Für jeden ein liebes Wort!« steht fett über diese Szene geschrieben, und Anny Ondra läßt diese lieben Worte so süßlich aus ihrem Mund perlen, daß man sich am liebsten die Ohren zuhalten würde. Lamač und Heller helfen ihr auch nicht mit einer einzigen Großaufnahme, die vielleicht einen

Blick, ein Gefühl, eine echte engere Beziehung zu einem der Kinder verraten würde. Alles bleibt Tableau und Geschwätz. Die Ausstattung tut ein übriges: Die Gefängnisinsassen sind wohlgenährt und gutgekleidet, ganz so, als habe Roger Saul von Mulberry an seine Stylisten die Devise ausgegeben, in der nächsten Saison mal ein bißchen gemütlich zu werden.

Menschen im Gefängnis, die sich dort wohl fühlen und gut leben, waren ein Bild, das den Machthabern nicht unangenehm gewesen sein konnte. »Der Staat soll ein komfortabler Stall werden, in dem alle gehorsamen Haustiere sich wohl fühlen und sich bei Bedarf artig schlachten lassen«, bemerkte dazu Harry Graf Kessler, der nach dem März 1933 nicht mehr nach Deutschland zurückkehrte. Wenig überraschend kam *Klein Dorrit* bei den Kritikern sehr gut an. Und man weiß nicht so recht, welche heilige Kuh tiefere Ehrerbietung auslöste, Charles Dickens oder Mathias Wieman. Im Programmheft wird *Klein Dorrit* als »Ondra-Lamač-Film der Bavaria-Film A.-G., München« angegeben.

Glücklicherweise fand der nächste Kampf Schmelings fünf Tage vor der *Klein-Dorrit*-Premiere statt, sonst hätte dieser Karitativschund am Ende Schmelings Siegerwillen noch völlig benebelt.

Während Anny Ondra noch Dorrit spielte, fand der Kampf gegen Paolino Uczudun in Barcelona endlich statt. Schmeling mußte nach zwölf Runden ein Unentschieden hinnehmen und sich mit dem eindeutigen Urteil der Presse zufriedengeben, die ihn als deutlich überlegen wahrgenommen hatte. Nicht nur die katalonische Zeitung *Diagraphico* schrieb, Paolino sei von der ersten Runde an sein Punching-Ball gewesen. Schmeling kehrt mit neuem Selbstbewußtsein glücklich nach Deutschland zurück und zieht in München zu Anny Ondra ins Regina Palast Hotel.

Anny Ondra hatte ein faules Pfingstwochenende zu zweit geplant und außerdem Theaterkarten besorgt. Doch die geplante Idylle wurde von einem Anruf gestört. Hitlers Fotograf – und Chef von Eva Braun – Heinrich Hoffmann war am Apparat. Wieder wußte man also, wo Ondra und Schmeling zu finden waren. Schmeling kannte Hoffmann aus dem »Motorclub von

Deutschland«, wo beide Mitglied waren. »Der Führer möchte Sie gern zu einer Autoparty einladen. Wir wollen bei Franz Xaver Schwarz am Tegernsee Café trinken.« Während das Ehepaar noch dabei war, in »sportliche Frühjahrskleider« zu schlüpfen, wie Max Schmeling überraschend detailliert erzählt, fuhr Hitler schon vor dem Hotel vor, um sie persönlich abzuholen. Er stieg aus, um die beiden »mit ausgesuchter, österreichisch gefärbter Höflichkeit« zu begrüßen. Schon lange sei es sein Wunsch gewesen, Anny Ondra kennenzulernen. (In Schmelings zweitem autobiographischen Buch *8–9-aus!* von 1956 beschreibt Schmeling noch das berühmte Gugelhupf-Gespräch wegen Joe Jacobs von 1935 als das erste Zusammentreffen von Ondra und Hitler. Ondra habe Angst davor gehabt. »Anny schlug die Hände über dem Kopf zusammen. Sie, die geborene Tschechin, sollte zu Hitler?«)

Die Frau des Reichsschatzmeisters Schwarz hatte jedes Gedeck mit frischem Birkenlaub und Schokoladenmaikäfern geschmückt. Anschließend fuhr man zum Druckereibesitzer Adolf Müller, in dessen Druckerei der *Völkische Beobachter* hergestellt wurde. Auf der Fahrt dorthin saßen die Schmelings im Wagen Hitlers, der auf dem Beifahrersitz Platz genommen hatte. Er drehte sich häufig zu den beiden um und machte sie auf die Schönheiten der Landschaft aufmerksam. Noch zwei Jahre zuvor war es Anny Ondra gewesen, die Max Schmeling auf dem Weg von Berlin nach Saarow – Pieskow auf die Ähnlichkeit von Hitler mit Charlie Chaplin hingewiesen hatte. Das war inzwischen Vergangenheit.

Bei Müller unterhält man sich vor allem über die Jagd, da Hitler Müllers Jagdpassion bekannt war. Hitler fand das Jagen von Tieren mit Gewehren feige. Man müsse Hasen mit der Hand fangen. Nur diese Methode würde beweisen, wer der Bessere und Schnellere sei. Noch bevor Schmeling über diesen Blödsinn ernsthaft nachdenken kann, fragt ihn Hitler, ob er auch jage (wenn das Hitler wirklich interessiert hätte, hätte er es längst herausgefunden). Immerhin bietet Schmeling Paroli, indem er etwas von dem Überhandnehmen des Wilds und von Wildschäden murmelt. Murmelt, nicht sagt, schreibt er mit angenehmer Aufrichtigkeit.

Auch die Episode, die sich wenig später ereignete und in der Hitler eine nicht unwesentliche Rolle spielte, stellt er sachlich und kühl dar; andere hätten sie vorsichtshalber ganz verschwiegen. Aber es war, wie es war. Ondra und Schmeling hatten das Unglück, Hitlers Zeitgenossen zu sein, und weil sie prominent waren, gerieten sie stärker in seinen Sog als die meisten. Daß sie daraus auch Nutzen zogen ... Wer nicht dabei war, kann nicht nachvollziehen, wieviel Mut auf der einen Seite und wieviel Opportunismus auf der anderen vorhanden sein mußte, um das eine zu tun und das andere zu lassen. Schmeling – von Ondra wissen wir es wieder einmal nicht – hat es zu Recht als seine Tragödie betrachtet, im Dritten Reich den Höhepunkt seiner Laufbahn erlebt zu haben. Daß er versucht war, für sich das Beste herauszuholen, ist menschlich.

In der Zeit, als er von Flechtheim – der inzwischen ins Exil nach London gegangen war – in Berlin herumgereicht wurde, hatte er oft Brecht zusammen mit Paul Samson-Körner im Lokal von Aenne Maenz und anderswo gesehen. Dessen Theaterstück *Leben des Galilei* entstand 1938/39, wurde aber erst 1943 in Zürich uraufgeführt. Einen der meistzitierten Sätze daraus konnte Max Schmeling nachvollziehen: »Glücklich das Land, das keine Helden nötig hat.«

Kurz nach diesem bayerischen Ausflug vom August 1934 glaubte Schmeling nämlich wirklich, Hitler nötig zu haben. Wegen eines unwissentlich begangenen Verstoßes gegen das Devisengesetz sollte er zu 10 000 Reichsmark Geldstrafe oder zu einem Vierteljahr Haft verurteilt werden; sein Anwalt hatte die Sache falsch eingeschätzt. Schmeling rief in Hitlers Büro an und hatte am nächsten Tag einen Termin. Hitler hörte aufmerksam zu, schimpfte auf die »Bürokraten im Finanzministerium« und gab Freisler in Gegenwart Schmelings, damals Staatssekretär im Justizministerium, telefonisch den Befehl: »Bringen Sie die Sache augenblicklich in Ordnung!«

Zwei Wochen später hatte Max Schmeling es schriftlich, daß

das Verfahren wegen Geringfügigkeit eingestellt worden war. Die Aktien, um die es ging, seien in sein Depot aufgenommen worden. Zufrieden stellte er fest, daß sie inzwischen um einundzwanzig Punkte gestiegen waren und ihm die »Affäre« sogar einen kleinen Gewinn gebracht hatte. In einem Willkürstaat lohnt es sich immer, sich unmittelbar an die Herrschenden zu wenden. Viele der Schauspieler, die bei Goebbels vorstellig wurden, klagten über »Steuersorgen«. Und sehr oft notierte Goebbels, er habe helfen können.

Kraft durch Freude am Gugelhupf

Der Kampf Schmeling gegen Neusel wurde mit einem irrwitzigen Aufwand betrieben. Boxpromoter Walter Rothenburg, ein Mann, der eine bewegte Vergangenheit als Seefahrer hinter sich hatte, spann die Fäden. Er brauchte lange, um Walter Neusels Manager für den Kampf zu begeistern. Dieser Manager war – Paul Damski. Er hatte kurz nach Hitlers Machtübernahme Deutschland verlassen und managte Walter Neusel seit einigen Jahren auch in Amerika mit Erfolg. Die Amerikaner nannten Neusel den »blonden Tiger«. Für 50 000 Reichsmark wollte er gerne gegen Schmeling kämpfen, doch Damski war dagegen. Auf Neusels Weg nach oben muß es zwischen Damski und Schmeling Unstimmigkeiten gegeben haben: »Und jetzt gegen Schmeling? Der hat uns auch keine Chance gegeben. Gegen Paolino würden wir boxen, auch gegen Hamas, aber Schmeling? Niemals …!« Schmeling selbst erwähnt davon nichts. Und Rothenburg blieb hartnäckig. Als Damski merkte, daß Neusel auch ohne sein Okay kämpfen würde, gab er nach.

Für die Organisation und Vorbereitung des Kampfes hatte »Wero«, wie Rothenburg genannt wurde, starke Verbündete, die vielleicht auch ein Grund für Damskis Widerstreben waren. Die Einrichtung »Kraft durch Freude« (KdF), die organisatorisch zur Deutschen Arbeitsfront (DAF) gehörte, ergriff die Chance, aus dem Hamburger Kampf ein Massenereignis zu machen. Für Gäste aus Berlin etwa machte man einen Schnäppchenpreis: Fahrt, Mittagessen, Eintritt und sogar ein Ausflug nach Blankenese für nur 13 Mark. In seiner Lebensgeschichte *Kampf um Meister und Millionen* erzählt Walter Rothenburg von fanatisierten jungen Männern, die aus Köln mit dem Fahrrad anreisten und denen er ebenso wie allen, die zu Fuß aus allen Ecken Deutschlands anmarschiert kamen, kostenlose Eintrittskarten zugesichert hatte. Auf diese Weise füllte er die rasch zusammengezimmerten 111 000 Plätze mit immerhin 97 000 Zuschauern. Erich Rüdiger, Boxsport-Bonze, nutzte die Minuten vor dem Kampf zu einer kleinen Ansprache. In eben diesem Augenblick, teilte er mit, träfen vor Adolf Hitler auf dem Ehrenbreitstein die Endstafetten der 170 000 deutschen Läufer ein, die »aus allen deutschen Gauen die Saar-Treuekundgebung zum Rhein getragen« hätten. Ein dreifaches Sieg-Heil brauste auf, erinnert sich Hans Leip.

Rothenburgs Ziel war es, einen »Keil in Amerikas Box-Vorherrschaft zu treiben«. Schmeling besiegte Neusel durch technischen K. o. in der neunten Runde; unmittelbar nach dem Gong nahm Ringrichter Pippow den erledigten »Tiger« aus dem Ring. Knuth erinnert sich noch Jahrzehnte später voller Begeisterung daran, wie er als Zuschauer »den Kopf von Neusel hochschnalzen sah«. Paul Damski konnte das nicht sehen. Aus Furcht vor der Gestapo war er in Paris geblieben, schreibt Schmeling. Für Schmeling bedeutete der Sieg über Neusel ein Comeback. Die Gigantomanie des sportlichen Ereignisses hatte Sonderkorrespondenten aus aller Welt angelockt, die die Kunde von seiner wiedererwachten Schlagkraft überall verbreiteten. In *Hallo Max!* wurde auf Bilder dieses Schmeling-Kampfes und der beiden darauffolgenden verzichtet. Es ist anzunehmen, daß man dem deutschen Publikum der sechziger Jahre die Hakenkreuzbeflaggung doch ersparen wollte. So griff auch Robert Hess 1963 in seiner Boxsportgeschichte zu grotesken Formulierungen: »Und da ist noch etwas. In Deutschland schwingt Hitler das Zepter der Diktatur.« Manchmal machte man es Schmeling so leicht wie sich selbst.

Anny Ondra war derweil in Prag. Sie drehte *Polenblut*. Schon wieder ein Operettenstoff. Sehenswert sind nur Anny Ondra und Hans Moser. Anny Ondra hatte schon während der Dreharbeiten gespürt, wie abgestanden die ganze Geschichte war. Von Hans Leip ist zu erfahren, die Zweifel an dem Projekt hätten die Schauspielerin sogar krank gemacht und ihr die Stimme geraubt. Eine andere Sängerin sei für Anny Ondra eingesprungen. Das war schade, denn sie hatte eine klare, angenehme Singstimme; die Schlager aus ihrem jeweils letzten Film wurden überall gespielt.

Polenblut erhielt mäßige Kritiken. Anny Ondra mimt die polnische Landfrau, die das heruntergewirtschaftete Gut eines benachbarten Grafen wieder auf Vordermann bringt, und marschiert in Landestracht herum wie ein niedliches Püppchen. Dieses putzige Bild wird nur noch von der Einstellung übertroffen, in der Anny Ondra im Chor der Landarbeiter als singende Kitschmadonna vorgeführt wird. Schwulst ohne Ende und ein Held mit Bauchansatz, der sich aufführt wie der Prototyp des arroganten Herrenmenschen. Fast wie ein Kotau vor dem von oben verordneten zupackenden Zukunftsoptimismus von 1934 muten die Bilder von blühenden polnischen Landschaften an, die Lamač zeigt, sobald Anny Ondra als Helena ihr segensreiches Werk auf Gut Krasnowola beginnt. Die wenigen komischen Szenen wirken wie Fremdkörper in dem tranig-schweren Stoff.

Nach Schmelings Sieg über Walter Neusel und Anny Ondras und Karel Lamačs Verirrungen ins Operettige besannen sich Karel Lamač und Hans H. Zerlett endlich auf das Kapital, das sie da in Händen hielten. Auf Max und Anny pur. Zerlett schrieb das Drehbuch zu *Knock-out,* und Max Schmeling schien seinem 1930 öffentlich bekundeten Vorsatz, Schauspieler werden zu wollen, wieder ein Stück näher zu rücken. In *Knock-out* spielt er einen Oberbeleuchter in einem Revuetheater, der während einer Schlägerei – für die sich Paul Samson-Körner der Ondra-Lamač-Produktion zur Verfügung stellte! – von einem Boxmanager entdeckt wird und fortan als Max Schmeling Karriere macht. Anny Ondra ist die Sekretärin Marianne Plümke, die versehentlich auf die Bühne stolpert, später zum Streitobjekt zwischen Schmeling und Samson-Körner wird und schließlich mit dem jungen Boxtalent ein Happy-End erlebt. Schmeling war begeistert von der Idee, und er erzählte jedem Reporter, der am Set auftauchte, er habe sich für den Beruf seiner Frau immer viel mehr interessiert als sie sich für seinen. Anny Ondra habe ihn noch nie kämpfen sehen.

Das änderte sich mit diesem Film, denn als Marianne hat Anny Ondra in den Schlußszenen Schmeling heftig anzufeuern. Sie wandte die Augen vor allem auch deshalb niemals von Max

Schmeling ab, weil sie in ihren eigenen drehfreien Minuten dem Kameramann wie ein Schatten folgte und mit einer Schmalfilmkamera selbst alles für das Schmelingsche Heimkino aufnahm.

Max Schmeling agiert in diesem Film, der entgegen seinen Hoffnungen sein letzter großer Auftritt als Schauspieler bleiben sollte, von schüchtern über natürlich bis unfreiwillig komisch. Sein erster Auftritt gehört zur letzten Kategorie. Als Beleuchter bringt er den jungen Tänzerinnen eine neue Glühbirne in die Garderobe, und so unfreundlich die sonst jeden Unbefugten hinauswerfen, so begeistert und einstimmig bitten sie den Beleuchter Max herein. Er singt dabei: »Ja, ich bringe die neueste Birne hier/in diesem Falle bin ich immer Kavalier.« Die Mädchen gakkern vor Vergnügen, und Schmeling bewältigt den Auftritt mit solch ernsthaftem Eifer, daß es wirklich komisch ist. Ein sagenhaft törichter Beleuchter. Man muß sich solche Szenen vor Augen führen, um sich klar zu machen, daß es dieser junge Mann von achtundzwanzig Jahren mit der naiven Ausstrahlung war, der sich zwar geschäftlich nicht über den Tisch ziehen ließ, der dann aber naiv oder wichtigtuerisch und sicher auch stolz auf seine »tollen Beziehungen« zu Hitler ins Büro marschierte, wenn er das für geboten hielt.

Im Film hat er noch die Anfechtungen einer jungen Dame zu überstehen, die ihm vom Konkurrenten seines Managers auf den Hals gehetzt worden war, bevor er Anny in seinen starken Armen ins glückliche Ende schleppen darf. Berühmt die kleine Szene, in der die beiden in einen Streit geraten und Anny Max mit zierlichen Händen zu boxen beginnt. Die Schläge prasseln in sein Gesicht. »Schöööön!« strahlt und seufzt er und läßt den Hagel weiter über sich ergehen, ganz so, als genieße er eine Massage. Das ist rührend und hübsch und dürfte dem Publikum bestens gefallen haben, das in allgemeiner Übereinstimmung auf die Frage nach dem beliebtesten deutschen Ehepaar in jenen Jahren zweifelsohne Anny und Max die Krone überreicht hätte. Der Schriftsteller Hans Leip hatte ihnen just in diesem Jahr ein literarisches Denkmal errichtet, eine Auftragsarbeit, die er zunächst als Serie für die Hamburger Illustrierte geschrieben hatte.

»Die Literaturpäpste haben mir's übelgenommen, spätere Biographen tankten daraus«, spottet er 1979 in seinen Erinnerungen. Da ist Max Schmeling für ihn nur noch der »an sich gefällige und clevere Ringstar«.

Drei Tage nach der Premiere von *Knock-out* im Berliner Atrium am 1. März 1935 wurde Lída Baarovás erster deutscher Film uraufgeführt. In *Barcarole* ist sie die große Liebe von Gustav Fröhlich, der sie im wirklichen Leben gleich am ersten Tag der Dreharbeiten verführte. Da war er allerdings noch mit Joe Jacobs' Schwarm Gitta Alpar verheiratet; sie hatte Deutschland aber sofort nach der Machtergreifung der Nazis Richtung Schweiz verlassen.

Am 10. März 1935 hatte Max Schmeling seinen nächsten Kampf: In Hamburg besiegte er Steve Hamas durch technischen K. o. in der neunten Runde. Ein Jahr zuvor hatte Deutschland bei Schmelings Niederlage gegen Hamas in Philadelphia noch gedichtet: »Hamas – da hammer's!« Auch für das neue Großereignis hatte sich Walter Rothenburg heftig engagiert: In nur zweiundvierzig Tagen ließ er eigens für diesen Kampf die Hanseatenhalle bauen, die Platz für 25 000 Zuschauer bot. Schon nach der siebten Runde wollten Hamas' Betreuer ihren Mann aus dem Ring nehmen, doch Hamas protestierte. Er protestierte auch in der neunten Runde, doch der belgische Schiedsrichter Faloney zog ihn trotzdem aus dem Gefecht. Hamas soll danach nicht wieder in den Ring zurückgekehrt sein.

In Amerika sorgte der Kampf für große Aufregung. Nicht wegen des Ergebnisses. So bedeutend war der Status von Steve Hamas nicht. Doch am Ende sangen 25 000 Zuschauer das Deutschlandlied – die Hand zum Hitlergruß erhoben. Joe Jacobs, Schmelings jüdischer Manager, den Schmeling kurz zuvor nur noch mit Mühe im Hotel Bristol hatte unterbringen können – »Juden unerwünscht« – wußte nicht, wie ihm geschah, und mußte nolens volens ebenfalls die Hand erheben. Natürlich wurde ihm das von jüdischen Amerikanern verübelt. Jacobs gab an, er habe in Wirklichkeit nur seine unvermeidliche Zigarre in die Luft gehalten. Vielleicht hätten ihm seine amerikanischen Kritiker schneller verziehen, wenn sie geahnt hätten, daß Schmeling wegen dieser Zigarre zum Reichssportführer Hans von Tschammer und Osten zitiert wurde. Auf dessen Schreibtisch lagen die Fotos von Joe Jacobs samt Zigarre. Tschammer verlangte von Schmeling, seinen Umgang sorgfältiger auszuwählen. Schmeling solle ans Alter denken. Wenn er erst einmal verbraucht sei, könne er allenfalls noch in Deutschland als Trainer arbeiten, in Amerika krähe dann kein Hahn mehr nach ihm. Schmeling brachte ein Argument vor, das Beamte – gleich auf welcher Stufe der Hierarchie sie stehen – von Freiberuflern nie gerne hören: »Ich hoffe, Herr Reichssportführer, im Alter von meinen Börsen und Ersparnissen leben zu können.« Als er Tschammer auf dessen Nachfrage die freudige Mitteilung machen konnte, für den Kampf gegen Sharkey eine Million bekommen zu haben, bricht Tschammer das Gespräch wütend ab. Es hatte ihm die Sprache verschlagen.

Eigentlich hatte der Reichssportführer von Schmeling verlangen wollen, Joe Jacobs als seinen Manager zu entlassen. Er tat dies wenige Tage später schriftlich. Schmeling fiel nur eine Lösung ein: Hitler. Der lud ihn zum Tee und bestand darauf, daß Anny Ondra ihren Mann begleitete. In *8–9-aus!* behauptet Schmeling ja noch, Anny sei über diese Einladung erschrocken gewesen. Sie, eine Tschechin, gehe da bestimmt nicht hin. Wollte Schmeling damals noch die Legende von der unerwünschten Tschechin weiterspinnen, die in Deutschland nur ungern gelitten war? Zu Stanley Weston, der über Jahrzehnte der Herausgeber von *The Ring* war, sagte Schmeling: »Jedermann weiß, daß die Nazis die Tschechen genauso haßten wie die Juden.« Etwas, das man nur einem Amerikaner gegenüber behaupten konnte?

In seinen *Erinnerungen* ist von all dem nichts zu lesen. Anny Ondra läßt sich in dieser Version nur noch von der Frau des Fotografen Hoffmann beraten, der schon die Autofahrt in Bayern vermittelt hatte. Was sollte sie anziehen zum Tee bei Hitler? Frau Hoffmann empfiehlt modisch eleganten Schick.

Das folgende Gespräch ging in die Schmeling-Annalen als »Gugelhupfstunde« ein. Hitler begrüßte Anny Ondra mit einem Handkuß und war glücklich, als er in ihr eine Teefreundin entdeckte. War es Eifersucht oder Trotz, der Schmeling darauf beharren ließ, Kaffee zu bestellen? Fast ein bißchen stolz erinnert er sich: »Ich störte diese Übereinstimmung mit dem Satz: ›Ich bin ein leidenschaftlicher Kaffeetrinker!‹« Ein Diener rollte den Teewagen heran und bot Kuchen an. Anny Ondra hatte sich sofort entschieden: »Gugelhupf!« Hitler war entzückt. Das Wort habe er schon so lange nicht gehört. Ob Anny Ondra aus Wien komme, will er wissen. Smalltalkgeplapper? Hitler wußte sicher ganz genau, woher Anny Ondra kam. Die Auskunft »Prag« brachte ihn dann vollends zum Träumen. »Das schöne alte deutsche Prag«, wiederholte er mehrmals. Wieder könnte man glauben, Schmeling sei eifersüchtig gewesen. Es gefiel ihm eindeutig nicht, an zweiter Stelle von Hitlers Interesse zu stehen: »Leicht vergrätzt saß ich dabei, während von Gugelhupf, Prag und dem schönen Böhmen geredet wurde. In Wirklichkeit ging es doch weiß Gott um Wichtigeres.« Um Max Schmeling nämlich. Und dann auch noch um Joe Jacobs.

Schmeling ergreift also das Wort und monologisiert vor dem immer unfreundlicher dreinblickenden Hitler über das Thema Joe Jacobs. Hitler antwortet nicht. Schmeling redet, Hitler schweigt. Dann schweigen alle. Bis Hitler sich wieder an Anny Ondra wendet: »Gugelhupf! Ich hatte das Wort fast vergessen. Schön, daß Sie mich wieder darauf gebracht haben.« Schließlich entließ er seine Gäste. Schmeling beschloß, Tschammer gar nicht erst zu antworten, und behielt Joe Jacobs bis zu dessen Tod 1939. Der Reichssportführer aber war nachtragend. Schmeling sollte seine Widerborstigkeit noch büßen.

Während Schmeling in Hamburg Hamas schlug, drehte Anny Ondra in München mit flatternden Nerven ihren neuen Film *Großreinemachen* nach dem Theaterstück *Jenny comes across* von Lawrence Huxley. Einem Reporter erklärte sie: »Ich bin schwach wie eine Fliege, denn ich habe tagelang vor dem Kampf fast nichts gegessen, so aufgeregt war ich. Den Kampf selbst erlebte ich vor dem Lautsprecher des Hotels. Ich bin sehr glücklich über den Sieg, den mein Mann errungen hat.« Sie selbst errang einen noch viel größeren. Nach der Drögheit von *Klein Dorrit* und *Polenblut* und dem allenfalls als Familienunternehmen interessanten *Knock-out* spielte sie endlich wieder in einer ordentlich konstruierten Komödie. Vor allem Fritz Odemar, der oft in Ondra-Lamač-Filmen mitspielte, glänzt in diesem Film, zwar wieder nur in einer Dienerrolle, aber seine unterkühlte Art macht auch aus den banalsten Redensarten ein komisches Ereignis.

Die Geschichte handelt von einem Hallodri (Wolf Albach-Retty auf den hübschen Leib geschrieben), den Bessie, die resolute Chefin einer Reinigungsfirma (Anny Ondra in totschicker Latzhose), zu einem wertvollen Mitglied der Gesellschaft macht. Robert Cox heißt der Filou, den Bessie von ganz anderen Fehlern »säubern« muß, als sie zunächst glaubt. Sie hält ihn für einen Kriminellen, nachdem sie ihn in einer Privatwohnung im Diebesoutfit an der Schnapsvitrine erwischt hat. Doch Cox hatte sich nur für einen Lumpenball verkleidet. Ein Lump ist er allein in erotischer Hinsicht.

Während Bessie von der Firma Blitzblank meint, sie müsse dem Gestrauchelten eine neue Chance geben und den vermeintlichen Einbrecher einstellt, befreit sie ihn bei ihrem ersten Besuch in seiner eigenen Wohnung, die sie mit ihrem neuen Angestellten putzen soll, unwissentlich von seiner erotischen Vergangenheit. Sie weiß ja nicht, daß dieser Wohnungsinhaber wiederum mit ihrem neuen Angestellten identisch ist und geht mit ihm rigoros Beutestücke früherer erotischer Streifzüge durch. Daß seine Vergangenheit auf brüchigem Boden stand und nicht alle seine Trophäen wirklich wertvoll sind, bringt sie ihm so ganz unter der Hand bei. Eine Locke, von einer stolzen Haarpracht für den Liebsten geopfert? Von wegen! »Eine Frisörlocke«, sagt Bessie-Anny Ondra verächtlich.

In diesem Film ist es die Frau, die den Mann zwingt, sich zu ändern und zu läutern. Sie ist berufstätig und stark und kann ihm helfen. Was hier als harmlose Spielerei erscheint, die es der

Frau noch gestattet, auf ihren Putzbürsten wie auf Schlittschuhen einen eleganten Tanz aufs Parkett zu legen, wird bald gesellschaftliche Notwenigkeit.

Mit Feuereifer macht sich der Diener des zu Heilenden daran, das Fegefeuer für seinen Herrn angemessen zu gestalten. Aber es geht nicht ohne Anleitung. Für die Frau muß das Ausmaß der Katastrophe ins Maßlose gesteigert werden, damit ihr der Phönix aus der Asche um so begehrenswerter erscheint. Der Diener soll die Wohnung in einen schrecklichen Saustall verwandeln. Fritz Odemar ist ratlos. »Mist? Wir haben keinen!« – »Kaufen Sie welchen!« – »Wo kauft man Mist?« Der Diener ist über diesen neuen Lauf der Dinge zunächst verzweifelt. Er ist es gewöhnt, Blumen und Pralinen zu besorgen, die Bilder der nicht mehr aktuellen Damen in Schubladen verschwinden zu lassen und sich auf diese Weise des »Mists« zu entledigen. Aber veritabler Mist?! Er geht es langsam an und zupft befremdet die Blätter von einem Tulpenstrauß ab, um sie einzeln und grazil in die Luft zu werfen. Dann wird er mutiger und schüttet sogar das Blumenwasser aus. Am Schluß ist das Chaos perfekt.

Der Vater seines Herrn, Cox senior, kommt dazu: »Was machen Sie denn da?« – »Unordnung! Tohuwabohu!« – »Warum denn?« – »Ich weiß es nicht!« sagt der Diener. Er hätte auch antworten können, »auf Befehl meines Herrn«, doch er hat begriffen, daß es um höhere Kategorien geht, auch wenn er sie noch nicht benennen kann. Beim nächsten Besuch von Bessies Putzkolonne scheint er sich selbst zu übertreffen: »Für den Salon wollte ich diesmal Blumenerde nehmen.«

Am Ende stehen alle Männer mit Besen und Schaufel da, nur um bei Bessie Punkte zu machen. Dreck am Stecken? »Bringen Sie mir Besen und Eimer! Ich muß putzen!« frohlockt Cox senior. »Das ist eine Epidemie!« stöhnt der Diener. Zum grandiosen Kehraus erscheint die Polizei und möchte vom Diener die Identität seines Herrn bestätigt haben. Der streitet alles ab. Ob er wahnsinnig geworden sei, will sein Herr wissen. »Ich nicht! Ich nicht!« weint Fritz Odemar fast, dem die Reinlichkeit allmählich über den Kopf wächst. Das hat sogar einen kleinen Lubitsch-

Touch. Anny Ondra bleibt jedoch ein wenig in ihrer Rolle gefangen. Abgesehen von dem Bürstenlauf bleibt ihr kein Raum, ihre Widerborstigkeit auszuleben, da sie diesmal die Tugend verkörpert. Unfreiheit ist der Preis, den sie für die Erziehung des Mannes zahlen muß.

Für die Stimmung in dieser Zeit findet Max Schmeling ungewöhnlich deutliche Worte. Die Roxy-Bar von Heinz Ditgens galt ihm und anderen Prominenten schon immer als »Vermißten-Zentrale«. Wenn man einen aus der Runde nicht zu Hause antraf, sei der mit größter Wahrscheinlichkeit im Roxy zu finden gewesen. Doch das Wort bekam eine neue Bedeutung. Roxy-Wirt Ditgens wurde zur Auskunftszentrale. Er konnte als erster erzählen, daß Flechtheim emigriert war und Ossietzky im Konzentrationslager saß; »KL« habe man die Lager im Roxy genannt. »Nach dem Kriege haben viele in einer vielleicht unbewußten Selbsttäuschung behauptet, sie hätten von alledem nichts gewußt. In Wahrheit haben wir alle gewußt. Daß es in Deutschland Konzentrationslager gab, war kein Geheimnis.« Und Max Schmeling gibt auch zu, er habe »in gewisser Weise« zu denen gehört, »die von der Aufbruchstimmung sowie von den Erfolgen des Regimes im Innern wie nach außen beeindruckt waren«. Bei den ersten Luftschutzübungen am 19. und 21. März 1935 in Berlin war Schmeling dann jedoch nicht der einzige, dem unheimlich zumute war.

Der 7. Juli bescherte Max Schmeling nicht nur einen vertrauten Gegner, Paolino Uczudun nämlich, sondern auch die Berliner Obrigkeit. Die Reichshauptstadt hatte mit der Schirmherrschaft auch die Garantie für die Börsen übernommen, nachdem der Veranstalter Fritz Rolauf dazu nicht in der Lage war. Staatskommissar Julius Lippert zahlte Paolino dessen Anteil von 35 000 Mark schon vor dem Kampf aus, Schmeling blieb er den Anteil schuldig. Rolauf hatte es nicht wie Rothenburg verstanden, die Massen für den Kampf zu mobilisieren, die Besucher waren ausgeblieben – kein Geld in der Kasse. Lippert und die Stadt zierten sich, bis Schmeling Klage gegen die Stadt und den preußischen

Staat erhob. Seine Freunde schüttelten den Kopf. Doch die Beklagten gaben nach. Einen Skandal mit Schmeling, für den der Kampf nur ein Lückenfüller vor seiner Rückkehr auf den amerikanischen Boxmarkt gewesen war, wollte man doch nicht provozieren.

Für Anny Ondra riskierte ihr Team aus Schreiber Hans Zerlett, Kameramann Otto Heller und »Spielleiter« Karel Lamač wieder einmal nichts. *Der junge Graf* wurde eher höflich aufgenommen, »die grausig altertümliche Fabel« enttäuschte selbst Ondras hartnäckigste Verehrer. Da half nicht einmal Fritz Odemars trockener Humor. Ein paar hübsche Zirkusnummern und einige komische Verfolgungsjagden, Gespenster inklusive, retten den Film nicht. Eine zusätzliche Härte sind die Männerklamotten, die Anny Ondra etwa während eines Drittels des Films tragen muß – Anny Ondra war einfach nicht der Typ dafür, mochte sie noch so sportlich sein. Plumpe Scherze auf Kosten der Frauen werfen ihre drohenden Schatten voraus. Hans Söhnker als Lehrer des vermeintlichen Grafenenkels behauptet, Frauenhirne seien leichter als Männerhirne, und obwohl Anny Ondra vehement widerspricht, neigt sie doch in der nächsten stillen Minute brav ihr Haupt zur Seite und legt es auf eine Briefwaage. Den ganzen Film lang unkorrigiert bleibt Söhnkers Ansicht, nette Frauen dürften ruhig dumm sein. Nett, nicht schön, anpassungsfreudig und nicht widerspenstig. Dem Typ Ondra werden schon die Krallen gestutzt. Die Uraufführung des Films fand am 9. Dezember 1935 statt. Zwölf Tage später nahm sich Tucholsky im schwedischen Exil das Leben. In entspannteren Zeiten hatte Tucholsky gewitzelt: »Wir brauchen einen Diktator wie Max Schmeling.«

In jenem Dezember hielt sich Schmeling mit Max Machon in New York auf, wo er Joe Louis in seinem Kampf mit Paolino Uczudun studieren wollte; von Kurt Tucholskys Selbstmord hörte er erst nach seiner Rückkehr aus Amerika bei seinem ersten Routinebesuch in der Roxy-Bar. Ob Schmeling aber die Gelegenheit nutzte, sich am 1. Dezember in New York den K. o.-Sieg seines jüdischen (Exil-)Kollegen Erich Seelig über Mickey Walker anzusehen, ist nicht bekannt.

Er hatte jedoch einen neuen Auftrag Adolf Hitlers in der Tasche. Der Präsident des deutschen olympischen Komitees habe ihn gebeten, auf Avery Brundage und die Presse einzuwirken, Amerika möge an den Olympischen Spielen in Deutschland 1936 teilnehmen. In den sechziger Jahren erzählt Schmeling die Geschichte noch ganz frei: Er habe Theodor von Lewald gesagt, man brauche ihn gar nicht zu schicken, seine Hilfe sei doch selbstverständlich. Schmeling schildert einen nachdenklichen Avery Brundage, der ihm Fotos von antijüdischen Ausschreitungen vorlegt. Schmeling verbürgt sich für die Sicherheit der jüdischen und schwarzen Athleten. 1977 gesteht er grenzenlose Naivität ein: »Keine Zusage, kein Versprechen konnte Hitler daran hindern ...« – mit diesen Athleten nach Belieben zu verfahren, führt man den Satz beim Lesen automatisch zu Ende, doch Schmeling schreibt: »... mich zu desavouieren.« Daran natürlich auch nicht!

In der amerikanischen Öffentlichkeit äußert sich Brundage schon am 5. Oktober 1935 äußerst Nazi-freundlich:

»Wir können viel von Deutschland lernen. Deutschland hat sich aus der Mutlosigkeit von 1930 zu einem Geist neuen Selbstvertrauens weiterentwickelt. Die Frage war, ob eine laut schreiende Minderheit, die bestens organisiert und finanziert war, einem Volk von 120 Millionen ihren Willen aufzwingen konnte.«

Mit der Einwohnerzahl vergriff er sich, mit der »laut schreienden Minderheit« meinte Brundage die Juden. Politisch unsensible Sätze, interpretiert Jeffrey T. Sammons seinen Fund aus der *New York Times*, die den europäischen Juden den Eindruck vermitteln mußten, Amerika halte ihre Probleme für reine Einbildung. Jede Interessengruppe hatte eigene Gewährsleute: Kinogänger hörten beispielsweise von Mary Pickford nach deren Besuch in Deutschland, Hitler sei ein toller Kerl. Alles sei ganz wunderbar in Deutschland. Das war allerdings erst 1938. Pickford-Biographin Eileen Whitfield erwähnt auch, daß Mary Pickford den Filmtycoon Sam Goldwyn hinter seinem Rücken »Shylock« nannte. Erst als ihrer Kollegin Carmel Myers bei anderen antisemitischen Äußerungen der Kragen platzte, kam Pickford zur Besinnung und schwenkte ins Gegenteil um: Für jüdische Belange ging die ehemalige Mussolini-Begeisterte mit ihren Spenden von da an bis an die Schmerzgrenze.

Doch größeres öffentliches Aufsehen als seine Intervention zugunsten der Olympischen Spiele in Deutschland (für die Autoren Achim Laude und Wolfgang Bausch stellt sich Schmelings Mission allerdings so nebensächlich dar, daß sie sie in ihrem höchst aufschlußreichen Buch über den Generalsekretär des olympischen Organisationskomitees Carl Diem nicht einmal erwähnen) erregte Max Schmelings Kommentar zu Joe Louis: »Joe Louis hat noch viel zu lernen! Manchmal wirkt er wie ein Amateur und macht Fehler, die er sich im Kampf nicht leisten darf.« Dieser Satz schlug hohe Wellen, die zur Sturmflut anwuchsen, als Schmeling in den kommenden Monaten noch eins draufsetzte: »Ich habe etwas gesehen – I have seen something«, zitierten ihn sämtliche amerikanische Zeitungen.

Schmeling bereitete sich generalstabsmäßig auf den Kampf mit Louis vor. Er hatte eine Unmenge von Kampffilmen seines Kontrahenten mitgenommen, die er genauestens studierte. Mit Hilfe dieser Filme, die er auf Zeitlupe umkopieren ließ und unzählige Male ansah, hatte er einen regelmäßig wiederkehrenden Fauxpas von Joe Louis entdeckt: Jedes Mal, wenn Louis seine kurzen, heftigen Haken schlug, oft zwei oder drei hintereinander, ließ er im Anschluß daran seinen linken Arm für den Bruchteil einer Sekunde fallen, eine kaum merkliche Körperreaktion, die Schmeling vor allem dadurch herausfand, daß er die Filme rückwärts laufen ließ und so den Schlag von seiner Wirkung zum Entstehen zurückverfolgte. Sobald aber der linke Arm gesunken war, stand die linke Gesichtshälfte einen Augenblick lang für Schmelings gefürchtete rechte Gerade offen.

»Ich habe etwas gesehen« – mit diesem Versprechen verabschiedete sich Schmeling im April 1936 von seinen Anhängern in Deutschland, um in Napanoch bei New York sein Training zu beginnen. Er verabschiedete sich auch von Goebbels, der am 15. April in sein Tagebuch schrieb:

»Nachher noch lange mit Gräfin Helldorf und Schmelings. Schmelings sind ganz aufgetan und erzählen von ihrem Leben und Treiben. Beide nette Leute. Er fährt nach Amerika, um mit Louis zu boxen. Alles Gute!«

Zwei Triumphe: *Donogoo Tonka* und Joe Louis

Während Max Schmeling sich innerlich nur noch mit Joe Louis auseinandersetzte, beendete Anny Ondra die Dreharbeiten zu einem ihrer besten Filme. Sie war Karel Lamač entkommen und konnte mit Reinhold Schünzel – Schmelings Regisseur bei *Liebe im Ring* – dessen drittletzten Film drehen, bevor Schünzel Deutschland anderthalb Jahre später verließ. Letzter Anlaß für den Gang ins Exil war Schünzels subversives *Land der Liebe,* mit dem er Goebbels absichtsvoll und endgültig zur Weißglut getrieben hatte; Koautor dieses Drehbuchs war übrigens Curt Goetz.

Das Skript zu *Donogoo Tonka* schrieb Reinhold Schünzel nach dem gleichnamigen kleinen Werk von Jules Romains, in dem allerdings Anny Ondras Rolle der Josette überhaupt nicht vorkommt. Jules Romains nennt seine 1920 auch in Deutschland veröffentlichte *Filmgeschichte* im Untertitel *Die Wunder der Wissenschaft,* und wie ein bizarres wissenschaftliches Experiment ist der Plot auch angelegt.

Ihren Partner für diesen Film entdeckte Anny Ondra selbst: Eine alte Prager Probeaufnahme von Viktor Staal landete zufällig bei der Ufa, wo Anny Ondra und Reinhold Schünzel nach dem Helden Pierre Ausschau hielten. So will es jedenfalls die Legende. Viktor Staal entpuppte sich als adäquater Partner. In dem flirrenden Handlungsgewebe war der verträumt wirkende Leinwandneuling genau der Richtige, um auch in Anny Ondra ein ganz neues Element wachzurufen, das Regisseur Karel Lamač, der vor allem die erdverbundene Komik der Ondra betonte, bislang vernachlässigt hatte. Der Film funktioniert mit der Logik eines Traums. Anny Ondra und Viktor Staal als Josette und Pierre stolpern in die Begegnung mit einem Professor hinein, der vor Jahren für eine wissenschaftliche Veröffentlichung ein von Goldschätzen nur so überfließendes Land namens Donogoo Tonka erfand und deswegen von einem Erpresser immer wieder belästigt wird. Am Ende entsteht Donogoo Tonka wirklich – nicht durch die normative Kraft des Faktischen, sondern durch die faktische Überrumpelung der Wirklichkeit von der Phantasie. Schünzel spart keine Mühen: Wie eine Veräppelung des welterobernden »Am-deutschen-Wesen-soll-die-Welt-genesen« wirken die Szenen, in denen tüchtige Auswanderer binnen kürzester Frist eine Stadt aus dem Boden stampfen, Leitungen und Eisenbahnschienen legen sowie eine Feuerwehr gründen. Ein Staatswesen vom Feinsten, deutscher Schäferhund inklusive. Die Auswanderer stammen wohlgemerkt aus Paris und haben in ihren Reihen die treudeutschen Gesichter von Beppo Brem und Rudolf Platte. Hätte Schünzel am 29. Januar 1936 einen Blick in Goebbels' Tagebuch werfen können, hätte er triumphieren können: »Abends Film. ›Donogoo Tonka‹ mit der Ondra. Eine lustige Sache. Mit ernstem Hintergrund.« Es hatte geklappt!

Schwebend beginnt die Geschichte, deren Hauptakteure sich zunächst umkreisen, als würden sie einander gar nicht kennen. Woher Josette und Pierre kommen, erfahren wir nicht. Der Zuschauer sieht sie nie zu Hause, sondern lernt sie über ihre Träume kennen. Bitterarm sind sie, fabulieren sich aber eine große Hochzeit zusammen, die Schünzel dem Publikum nicht vorenthält: Ein herrlich gekleidetes Paar schreitet feierlich eine Kirchentreppe hinab. »Sieh nur die schöne Braut! Der schöne Mann!« würden die Leute sagen.

Doch zwischendurch streiten die beiden immer wieder ein bißchen. Darüber, wann Pierre endlich »in der Arbeit drin« sei, was die unabdingbare Voraussetzung für die Hochzeit ist, und darüber, ob man nach Ägypten schwimmen könne, wenn man in die Seine springe. Pierre steigt auf das Brückengeländer, Josette will ihn herunterziehen; beim schwerblütigen Romains war das noch ein echter Selbstmordgedanke, Schünzel nimmt die Herumhampelei auf der Brückenbrüstung als Einstieg in das Spiel. Ein zufällig vorbeikommender Arzt für »Biometrische Psychotherapie« nimmt kurzerhand beide zur Suizidprävention mit in seine Praxis.

Nun geht alles Schlag auf Schlag: die merkwürdige medizinische Untersuchung, die Streitereien der beiden, die selbst unter den bedrohlichen Hauben weitergehen, die sie zur Gehirnanalyse aufsetzen müssen, die dringende Empfehlung des Arztes, zur türkischen Moschee zu gehen und sich in die Hände des ersten Mannes zu begeben, der von Osten käme und sich die Nase putze – eins folgt aus dem anderen.

Mit der trivialen Schneuzpointe verabschiedet sich Schünzel einmal mehr vom Ernst der Vorlage und führt jede Art hochtrabender Unkerei ad absurdum. Kaum sind die Liebenden aus der Obhut des Arztes entlassen, streiten sie sich schon wieder. Eine Frage, die im Dritten Reich jedes Kind im Schlaf hätte beantworten können, beschäftigt sie nachdrücklich: Wo ist Osten?

Noch ein paar Mal wird Schünzel politisch frech. Als Josette und Pierre bei dem bankrotten Bankdirektor landen, dessen Rettung sie so sehr sind wie er die ihre, erkennt der gerissene Mann blitzschnell und träumerisch seine Chance: »Eine Stadt gründen … ein Einfall – so weiblich … so unbeschwert!« Ganz nebenbei kriegen auch die Franzosen ihr Fett weg: »Ich bin die wiederauferstandene Johanna von Orleans!« verkündet Josette. (Mit Renée St. Cyr in der Hauptrolle stellte Schünzel auch eine französische Version her, was immerhin Ende 1935 noch möglich war.) Und im jungen Stadt-Staat Donogoo Tonka ist der Wirt Rudolf Platte irritiert, als nach ersten, inzwischen gar nicht mehr erwarteten Goldfunden ein Aufruhr durch das Volk geht: »Revolution? Jetzt schon!?«

Schünzel ist es zu danken, daß Anny Ondra modern und komisch ist wie lange nicht. Die Infantilität, die Lamač an Frauen offenbar bevorzugte, ist völlig von ihr abgefallen. Die komische Diskrepanz zwischen der Bewältigung einer idiotischen Pflicht und dem Selbstbewußtsein einer schönen Frau bewältigt sie mühelos. Voller Begeisterung über die vom Arzt gestellte Aufgabe watschelt sie dem sich schneuzenden Professor mit vornübergebeugtem Oberkörper und wackelnden Hüften hinterher und macht große Augen, um ihn gleichzeitig von ihrer Harmlosigkeit zu überzeugen. Und schlafwandlerisch streiten sich Pierre und Josette weiter, sobald sie in der Wohnung des Professors sind. Sie vergessen den alten Mann völlig, der sich in der Hand raffinierter Gangster wähnt und die Wohnung fluchtartig verläßt. Da sitzen aber Ondra und Staal alias Josette und Pierre schon wieder schmusend ganz oben im Bücherregal und versöhnen sich. Als sie wieder in die alltägliche Welt hinabsteigen, schimpfen sie sogleich gemeinsam auf den Professor: »So ein Chaos!« Sie haben keine Ahnung, daß sie wild zankend dieses Chaos selbst angerichtet haben, wobei Schünzel den Blick des Zuschauers auf ein ganz besonderes Buch richtet: »Sitten und Gebräuche fremder Völker«. Soviel zum Thema »triviale Tropen« à la Reinhold Schünzel.

Grandios auch die Szene zwischen dem Erpresser (Oskar Sima) und dem Bankdirektor (Aribert Wäscher). Zwei dickliche Typen, die sich an hochintelligenter Schmierigkeit zu übertreffen suchen. Wäscher zu Sima: »Sie sind ein wahrer Prachtmensch. Mit Ihnen kann man Geschäfte machen. Aber nur ganz kleine.« Sima könne für einen guten Vortrag über Donogoo Tonka hundert Francs bekommen, für einen schlechten drei bis vier Jahre. Und dann schubst er Sima mit seinem Fuß, den er auf den Couchtisch gelegt hatte, brutal wieder in den Sessel zurück. Jungunternehmer Pierre kommt dazu. Er begrüßt den Erpresser. »Sie Lump!« – »Sie Lakai!« Bankdirektor Wäscher bleibt sachlich: »Ah, die Herren kennen sich.«

Unvergessen bleibt das Bild Anny Ondras, die mit zauberischer Leichtigkeit ihren bereits nach Südamerika verschwundenen Pierre als Generaldirektorin ersetzt. Die Büroräume sind auf einmal hoch und gläsern wie in einem Märchenschloß, und darin geistert Anny Ondra in einem feengleichen Gewand von Telefon zu Telefon, auf dem Kopf den hohen spitzen Hut der Zauberin. Gute oder böse Fee? Die entscheidende Frage in der Welt der Finanzmärkte und Spekulationen.

Schünzel erlaubt sich diskret von Anny Ondras Unterrock-Nimbus Gebrauch zu machen. Schon auf der Regalsäule in der Bibliothek des Professors gewährt sie einen atemberaubenden Blick auf ihre Beine. Aber das ist nur ein Vorgeschmack: Im Streit mit dem Bankdirektor steigt Josette aus ihrem Kostüm, wirft dem Direktor die neuen Klamotten vor die Füße und rennt in Unterwäsche davon. Er ist hin und weg. »Ein starkes Temperament, herrlich! Nimm Dir ein Beispiel daran«, sagt er hingerissen zu seiner Sekretärin.

Eine kleine Hommage widmete Schünzel seinem alten Hauptdarsteller Max Schmeling: Als frischgebackener Generaldirektor muß sich auch Pierre neu einkleiden und probiert einen großkarierten Anzug an. Der Verkäufer lobt sein sportliches Aussehen. »Wie ein Boxer!« Pierre erschrickt fürchterlich. »Dann zeigen Sie mir lieber etwas Einfaches.«

Schmeling trainierte immer noch in Napanoch, als Anny Ondra schon ihren nächsten Film drehte. Zerlett stand als Drehbuchautor nicht mehr zur Verfügung; von 1936 an arbeitete er, ein enger Freund der Nazigröße Hans Hinkel, vor allem als Regisseur. Hans Hinkel war 1930 Schriftleiter des *Völkischen Beobachters* und seit 1935 einflußreicher Sonderbeauftragter im Reichsministerium für Volksaufklärung und Propaganda. 1937 war Zerlett sogar von Goebbels zum Produktionschef der Tobis-Filmkunst ernannt worden, konnte sich dort aber nicht durchsetzen, berichtet Felix Moeller in seinem Buch über »Filmminister« Goebbels.

Das Drehbuch für *Flitterwochen* – Regie wieder Karel Lamač – schrieb also nicht Zerlett, sondern Franz Rauch und Lamač selbst nach dem Roman *Die gefährliche Ingeborg* von Else von Steinkeller. Ein harmloser Stoff, wären da nicht allzu viele Anklänge an *Der Widerspenstigen Zähmung*. Karsten Witte weist auf die gesellschaftlichen Zusammenhänge hin: Der Arbeitsdienst für Frauen wurde 1937 eingeführt (als Pflicht erst 1940), *Flitterwochen* aber stimmte schon 1936 auf die Rollen dafür ein. Am 2. Juni 1936 notierte Goebbels folgerichtig in seinem Tagebuch: »Und ein Ondra-Film. ›Flitterwochen‹. Viel darüber gelacht. Gute Unterhaltung.« Der Neuentdeckung Karel Lamačs, Robert Dorsay, der sich bis zu diesem Film als Theaterschauspieler und Kabarettist einen Namen gemacht hatte, nützte die Goebbelsche Begeisterung sechs Jahre später gar nichts mehr: Er wurde am 29. Oktober 1943 nach Denunziation »wegen reichsfeindlicher Tätigkeit« hingerichtet.

Auch in diesem Film gab es durchaus komische Szenen. Am witzigsten ist Anny Ondra, wenn sie als Kellnerin ihren eigenen Mann bedienen muß und, um ihre wahre Identität zu verbergen, ganz trotzig bayrischen oder schwyzerdütschen Dialekt zu sprechen versucht. »A klare oder a fette Suppen?« Hochanständig der Hintergrund der einzigen »unsittlichen« Szene des Films: Hans Söhnker öffnet die Tür zu einem Badezimmer und sieht seine Frau Anny Ondra unter der Dusche, doch er erkennt sie nicht: Wie auch, signalisiert das Drehbuch, er hat sie ja noch niemals nackt gesehen, da sie *vor* der Hochzeitsnacht die Flucht ergriff. Anny Ondra ist übrigens viel weniger freizügig als ihr Mann Schmeling in der entsprechenden Nacktszene bei Reinhold Schünzel: Man sieht gerade mal ihre bloße Schulter.

Der Film *Flitterwochen* ist der einzige Ondra-Lamač-Film, der in Goebbels' Tagebuch jemals gelobt wird. Von Lamačs Filmen ohne Ondra kam nur der Sherlock-Holmes-Film *Der Hund von Baskerville* (1936) gut an. Er wurde auch ein Lieblingsfilm Adolf Hitlers. Goebbels ließ nicht einmal Lamačs volkstümlichen Spaß *Im weißen Rößl* gelten. Vielleicht ahnte er etwas vom widerborstigen Element in der Hauptdarstellerin Christl Mardayn, die sich 1941 in Prag durch ein Gespräch mit Reinhard Heydrich, dem stellvertretenden Reichsprotektor von Böhmen und Mähren, unsterblich machte. Ob sie ihm etwas sagen dürfe, fragte sie Heydrich bei einer größeren Festivität. Gastgeber Heydrich erwartete ein Kompliment und ermunterte sie freundlich. »Aber bitte!« – »Lecken Sie mich … Herr Minister!« sagte Christl Mardayn. Zeuge Johannes Heesters wunderte sich noch fast ein halbes Jahrhundert später, daß die Geschichte keine Folgen hatte.

Vielleicht trug zum freundlichen *Flitterwochen*-Urteil des Propagandaministers auch bei, daß Anny Ondra in seinem Hause inzwischen ein gern gesehener Gast geworden war. Am 19. Mai 1936 notiert Goebbels:

»Heraus nach Schwanenwerder. Herrlicher Sonnenschein. Magda ist lieb und gut. Lange Bootsfahrt./.../Frau Ondra erzählt und Iwa Wanja. Abends noch Arbeit. Frau Ondra bleibt bei uns zur Nacht. Ich gehe früh schlafen.«

Iwa Wanja war Stummfilmstar und eine erfolgreiche Turnierreiterin aus Budapest; sie wird Goebbels im Juli wieder besuchen und um eine Rolle bitten. Anny Ondras erster Besuch auf Schwanenwerder scheint dies nicht gewesen zu sein, sonst wäre sie doch kaum gleich über Nacht geblieben. Eine Woche vor Schmelings Kampf gegen Joe Louis erwähnt Goebbels sie wieder: »Nachm. Schwanenwerder. Frau Ondra da. Mit ihr geplaudert und gelacht. Sie ist so herrlich und naiv.«

Als Max Schmeling am 19. Juni in den Ring stieg, war ihm klar, daß er nur als Schlachtopfer auserkoren war. Niemand glaubte, daß er gegen Joe Louis auch nur den Hauch einer Chance habe. Der Kartenverkauf hatte sich in Grenzen gehalten, und die Verschiebung um einen Tag wegen eines Wolkenbruchs, der das Yankee-Stadion unter Wasser gesetzt hatte, tat ein übriges. In Amerika wurde die Begegnung auf kleiner Flamme gehandelt. Es gab zwar die vorhersehbaren Bezeichnungen Max Schmelings mit »Heil-Hitler-Held« oder »Nazi-Stupser«, aber es sei kein wirklicher Haß zu spüren gewesen, stellt Joe-Louis-Biograph Richard Bak fest. Doch der einzige Nazi-Korrespondent Arno Hellmis habe die Sache anders gesehen und den Lesern des *Völkischen Beobachters* mitgeteilt, der Rassenfaktor stehe im Vordergrund, und es sei zu hoffen, daß die weiße Rasse erfolgreich den ungewöhnlichen Aufstieg des Negers stoppen werde. Max Schmeling selbst mußte gegenüber amerikanischen Journalisten rechtfertigen, weshalb Hitler ihn nicht feierlich verabschiedet hatte. Schmeling spielte das herunter.

Tatsache war, daß auch in Deutschland niemand an seinen Sieg glaubte. Bak behauptet, Goebbels habe sich sogar öffentlich gegen den Kampf ausgesprochen. Und Schmeling erzählt von einem Mittagessen mit Hitler in der Osteria Bavaria in der Münchner

Schellingstraße, in dessen Verlauf Hitler unwirsch reagiert habe, weil Schmeling seinen deutschen Namen gegen einen Schwarzen aufs Spiel setzen wollte.

Schmeling behielt die Nerven. Er war einer der wenigen Gegner von Louis, die diesen völlig entspannt lächelnd begrüßten. Machon erzählte, wie verschlossen Joe Louis von Natur aus gewesen sei. Er lächelte nie, und nicht nur Max Baer verlor deshalb die Nerven. Schmeling bewahrte sogar die Ruhe, als unmittelbar vor dem Kampf Tex O'Rourke, ein populärer Beobachter des amerikanischen Boxgeschäfts, vor seinen Augen tot zusammenbrach.

Im Ring begann Joe Louis langsam und vorsichtig. Schmeling war beeindruckt von der Harmonie seiner Bewegungen, mußte aber gleich in der ersten Runde einen linken Haken hinnehmen, der ihm einen Eindruck von der Wucht der Schläge des Joe Louis gab. Die zweite Runde ging auch an Louis, der mit einem kurzen Schlag auf Schmelings Mund begann: »Augenblicklich hatte ich den süßlichen Geschmack von Blut auf der Zunge.« Dann entdeckte Schmeling noch eine andere Eigenart von Louis: Er »stellte« sich, bevor er einen Schlag herausbrachte. »Es war nicht viel mehr, als drücke er den Fuß gegen den Ringboden. Aber für mich war das ein winziges Signal.« Er wich von da an aus, was Louis verwirrte und störte. Doch Schmelings linkes Auge begann sich zu schließen. Einmal glaubten sie beide schon den Gong gehört zu haben, doch es sei nur »der schrille Schrei einer Frau« gewesen. Vielleicht hatte Joes Mutter Lillie Brooks geschrien, die ihren Sohn zum ersten Mal kämpfen sah und hysterisch wurde: »Die bringen meinen Jungen um!« Sie mußte von einem Freund Joes gewaltsam aus dem Stadion gebracht werden, weil sie sich nicht mehr beruhigte. Joe Louis beschwert sich allerdings in seinerAutobiographie darüber, Schmeling habe nach dem Gong zum Ende der fünften Runde noch einmal zugeschlagen. Edwin C. Hill, der amerikanische Reporter, ließ das Publikum vor der zwölften Runde überwältigt wissen: »Hier fühlt man keine Spur von Rassenvorurteilen oder Anti-Nazismus. Die Leute hier im Yankee-Stadion stellen nur eins fest: Hier kämpfen zwei ganz große Athleten.« In der zwölften Runde konnte Schmeling den entscheidenden letzten Schlag anbringen. Louis fiel in die Seile, ging in die Knie, versuchte sich kurz hochzuziehen und kippte mit einer halben Drehung endgültig zur Seite, fast so, als ob er sich zum Schlafen legen wollte. Er schüttelte beinahe ungläubig den Kopf und hörte das Zählen nur noch wie ein Flüstern, wie er später sagte. Als er wieder zu sich gekommen war, ging er in seine Kabine und weinte lange.

Valérien und Knuth erzählte Schmeling, er habe gleich nach dem Kampf Anny angerufen. Hatte er denn Goebbels' Telefonnummer? Auf der Insel Schwanenwerder hatte seine Frau mit Familie Goebbels am Radio den Kampf verfolgt. Goebbels schildert den Tag ausführlich:

»Schwanenwerder: Frau Schmeling ist da. Wir warten auf Maxens Boxkampf mit Joe Louis. Wir sind den ganzen Abend in Spannung. Die kleine Anny Ondra ist ganz aufgelöst. Eden hat im Unterhaus Schluß der Sanktionen angekündigt. Ein voller Triumph Mussolinis. Beispiellose Niederlage Englands. Das war seit langem nicht mehr da. Also auf den Tisch schlagen hilft doch immer noch. Mussolini hat geblufft, aber auch gehandelt und hat mit Mut gesiegt. Abends noch mit den Kindern gespielt. Die Nacht aufgeblieben. Boxkampf Schmeling/Louis. Zerletts da, die Anny Ondra und Ello. Wir erzählen, lachen und heitern Anny Ondra auf. Sie ist entzückend. Dann um 3 h nachts beginnt der Kampf. In der 12. Runde schlägt Schmeling den Neger k. o. Wunderbar, ein dramatischer, erregender Kampf. Schmeling hat für Deutschland gefochten und gesiegt. Der Weiße über den Schwarzen, und der Weiße war ein Deutscher. Seine Frau ist herrlich. In der ganzen Familie ein Freudentaumel. Nachts um 5 h erst komme ich ins Bett. Ich bin ganz froh geworden. Heute werden wir eine große Bootsfahrt machen. Und mit Anny Ondra den Sieg feiern.«

In den Berliner Siegestaumel hinein muß dann Max Schmeling angerufen haben. Anny Ondra schrie ins Telefon: »Ich gratuliere!

Ich gratuliere!« Goebbels' Euphorie hielt an. Am 20. Juni feierte man weiter:

»Ein herrlicher Tag./.../den ganzen Tag aufs Boot./.../Max Schmeling hat eine fabelhafte in- und ausländische Presse. Er hat sie auch verdient, denn er hat männlich gekämpft. Anny Ondra ist überglücklich. Der Führer hat ihr Blumen geschickt. Sie ist sehr lieb. Abends hören wir nochmal eine Wiederholung der Boxkampfübertragung. Dieser Sieg ist für Deutschland erfochten.«

Das Boot war die schneeweiße Yacht »Baldur«, die sich Goebbels zu Ostern 1934 geschenkt und für die er den Führerschein gemacht hatte.

In New York machten derweil die Pfandleiher in Harlem gute Geschäfte: Die Schwarzen hatten alle auf Joe Louis gesetzt. Doch nicht nur deswegen herrschte allgemeine Trauer. Hatte die amerikanische Öffentlichkeit auch nicht so sehr den »Nazi Schmeling« im Visier gehabt – das wäre politisch ohnehin wenig überzeugend gewesen, nachdem man sich zur Teilnahme an den Olympischen Spielen in Deutschland entschlossen hatte –, so litt doch das Selbstbewußtsein. Nicht nur die Jazzsängerin und Schauspielerin Lena Horne, eine der vielen Eroberungen des jungverheirateten Joe Louis, weinte mit ihrem Orchester. Ein junges Mädchen versuchte sogar, sich umzubringen. Ein Mann wurde im Aufruhr auf der Straße getötet. 1979 erzählte Präsident Jimmy Carter Schmeling, wie sein Vater alle Schwarzen der Nachbarschaft zur Rundfunkübertragung des Kampfes eingeladen hatte und wie diese Nachbarn nach dem Kampf weinend nach Hause gegangen seien. Auf der Fahrt vom Yankee-Stadion zum Plaza sah Schmeling gespenstische Szenen durch den Spalt des Vorhangs seiner Limousine. Eine Musikkapelle zerschlug ihre Instrumente, die eigentlich zum Ruhm von Joe Louis hätten aufspielen sollen. Jugendbanden bewarfen Autos mit Ziegelsteinen oder hielten sie an und bespuckten die Insassen. Im Hotel warteten Hunderte von Telegrammen auf Schmeling, unter anderem von Marlene Dietrich und Hermann Göring, Adolf Hitler und

Ernst Lubitsch. Beim Rückflug dippt der Zeppelin die Nase über dem Haus von Wilhelm II. im holländischen Doorn nach unten. Wilhelm steht im Garten und winkt.

In Deutschland bereitete man Schmeling bei seiner Ankunft mit dem Zeppelin »Hindenburg« auf dem Frankfurter Flughafen einen sensationellen Empfang. Anny Ondra erwartete ihn und fuhr mit ihm in einer offenen Limousine in die Stadt zum Römer, wo die beiden vom Balkon aus der unüberschaubaren Menge zuwinkten. Anny Ondra wirkte halb verlegen, halb stolz und glücklich.

Hitler hatte Anny Ondra nach dem grandiosen Sieg nicht nur Blumen geschickt, sondern lud das Paar unmittelbar nach seiner Rückkehr nach Berlin in die Reichskanzlei ein. Sie durften noch einige Gäste mitbringen und entschieden sich für Schmelings Mutter, die Zerletts und einen Komponisten mit Ehefrau, dessen Namen Schmeling nicht nennt. Möglicherweise war es Leo Leux, der für nahezu alle deutschen Ondra-Filme die Musik schrieb. Ein Foto von dem Treffen zeigt eine große Kaffeerunde und Schmelings Mutter auf dem Ehrenplatz zwischen Hitler und Goebbels. Als Hitler hörte, daß die Filmaufnahmen des Kampfes am Zoll lagen, ließ er sie sofort herbeischaffen, und man sah sie sich gemeinsam an. Jedes Mal, wenn ein Schlag von Schmeling Joe Louis traf, klatschte Hitler sich begeistert auf die Schenkel. Von Schmeling will er wissen, ob er in *Mein Kampf* gelesen habe, was er über den erzieherischen Wert des Boxens geschrieben habe; ständig predige er auch Schirach und Tschammer, daß an den Schulen Boxunterricht einzuführen sei.

Die Rechte an den Dokumentaraufnahmen hatte klugerweise wieder Schmeling gekauft. Er hatte sie günstig bekommen, da die Veranstalter nur mit einer Kampfdauer von wenigen Minuten gerechnet hatten. Und so beauftragte Goebbels Lamačs ehemaligen Ko- und Dialog-Regisseur Zerlett in Gegenwart seiner ehemaligen Hauptdarstellerin Anny Ondra noch an Ort und Stelle, die Aufnahmen des Schmeling-Louis-Kampfes für das deutsche Kino zu bearbeiten. Der stramme Arno Hellmis wurde für die Rolle des Kommentators auch im Film ausersehen und sprach markige Sätze wie diesen: »Ein Wille hart wie Kruppstahl vermag alles zu erreichen!« Joe Louis nennt er penetrant nur »der Neger« und verabschiedet ihn kernig: »Schwarzer Bomber, schwarzer Zerstörer, die Schwergewichtssensation des Jahrhunderts – das bist du mal gewesen! Der schwarze Ulan vom Rhein reitet wieder, der unerschrockene Gentleman ist hinter dir her!« Der Film lief wochenlang in deutschen Kinos. Schmeling verdiente gut daran. Hitler verabschiedete sich ausgesucht höflich von Schmelings Mutter und von Anny Ondra lächelnd: »Das ist doch wieder ein reizender Nachmittag gewesen! Lassen Sie Ihren Mann recht oft siegen, damit wir uns häufiger sehen können!«

Bevor sie die Reichskanzlei verließen, erzählte Max Schmeling Hitler von seinem Arzt Theo Morell, der daraufhin Hitlers Leibarzt wurde.

Von da an war Schmeling Chefsache. Ob er wollte oder nicht. Wollte er? Was blieb ihm übrig. Anny Ondra und er gehörten jetzt endgültig zum festen Freundeskreis der Familie Goebbels. Oft fuhr Anny Ondra von der Podbielksiallee in Dahlem die paar Kilometer nach Süden auf die Insel Schwanenwerder, wo übrigens in nächster Nachbarschaft Gustav Fröhlich und Lída Baarová wohnten. Ging Anny Ondra gern zu den Goebbels? Wurde sie so dringend eingeladen, daß sie gar nicht nein sagen konnte? Trug sie Goebbels ihre Besuche an? Man weiß es nicht, denn Schmeling schreibt in seinen Memoiren gar nichts über dieses enge Verhältnis der Familie Schmeling zur Familie Goebbels. Ralf Georg Reuth, der Biograph von Goebbels, rechnet sie jedoch eindeutig zum engeren Kreis der regelmäßig nach Schwanenwerder Eingeladenen. Dazu zählten Jenny Jugo und Luise Ullrich (auch in Ullrichs ansonsten redseligen Memoiren findet sich kein Wort von den zahlreichen langen, »sehr lustigen« Begegnungen mit Magda und Joseph Goebbels, der Luise Ullrich »ein liebes Ding« nennt, durch das der »Führer ganz glücklich« wird; zum Beispiel am 24. September 1934), die tanzenden Schwestern Hedy und Margot Höpfner, die nach dem Krieg in Hamburg Tanz- und Schauspielschulen eröffneten und in *Flitterwochen* eine kleine Rolle hatten, die Schauspielerinnen Irene von Meyendorff und Erika Dannhoff, außerdem Emil Jannings und Veit Harlan, letzterer anfangs mit seiner Frau Hilde Körber, später mit der »Reichswasserleiche« Kristina Söderbaum. Und natürlich »Ello«, Eleonore Quandt also, Magda Goebbels' Exschwägerin und engste Vertraute, die Magda über die Amouren ihres Mannes auf dem laufenden hielt und die deshalb bei Goebbels selbst nicht besonders gern gesehen war.

Oder war Anny Ondra die Tschechin von Magda Goebbels, so wie Lída Baarová die von Joseph Goebbels war? Die Affäre zwischen der Baarová und Goebbels, die etwa von 1936 bis 1938 dauerte, war bis zu einem Grad öffentlich in Deutschland bekannt, der ungewöhnlich war. Eine Scheidung von Magda Goebbels verhinderte Hitler. Und jeder erzählte später eine andere Version der Geschichte. Kristina Söderbaum würzt die ihre mit der Behauptung, Goebbels habe Veit Harlan zu überreden versucht, Lída Baarová zu heiraten. Wenigstens einmal hat Magda Goebbels versucht, Anny Ondra in dieser explosiven Konstellation zu instrumentalisieren; Lída Baarová beschreibt eine Situation im Hause von Goebbels. Der Propagandaminister hatte seine Gäste zu einer Filmvorführung eingeladen und bat sie abzustimmen: Sie hatten die Wahl zwischen *Der Spieler* mit Lída Baarová, einer Komödie mit Anny Ondra oder einer anderen mit Heinz Rühmann. Zeitlich kommen eigentlich nur *Narren im Schnee* und *Dreizehn Stühle* in Frage; Lída Baarová nennt die Namen der Komödien nicht. *Der Spieler* bekam die wenigsten Stimmen. »In der Konkurrenz zweier tschechischer Schauspielerinnen entschied sich Magda Goebbels lauthals für die, die in den Händen Max Schmelings war«, schreibt Lída Baarová. Doch Goebbels setzte sich über den Wunsch seiner Frau hinweg und entschied anders. Karl Hanke, Staatssekretär bei Goebbels und angeblich ein Seitensprung von Magda Goebbels, plazierte mit versteinertem Gesicht die Baarová neben Joseph Goebbels und setzte sich selbst neben Magda.

Anny Ondra gehörte jedenfalls auch zu den Schauspielerinnen und Schauspielern, die sich wegen ihrer Steuer- und Vertragssorgen an Goebbels persönlich wandten. Nachgeborene können darüber kaum urteilen. Sicher ist jedoch, daß ein Mann wie Hans Albers nie im Dunstkreis von Goebbels gesichtet wurde und daß andere Prominente auswanderten, obwohl sie weder jüdisch noch aus politischen Gründen gefährdet waren. Eine Sache des Temperaments? Des Wissens und Gewissens? Victor de Kowa, der sich einmal bei Goebbels über die Ablehnung zweier seiner Filme beschwerte, war daraufhin für mindestens zwei Jahre im Filmgeschäft völlig unerwünscht und mußte nach einem Besuch beim Emigranten Ernst Lubitsch in London und einem daraus resultierenden Zehnjahresvertrag für Hollywood voll ohnmächtiger Wut ertragen, daß ihm Hermann Göring umstandslos bei einem nur scheinbar lockeren Gespräch höchstpersönlich den Paß abnahm und in seine Schreibtischschublade schloß. Victor de Kowa erinnert sich auch an einen Kaffeeklatsch bei einem Drehbuchautor in Bad Saarow, zu dem neben ihm auch Max Schmeling eingeladen war – Max Schmelings Anwesenheit bei den inoffiziellen Treffen und Absprachen der Film-Society schien völlig alltäglich.

Auch Ondras und Schmelings Privatleben beschäftigte Goebbels. Als das Haus der beiden in Saarow-Pieskow ganz kurz nach Schmelings triumphaler Rückkehr aus den Staaten wegen eines Blitzschlags abbrannte, fand das seinen Niederschlag auch in Goebbels' Tagebuch:

»Dann nach Berlin zurück. Anstrengende Fahrt. Die Kinder sind sehr lieb und artig. Helga singt auf meinem Schoß./…/Bei Schmeling hat der Blitz ins Haus geschlagen. Ganz eingeäschert. Anny Ondra Nervenschock. Das tut mir so leid. Ich sage unseren Gartenempfang ab. Um 11 h zu Hause.«

Bruno Krauskopf, der das Haus entworfen hatte, war schon 1933 als »entarteter Künstler« zur Emigration nach Norwegen gezwungen worden. Schmeling erwähnt diesen Abgang in seinen *Erinnerungen* mit keiner Silbe.

Anny Ondra mußte allerdings ihrem Mann gestehen, daß sie ihren Schwächeanfall auf dem Rasen vor dem Haus nur gespielt habe, um ihn daran zu hindern, wieder und wieder ins Haus zu laufen und Dinge zu retten, die sie ganz unwichtig fand. Beim Löschen dabei waren auch Harry Liedtke, Josef Thorak und Luis Trenker. Das Haus bauten Schmelings bald halbwegs originalgetreu wieder auf, doch viele persönliche Erinnerungsstücke gingen ihnen verloren.

Die Olympischen Spiele hatten Anny Ondra und Max Schmeling miteinander genießen wollen. Anny Ondra hatte dafür sogar Drehtermine verschoben. Doch sie erlebten nur die ersten Tage mit, also auch den Einmarsch der Nationen vor der Ehrentribüne Hitlers. Nur die englischen und die japanischen Athleten begrüßten den Diktator nicht mit dem Hitlergruß. Als selbst die Franzosen mit erhobener Hand einmarschierten, brach Jubel aus. Anny Ondra und Max Schmeling gaben sich der Sentimentalität des Augenblicks hin und waren tief ergriffen.

Doch Max Schmeling mußte vor dem Ende der Spiele nach Amerika zurück, um den Kampf mit Braddock um die Weltmeisterschaft klarzumachen. Durch seinen Sieg über Louis hatte er Anspruch auf diesen Kampf. Doch Joe Jacobs, Max Machon und er sahen sich in ihren Befürchtungen bestätigt: Braddock sagte unter einem fadenscheinigen Vorwand den Kampf ab und ließ sich wegen einer angeblichen Daumenverletzung krank schreiben, der sich immer neue Blessuren hinzugesellten. Ein neuer Termin wurde für den Juni 1937 festgesetzt. Braddock erschien auch dann nicht. Die Boxkommission führte die Farce zu Ende und belegte ihn mit einer Geldstrafe von 1 000 Dollar. Die konnte er aus der Westentasche bezahlen, sagt Schmeling immer noch ein wenig bitter viele Jahre später. Inzwischen hatte er eine Ahnung davon, was sich hinter den Kulissen abgespielt hatte. Jeffrey T. Sammons faßt die Ereignisse in der Feststellung zusammen, die allmächtige amerikanische Boxbehörde habe Hitler eine kleine Kostprobe seiner eigenen Medizin gegeben, indem sie ihm eine unglaubliche Serie von Erpressungen, Intrigen, Frechheiten und Vertragsbrüchen serviert habe. Die ohnmächtige Wut der offiziellen deutschen Seite spiegelt sich in Goebbels' Tagebüchern wieder:

Eintrag 27. Februar 1937: »Görlitzer arbeitet am Kampf Schmeling-Braddock für Berlin. Kostet viel Devisen. Damit muß noch Göring befaßt werden.« 13. April 1937: »Schmeling schildert seine Schwierigkeiten in Amerika. Braddock ist feige und sucht immer neue Ausreden. Ich rate Schmeling, ihn in einem offenen Brief, der sehr geschickt abgefaßt sein muß, vor der Öffentlichkeit zu fordern. Das wird wohl ziehen.« 27. Mai 1937: »Frage, ob wir Schmeling, wenn Braddock kneift, von uns aus einfach zum Weltmeister ernennen sollen. Ich bejahe das. Die Amerikaner sind das korrupteste Volk der Erde.« 5. Juni 1937: »Schmeling von Braddock düpiert. Dieses Schwein stellt sich aus Feigheit nicht. Echt amerikanisch.«

Hinter den Kulissen hatte sich Frank Hague, Bürgermeister aus Jersey City, eingemischt, der Braddock angeblich helfen wollte, den Kampf in Europa zu planen. Hague war ein Mann mit beträchtlichem Wohlstand, doch ohne sichtbare Einkommensquellen – deutet Sammons Mafiaverbindungen an? Hague habe sich mit dem Engagement im Boxgeschäft ein Entrée auf dem europäischen Optik-Markt mittels einer holländischen Firma verschaffen wollen. Im Januar trat dann Dennis Scanlan auf den Plan, ein Protegé des schillernden Hague, und verhandelte mit deutschen Offiziellen über einen Braddock-Schmeling-Kampf in Berlin. Ein Treffen von solcher Brisanz, daß sich sogar der amerikanische Generalkonsul in Berlin gehalten fühlte, einen Bericht darüber ans Außenministerium zu senden. Scanlan bot den Deutschen an, daß sich eine holländische Firma um die Börse und um die Rechte für zukünftige Kämpfe kümmern werde. Vom Überschuß sollten optische Waren nach Amerika verkauft werden, um Hague und Konsorten eine Nische auf diesem lukrativen Markt zu verschaffen. Hagues Abgesandter Scanlan stellte den Deutschen ein Ultimatum: Entweder sie akzeptierten oder Braddock werde gar nicht gegen Schmeling antreten. Hitler wollte unbedingt einen deutschen Weltmeister haben und akzeptierte, mußte jedoch auf Görings Zustimmung zu den finanziellen

Vereinbarungen warten. Mit Goebbels' Einträgen deckt sich das durchaus.

Doch sie alle verloren mit diesem Geplänkel nur Zeit. Die Würfel fielen unterdessen anderswo: Mike Jacobs, ein skrupelloser Boxmanager, regelte die Angelegenheit und bot Braddock zehn Prozent aller künftigen Louis-Kämpfe, wenn er statt mit Schmeling mit Louis kämpfen werde. Ein Angebot, das Braddock nicht ablehnen konnte. 1951 erschien Joe Louis' Autobiographie *Die Geschichte meines Lebens* auf deutsch, und Louis schrieb zynisch: »… ich glaubte sicher, daß meine Manager das Ding schon schaukeln würden. Und ich sollte recht behalten.« Schmeling steuerte das Vorwort der deutschen Ausgabe bei. Er schätze Louis als »großen, fairen und charaktervollen Sportler«, heißt es darin. Im Boxgeschäft wurde offenbar schon immer nicht nur kräftig ausgeteilt, sondern auch kräftig gelogen.

Schmeling klagte vor einem amerikanischen Gericht, aber die Zeit war ihm davongelaufen: Die Klausel, in der Braddock sich bei den ersten Verhandlungen verpflichtet hatte, vor dem Kampf mit Schmeling gegen niemand anderen anzutreten, war befristet gewesen und nicht erneuert worden. Außerdem sei der Vertrag einseitig gewesen, urteilte das Gericht: Braddock habe sich gegenüber Madison Square Garden verpflichten müssen, nur gegen Schmeling anzutreten, der Garden seinerseits sich aber nicht, einen solchen Kampf zu veranstalten. Tricks und Manöver allenthalben. Mike Jacobs fand wertvolle Verbündete für seinen Anti-Schmeling-Deal in Anti-Nazi-Gruppen und hatte doch nur eines im Sinn: den Braddock-Louis-Kampf der Öffentlichkeit schmackhaft zu machen.

Und so wurde Max Schmeling um seine Chance zur Weltmeisterschaft betrogen. Die von Hitlers und Goebbels' geplante Finte, ihn solange als Weltmeister zu betrachten, wie er nicht von einem weißen Boxer besiegt worden sei, lehnte Schmeling empört ab. Die französischen Autoren Jean-Michel Charlier und Jacques de Launay zitieren in ihrem Buch über die Frauen des Dritten Reiches von 1979, für dessen Recherchen sie schon 1968 Anny Ondra und Max Schmeling in Hollenstedt besuchten, Max Schmelings

Antwort: »Nein! Ich bin an die Regeln des Internationalen Boxerverbandes gebunden. Ich lege Wert darauf zu kämpfen.« Das sagte er Hitler ins Gesicht.

Karel Lamač versuchte inzwischen eine Wiederbelebung der »Starken Vier«. Václav Wassermann dachte sich die Geschichte vom *Mädel vom Ballett* aus, die biederdeutschen Ambitionen zur Verbannung der Frau ins Haus und an den Herd entgegenkam. Anny Ondra spielt das theaterbesessene Mädchen Henriette, das einerseits Karriere machen und andererseits einer liebeskranken Freundin zum Glück verhelfen will. In diesen Wünschen verheddert sie sich und landet selbst in der Ehe. Schon wieder fällt Lamač nichts ein, als seiner Ondra Besen und Eimer in die Hand zu drücken und sie die Wohnung eines Mannes putzen zu lassen, um ihn von ihrer Attraktivität zu überzeugen. Und die angestrebte große Karriere besteht nur aus dem Lied von der »Gigerl-Königin«, einer Bühnenfigur, deren darstellerische Klimax nacktes Bein mit Strumpfband ist.

Anny Ondra darf den mühsam konstruierten Film wenigstens mit einer glanzvollen Schlußnummer auf der Bühne beenden, doch der Frivolität ihres Striptease wird jeder Stachel genommen, weil der Zuschauer weiß: Sie entblößt sich ihrer Vergangenheit nur, um mit frisch gewonnener Unschuld ihrem Bräutigam an den Hals zu fliegen. Viktor Staal spielt ihren Zukünftigen, doch der Mann, den Schünzel zu eigentümlicher Verträumtheit hochstilisierte, bleibt bei Lamač blaß und langweilig. Anny Ondra hat ihre komischen Szenen, wenn sie im Halbschlaf versucht, einen Mohrenkopf zu essen oder sogar die legendäre Marilyn-Monroe-Nummer mit dem hochwehenden Rock vorwegnimmt. Doch es hilft nicht.

Der Film hatte erst im Januar 1937 Premiere, und in diesem Jahr erlebte Anny Ondra den letzten Höhepunkt ihrer Karriere: Vier Filme mit ihr wurden in diesem Jahr uraufgeführt, und insgesamt vier Filme sollte sie bis 1951 nur noch drehen. Ein überzeugender war nicht mehr dabei.

Empfindliche Niederlagen

In ihrem vorletzten Film mit Karel Lamač muß sie wieder die patente junge Frau mimen. Das Glück ist nur noch mit den Tüchtigen, nicht mehr mit den Träumern und verliebten Egomanen, die das Publikum unverkrampft zum Lachen bringen. *Vor Liebe wird gewarnt* spielt im Rechtsanwaltsmilieu, und Anny Ondra erzählte einem Reporter, der sie bei den Dreharbeiten besuchte, verräterischen Unfug, als er sie nach dem Charakter ihrer Rolle fragte:

»Einen fröhlichen freilich, aber keinen burlesken und auch keinen Schwankcharakter; wir drehen einen Film, in dem ich gute Möglichkeiten für eine heitere, aber lebenstüchtige und auch ein bissel nach innen guckende Kunst habe.«

Ein Schwank um eine lebenstüchtige Frau. Ganz toll. Und da wunderte sich Goebbels, daß nach einigen Jahren Naziherrschaft aus den Babelsberger Studios nur noch Stuß herauskam. *Ninotchka* (USA 1939) erklärte er einmal zu dem besten Film, den er je gesehen habe. Doch den dafür verantwortlichen Drehbuchschreiber Walter Reisch stellte er unbarmherzig kalt. Am 15. Mai 1936 notierte Goebbels: »Attila Hörbiger sucht für seine Frau Paula Wessely den Juden Reisch zu retten. Ich schlage das ab. Wir müssen nun da stark bleiben. Er ist sehr geknickt.« Glücklicherweise konnte Reisch noch auswandern und hatte in Hollywood Erfolg.

Vor Liebe wird gewarnt bezieht seine Komik aus der Patentheit einer Frau im Dauerstreß, der jedoch nicht von ihrem Job als Sekretärin herrührt, sondern – was sonst – von ihrer Mühe, mehreren Männern gleichzeitig ihre Anständigkeit zu beweisen. Wirklicher Witz entsteht nur in Szenen, die mit der abgeschmackten Handlung nichts zu tun haben, so als Anny einen ihr unbekannten Vetter vom Bahnhof abholen soll und den falschen Mann abschleppt. Wie sie den Verdutzten mit warmem Bier verwöhnen will und zu Tode erschrickt, als bei ihrer Rückkehr nach Hause plötzlich ein anderer Hund und ein anderer Mann in der Wohnung sitzen, das ist wirklich sehenswert. Max Schmeling besuchte sie wie immer bei den Dreharbeiten und saß mit Karel Lamač, mit dem er sich offenbar lebenslang siezte, friedlich in einer Ecke zusammen. Die Kritiken blieben nebulös-vorsichtig: Es sei ein »Sittenfilm im guten Sinne«, und es herrsche darin »liebenswürdiger Spott, der die Beziehung zur Menschheit nie verliert«. Was immer das bedeuten mochte.

Goebbels fand den Film typisch Ondra, aber nicht übermäßig gut. Trotzdem lud er sie wenige Wochen nach der Premiere Ende März 1937 zum Osterfest en famille ein:

»/.../ein regnerischer Ostersonntag. Mit den Kindern und Magda Ostereier gesucht und viel Freude daran gehabt. Der Segen der Familie ist unerschöpflich./.../Nachm. kleine Teegesellschaft. Zerletts, Anny Ondra, Bildhauer Torak, Breker und v. Kalckreuth. Es wird viel parlavert und dabei ist es am Kamin sehr gemütlich. Fast wie Weihnachten. Ich bin gerne mit Künstlern zusammen. Sie sind anregend und begeisterungsfähig. Man geht ganz und gerne aus sich heraus.«

Wo war Max Schmeling?

Irgendwann während der Dreharbeiten Anny Ondras zum nächsten Film, *Der Unwiderstehliche*, reiste der Boxer, unglücklich und untätig wegen seiner vielen gescheiterten Kampfprojekte, als Zuschauer zu einem Boxkampf nach Rotterdam. Er erfuhr, daß im benachbarten Scheveningen der Kabarettist und Komponist Willy Rosen sowie Otto Wallburg und Siegfried Arno im Kabarett auftraten. Die beiden letztgenannten waren frühere Filmpartner Anny Ondras: Wallburg hatte den Sergeant Bully in *Die Tochter des Regiments* gespielt, Siegfried Arno unter anderem den Hannes in *Die vom Rummelplatz.* Schmeling fuhr mit Max Machon spontan nach Scheveningen weiter, um die drei Exilanten zu treffen. Das Wiedersehen wurde schrecklich. Denn mitten im Smalltalk über Aenne Maenz und die gefällten Bäume in Berlin Unter den Linden brach Otto Wallburg plötzlich in Tränen aus und schluchzte hemmungslos: »Das kann doch nicht sein, daß wir nie mehr in unser Vaterland zurückdürfen!« Doch er kam zurück. Am 31. Juli 1944 wurde er nach schwierigen Jahren im besetzten Holland doch noch aufgegriffen und nach Theresienstadt gebracht, zusammen mit Ilse Rein, einer jungen Frau, die ihn in den letzten Wochen versorgt hatte und seine große Liebe geworden war. Ilse Rein verhaftete man wegen Rassenschande, ihren Mann, von dem sie sich hatte scheiden lassen wollen, wegen Mitwisserei.

Im Viehwagen wurden sie von Westerbork nach Theresienstadt gebracht. Von der Krankenstation dort kommt Wallburg direkt in den Güterzug nach Auschwitz, wo er am 30. Oktober 1944 mit Zyklon B getötet wird. Willy Rosen wird schon etwa 1941 ins KZ Westerbork gebracht, wo er mit Max Ehrlich auf der »Bühne Lager Westerbork« auftreten muß. Das letzte Programm im Juli 1944 heißt »Total verrückt«. Dann werden die Häftlinge nach Auschwitz deportiert. Wie Otto Wallburg wird Willy Rosen im Oktober 1944 vergast. Von diesen Dreien, die Max Schmeling in Scheveningen wiedersieht, überlebt nur Siegfried Arno das Dritte Reich.

Zurück in Deutschland, wird Schmeling umgehend von Zerletts Intimfreund Hans Hinkel angerufen, der zu dieser Zeit im Propagandaministerium für Kulturpersonalien zuständig ist. Die Fotos des Scheveninger Wiedersehens lägen schon auf Goebbels' Schreibtisch. Schmeling reagiert trotzig: »Ich benehme mich im Ausland so, wie sich das für einen guten Deutschen gehört. Das sind meine alten Freunde, da lasse ich mir nichts vorschreiben.« Konsequenzen hatte die Sache nicht, doch Goebbels zischte Schmeling beim nächsten Treffen böse ins Ohr: »Was denken Sie sich eigentlich?/.../Sie kommen zum Führer, Sie kommen zu mir, und Sie verkehren dennoch ständig mit Juden.« Genau das war Max Schmelings Dilemma. Vor 1945 und danach.

Der Unwiderstehliche war Anny Ondras dritter Film mit Hans Söhnker, der sich übrigens für den deutschen Entdecker von Lída Baarová hielt. Géza von Bolvary führte Regie. Der gebürtige Ungar galt als Begründer der Wiener Tonfilmoperette. Mit *Zwei Herzen im Dreivierteltakt* hatte er seinen Ruhm und seine Zusammenarbeit mit drei wichtigen Männern begründet: mit dem Schauspieler Willi Forst, dem Komponisten Robert Stolz und dem Drehbuchautor Walter Reisch. An *Der Unwiderstehliche,* ursprünglich auf Maurice Chevalier hin geschrieben, war keiner von ihnen mehr beteiligt. Anny Ondra spielt die Schuhfabrikantin Claudette Reiner, schon wieder eine hart arbeitende Frau, die auf den verwöhnten Sohn eines Strumpffabrikanten hereinfällt, den sie für einen Modeverkäufer hält. Diesen André Vallier gibt natürlich der schöne Söhnker. »Die Frauen sind mein Verhängnis«, seufzt er, nachdem ihn der x-te Ehemann aus einem Gärtner- oder Chauffeursjob hinausgeworfen hat. Er wird seinerseits Anny Ondra-Claudette zum Verhängnis, denn die verläßt seinetwegen den Pfad geradlinigen Unternehmertums und verliert sich in Liederlichkeiten, die darin gipfeln, daß sie halbnackt von einem Pressefotografen auf einer Polizeiwache fotografiert wird und so dem Spott ihrer Filialleiter anheimfällt. Kann Kapitalismus ohne Sünde sein? Offenbar nicht. Gut, daß Söhnker bereitsteht, um die Bloßgestellte zu heiraten. Der Marquis de Rossignol, der die reiche Mademoiselle Renier einen Film lang vergeblich anschmachtet, streckt angesichts von so viel zur Schau gestellter Weiblichkeit die Waffen: »Ich ziehe die Konsequenz und sterbe aus.« Abgesehen von Anny Ondra, die den Marquis mit ihrem Aussehen so weit treibt, bewegt sich der Film in dem Rahmen, den ihm die Wahl einer Midinette, eine solidarische Zofe und diverse von den Wechseljahren befallene Nymphomaninnen stecken.

Goebbels mochte den Film nicht. »›Der Unwiderstehliche‹ mit Söhnker und Ondra hieße besser der Unausstehliche. Er ist kaum zum Anschauen, so penetrant und auf die Nerven fallend.« Von den guten Skriptautoren war eben nicht nur Walter Reisch von ihm vertrieben worden. Vier Tage nach seinem mißbilligenden

Tagebucheintrag handelte Goebbels am 3. August 1937 und vergewisserte sich eines noch Stärkeren: »Auch der Führer hat es nun satt.« Goebbels setzte Géza von Bolvary ab. Bolvary drehte zwar weiter Filme, aber nicht mehr für die Ufa. Goebbels benutzte ein kriegerisches Vokabular: »Junge Talente an die Front. Die alten Reaktionäre wegschaffen.«

Im August 1937 wird der Film in Frankfurt, erst im Oktober in Berlin uraufgeführt. Dazwischen lag der Reichsparteitag in Nürnberg. Zwei Tage nach dessen Eröffnung war *Unternehmen Michael* fertig, ein Film zur Verherrlichung des Soldatentods, an dessen Drehbuch Mathias Wieman mitgeschrieben hatte und in dem er und Heinrich George die Hauptrollen spielten. Das war natürlich eher nach Goebbels' Geschmack. Der Film führte zu einer Kontroverse zwischen Propagandaministerium und Wehrmacht, die die Propagierung sinnlosen Sterbens ablehnte.

Im Januar und Februar 1937 drehten Anny Ondra und Karel Lamač ihren letzten gemeinsamen Film mit dem vielsagenden Titel: *Der Scheidungsgrund*. Ondras Partner waren Paul Hörbiger und Jack Trevor, der Engländer mit der deutschen Karriere. Nach Kriegsausbruch bekam er nur noch wenige Rollen und wurde dennoch nach 1945 in London »wegen Unterstützung des Feindes im Kriege« verurteilt, möglicherweise wegen einer Rolle in Veit Harlans *Immensee*. Doch obwohl Trevor schnell wieder rehabilitiert wurde, drehte er danach nie wieder einen Film.

In *Der Scheidungsgrund* soll Anny Ondra – die wie so oft bei Lamač auch im Film einfach »Anny« hieß – den Scheidungsgrund für Paul Hörbiger alias Toni abgeben, der mit dieser extravaganten Methode seine geliebte Ehefrau zur Trennung veranlassen will. Sie soll endlich guten Gewissens den Spieler verlassen können, der ihr Vermögen durchbringt. Anny Ondra soll eine mittellose Artistentochter darstellen, die gegen Honorar bereit ist, die Rolle des handfesten Après-Ski-Flirts zu übernehmen. Denn man fährt in die Berge, um dem mitreisenden eingeweihten Detektiv ein schönes Ehebruchsmotiv zu bieten. Den Detektiv spielt Robert Dorsay; in den *Flitterwochen* war er der Anwalt des Bräutigams.

Anny Ondra ist in ihrem Element in der Rolle der jungen Frau aus dem Nichts, die wie Marilyn Monroe versucht, einmal das dicke Ende von der Wurst zu erwischen. Sie ist herzensgut, aber hat dennoch schon oft Pech gehabt im Leben. Aus lauter Dankbarkeit gegenüber Tonis Frau Alice, die ihr beim Pfandleiher Hilfe versprochen hatte, willigt sie in den Handel ein. Alice wird gespielt von Ruth Eweler, der Schwester des Mitarbeiters vom Staatsicherheitdienst (SD), der 1945 in Prag Géza von Cziffra und etliche andere Filmleute ins Gefängnis brachte. Nicht alle von ihnen überlebten. Anny Ondra und Paul Hörbiger sind ein wunderbares Paar, das allerdings nicht zusammenfinden darf, da der ehelichen Moral Vorrang gegeben wird. Doch schon ihre erste Begegnung ist hervorragend gelungen; man merkt dem Film positiv an, daß er nach einem Theaterstück geschrieben wurde, nach *Der Spieler* von Karl Bachmann.

Anny kommt zu Toni, um zehn Mark bei ihm abzuholen, die ihr seine Frau auf der Pfandleihanstalt versprochen hat. Er öffnet die Tür, sie marschiert an ihm vorbei hinein. »Aha, Sie sind der Lumpazivagabundus!« Er wehrt sich ironisch: »Sie haben wohl nichts gehört?« Anny: »Was hätte ich denn hören sollen?« Toni: »Hereingebeten zu sein.« Anny: »Sie haben wohl nichts gesehen?« Toni: »Was hätt' ich sehen sollen?« Anny: »Wie hier niemand zehn Mark bekommen hat.« Schon sitzt sie frech auf seinem Sofa, und sie sind bereits ganz vertraut miteinander. War es das Prager Klima, das Anny Ondra endlich wieder löste nach ihrem verkrampften Spiel bei Bolvary?

Otomar Korbelár, der in der tschechischen Version Jack Trevors Rolle spielte, erinnert sich an Anny Ondra, mit der er zum ersten und letzten Mal vor der Kamera stand, und an Max Schmeling, der in Prag dabei war:

»Das war ein witziges Paar, er sehr robust, sie wie ein Kind aussehend. Sie achtete stets auf gesunde Ernährung und darauf, nicht zuzunehmen, damit sie ihr kindliches Aussehen behielt. Sie war wie Quecksilber und fand auch in den Drehpausen keine Ruhe; sie war gierig nach Leben./…/Auch wenn sie ernst war, hatte man den Eindruck, daß sie schelmisch lächelte./.../Tiefsinniges Diskutieren über eine Rolle war ihr fremd, aber sie gestikulierte und bewegte sich sehr kontrolliert. Man sah ihr an, daß sie früher Ballett getanzt hatte.«

In der deutschen Fassung stimmte die Chemie zwischen Ondra und Hörbiger perfekt. Schon die Reise der beiden fest entschlossenen Ehebrecher ist von großer Komik. Anny ist sparsam, Toni ein Verschwender. Sie streiten sich ums Geld, ums Essen, um die Wahl des richtigen Hotelzimmers ganz wie ein altes Ehepaar. Anny findet die Zimmerpreise exorbitant teuer: »Krach in die Melone!« flucht sie, und Paul Hörbiger führt sie beschwichtigend von der Rezeption weg: »Meine Frau macht ja nur Spaß!« Empört reagiert sie auf die hochgezogenen Augenbrauen, als sie eine Portion Tee mit zwei Tassen bestellt. »Ja, glauben Sie denn, mein Mann trinkt aus der Kanne?«

Im Zug schon lernte sie den Engländer kennen, der ihr beispringen will, als er einen Streit zwischen Anny und Tony mit anhört. »Der erste Mann, der mich je beschützen wollte!« staunt sie und wird in Gewissenskonflikte gestürzt: »Was soll denn England von mir denken!«

Der feine englische Gentleman entpuppt sich als Zauberkünstler, der in Anny eine perfekte Partnerin findet. Auf der Bühne übertreffen sie sich mit ihren Kunststückchen, doch auch Paul Hörbiger ist ein großartiger Komödiant. Um Geld für seine Spielsucht zu verdienen, spielt er mit einer Tüte auf dem Kopf Klavier und widersteht dann doch dem Spieltrieb. »I moch's net!« ist der magische Satz, mit dem er sämtliche Versuchungen abschmettert. Und hätte sich Lamač nicht eingebildet, Anny Ondra brauche ein neues Markenzeichen, ein überkandideltes, verschämtes Kichern, mit dem auch der Film endet, so wäre ihr Spiel wieder einmal ohne Fehl und Tadel gewesen.

Gedreht wurden in Prag eine deutsche und eine tschechische Version. Max Schmeling besuchte seine Frau bei den Dreharbeiten, hatte aber dort keine Lust, über seinen kommenden Kampf mit Braddock zu reden, an den öffentlich noch geglaubt wurde.

»Sprechen Sie mit meiner Frau, das ist viel wichtiger! Sie macht ihren fünfzigsten Film, und das ist in der relativ kurzen Zeit ihrer Prominenz doch gewiß eine respektable Zahl!« Wie Anny Ondras PR-Strategen auf diese Zahl gekommen sind, bleibt rätselhaft. *Der Scheidungsgrund* war ihr zweiundsiebzigster Film, die Doppelversionen in Französisch und Tschechisch nicht mitgerechnet. Vielleicht wollte sie die Zahl selbst niedrig halten, um jünger zu wirken. Denn schon bei den Dreharbeiten für ihren vorangehenden Film mit Bolvary hatte sie einen Zornesausbruch, als ein anderer Jubiläumsartikel suggeriert hatte, sie sei fünfzig Jahre alt. Da war sie empfindlich, hatte sie sich doch ohnehin zeitlebens als fünf Jahre jünger ausgegeben, als sie tatsächlich war. Und ein Jahr lang drehte die bis dahin so fleißige Schauspielerin gar keinen Film mehr, denn Lamač verließ Deutschland. Andere Angebote erhielt sie offenbar nicht.

Nachdem Joe Louis sich verziehen hatte, seine ganze Rasse enttäuscht zu haben, hatte er nach dem Kampf vom Juni 1936 rasch seinen trockenen Humor zurückgewonnen. Einer seiner Manager fragte ihn, ob er sich den Film vom Kampf ansehen wolle. Er sagte: »Ach nein, ich war ja dabei.« In einem Boxstudio besuchte er alte Bekannte beim Sparring und rief einem von ihnen zu: »Halt deine linke Hand oben oder er erwischt dich!« – »Du mußt es ja wissen!« erwiderte der Kumpel. Louis grinste gutmütig. »Allerdings«, sagte er.

Louis wurde am 13. Mai 1914 als Joe Louis Barrow in Alabama geboren. Er stammte – wie Jesse Owens, der überragende Athlet der Olympischen Spiele 1936 in Berlin – aus einer sehr armen Familie von Baumwollpflückern. Sein Vater landete schon 1916 in der Psychiatrie, die Louis' Mutter 1918 vom Tod ihres Mannes unterrichtete. Tatsächlich starb er erst 1938, ohne je von seinem erfolgreichen Sohn erfahren zu haben. Louis' Stiefvater, der zu den acht Kindern von Lillie Barrow acht eigene hinzugefügt hatte, zog 1926 mit der Familie nach Detroit, um in der Autoindustrie zu arbeiten. Joe Louis begann früh zu boxen und hatte in vierundfünfzig Kämpfen dreiundvierzigmal mit K. o., siebenmal nach Punkten und nur viermal überhaupt nicht gesiegt, bevor er ins Profilager wechselte. Trainer Jack Blackburn lachte die beiden Geschäftsleute Black und Roxborough, die ihm ihre Entdeckung Louis andienen wollten, zunächst aus: Ein Schwarzer habe doch keine Chance, jemals Weltmeister zu werden. Nach allem, was mit Jack Johnson geschehen war! Jack Johnson waren seine Beziehungen zu weißen Frauen zum Verhängnis geworden. Louis wurde deshalb darauf eingeschworen, seine Finger von weißen Mädchen zu lassen, von Alkohol und Nikotin sowieso. Louis' Trainer Blackburn war Alkoholiker und 1909 wegen Totschlags verurteilt, drei Jahre später jedoch begnadigt worden.

1934 begann Louis als Profi zu boxen. Vernichtend schlug er Primo Carnera, Max Baer und Paolino Uczudun, um nur die prominentesten Gegner zu nennen. Max Schmeling beendete die Siegesserie, wenn auch nur einmalig. Berühmt wurde Joe Louis' Antwort auf die Frage nach den Erfolgschancen eines Wiederholungskampfes mit einem Gegner, der ihn im Ring ständig umkreist hatte: »Soll er doch rennen. Verstecken kann er sich nicht.« Und noch berühmter sein Freudscher Versprecher bei einem Wohltätigkeitsdinner für die Navy am 10. März 1942 im Madison Square Garden: »Wir werden unsere Pflicht tun, und wir werden gewinnen, weil wir auf Gottes Seite sind.« Tosender Beifall für diese Solidaritätserklärung an den Schöpfer, die sogar einen Plakattexter zur Rekrutenwerbung inspirierte.

Frank Capra, der berühmte Komödienregisseur, drehte 1944 eine siebenteilige kleine Serie mit dem Titel *Why we fight*. In der Folge *The Negro Soldier* nahm er den Kampf Louis-Schmeling von 1938 als Auftakt und zeigte sowohl Schmeling als auch Louis bei der militärischen Ausbildung. Der Film wurde hochgepriesen und trug noch mehr zur Heldenverehrung von Joe Louis bei. Louis verteidigte seinen Weltmeistertitel bis 1948, dann trat er zurück, kämpfte aus finanziellen Gründen jedoch bis 1952 weiter: Da schlug ihn Rocky Marciano vernichtend in der achten Runde.

Lange konnten Louis' Betreuer die Öffentlichkeit glauben machen, ihr Mann habe sich an die Keuschheitsrichtlinien gehalten.

In Wirklichkeit aber hatte Joe Louis bald in jeder Stadt eine Wohnung und in dieser Wohnung eine Freundin und zwar ohne jegliche Rassenvorurteile. Von One-night-Stands ganz abgesehen. Er schlief nicht nur mit Lana Turner, sondern auch mit Sonja Henie, der norwegischen Schlittschuhläuferin, mit der Max Schmeling nur ab und an im Roxy einen Orangensaft genippt hatte und deren sexueller Appetit bekannt war, seit man sie aus den Drehpausen mit ihrem Dauerverlobten Tyrone Power fast mit Gewalt wieder aus der Garderobe an die Arbeit hatte holen müssen. Louis' vierte Frau, die erste schwarze Anwältin Kaliforniens, Martha Malone Jefferson, adoptierte sein uneheliches Kind mit der Prostituierten Annie, die ihn in den fünfziger Jahren mit dem Heroin – und der Mafia – bekanntgemacht hatte. Auch die schwarze Presse verschwieg Louis' Eskapaden, diskutierte jedoch mit Eifer die Beschneidung, die er im November 1936 vornehmen ließ. Alles, was ihr Held tat oder sagte, interessiere nun einmal die »Black Community«, war die Entschuldigung für solche Indiskretion.

Louis' Drogenmißbrauch führte zu schwerer Paranoia und anderen Krankheitsattacken. Von seinen vier Millionen Dollar Preisgeld waren nur Schulden übrig, als ihn Caesars Palace in Las Vegas 1971 als Grüßaugust engagierte. Und die letzten dreieinhalb Jahre seines Lebens verbrachte Louis im Rollstuhl. Am 19. April 1981 wurde er auf dem Arlington National Cemetery beerdigt. Achthundert Trauergäste nahmen an der Feier teil. Max Schmeling soll sie bezahlt haben. Er hatte den »Braunen Bomber« nach dem Krieg oft in Amerika, aber auch in Deutschland getroffen.

Schmeling war nicht nachtragend. Er nahm Joe Louis in Schutz und tat so, als glaube er wirklich, daß Louis von der kriminellen Schiebung nichts gewußt habe. Jahre später schrieb Mike Jacobs, der Hauptverantwortliche einer der übelsten Machenschaften in der Geschichte des Boxsports, es habe allen leid getan, »die Max Schmeling als Menschen und als Sportsmann kannten«. Schmeling liest das Jahre später zufällig in einer spanischen Zeitung.

Geholfen hat ihm diese Sympathie nicht. Aber er blieb dabei: Louis und er seien »sehr gute Freunde«.

1938 wurde ein »Annus terribilis« für die Schmelings. Mitte Dezember 1937 hatte Schmeling zwar gegen Harry Thomas in New York durch K. o. in der achten Runde in einem unerwartet harten Kampf gewonnen, doch für den entgangenen Braddock-Kampf um den Titel war das nur ein schwacher Ersatz gewesen. Schmeling hatte ohnehin den Eindruck gehabt, man habe ihn mit Hilfe von Thomas eigentlich ausschalten wollen. Nachdem das nicht geklappt hatte, bekam er doch seinen Kampf – mit Joe Louis.

Im späten Frühjahr 1938 fuhr Max Schmeling mit der »Bremen« nach New York. Laurence F. McNamee fragte Schmeling 1992 in einem Interview für *Boxing Illustrated*, warum ihn eigentlich Anny Ondra damals nicht begleitet habe. Schmeling antwortete:

»Weil der Nazi-Propagandaminister Goebbels sie als Geisel festhielt, damit ich nicht abtrünnig würde. Dempsey lag mir immer in den Ohren, daß ich mich absetzen solle. Aber meine Mutter war ja auch noch in Deutschland. Ich saß in der Falle. Das war eine sehr unangenehme Zeit. Hitler wußte, was ich von ihm dachte.«

Anny Ondra als Geisel: eine ungewöhnliche Offenbarung Max Schmelings, die er so sonst nie geäußert hat. Ob er denn kein Nazi gewesen sei, insistiert McNamee. Schmeling wurde ungehalten:

»Sie sprechen mit jemandem, der Joe Jacobs, einen orthodoxen Juden, zum Manager hatte. Ich bin mit ihm zur Synagoge gegangen. Sie sprechen mit jemandem, der zu den Fallschirmspringern gesteckt wurde und in drei Jahren nur zweimal befördert wurde – um was zu werden? Feldwebel!«

Es stimmt: Schmeling besuchte mit Joe Jacobs die Synagoge in New York. Sein Manager war vor Schmelings erstem Kampf mit

Sharkey so nervös, daß er ihn sogar zu einem Rabbiner schleppte. Gunnar Meinhardt gegenüber erklärt Schmeling 1993:

»Nein, ein öffentlicher Regimegegner war ich wirklich nicht. /.../Die Nazizeit war unglaublich furchtbar. Es muß alles dagegen getan werden, um irgend etwas Sympathisches über das damalige Regime zu vermitteln, denn es gab nichts.«

Die öffentliche Meinung in Amerika schmetterte Max Schmeling nieder. Am Pier in New York empfing ihn eine johlende Menge, die ihn als »Herrenmensch« oder »Parade-Arier« beschimpfte. In der Stadt wurde er mit dem Hitler-Gruß verhöhnt. Sogar Freunde baten ihn, das doch bitte zu verstehen. Er gelte nun einmal als Aushängeschild der Nazis. Ob freiwillig oder unfreiwillig – das war ganz gleich. Schmeling sah zu, daß er in sein Trainingscamp kam. Doch auch dort war die Stimmung nicht viel besser. Hatte Joe Louis beim ersten Kampf noch als große *schwarze* Hoffnung gegolten, so betete dieses Mal *ganz* Amerika, er möge gegen den Abgesandten Hitlers zum Nationalhelden werden. Jeden Tag erfuhr Schmeling neue Details von der Vergeltungsrage, in die sich Joe Louis hineinsteigerte. Der Deutsche aber erhielt jeden Tag Dutzende von Briefen, die mit »Heil Hitler!« oder »Hit Hitler!« unterschrieben waren. Auf politischer Ebene wurde das Interesse an diesem sportlichen Ereignis derart hochgepuscht, daß zum ersten Mal seit dem legendären Kampf zwischen Dempsey und Tunney über eine Million Dollar in die Kasse kam.

Als die beiden Boxer gewogen wurden, mußte nur Max Schmeling coram publico die Hosen herunterlassen, Louis' Blöße durfte bedeckt bleiben. Dann saß der deutsche Boxer mutterseelenallein in seiner Kabine. Das war ungewöhnlich und bedeutete eine zusätzliche Belastung. Sonst war immer Doc Casey bei ihm gewesen, doch der hatte vor der Flut von Drohbriefen kapituliert. Joe Jacobs wiederum hatte Ring- und Kabinenverbot wegen eines belanglosen Fotoscherzes mit einem seiner anderen Schützlinge. Max Machon war zur üblichen Bandagenkontrolle des Gegners unterwegs. Auf dem Weg zum Ring wurde Schmeling von zwei

Dutzend Polizisten eskortiert. Trotzdem traf ihn jede Menge Kleinmüll und im Ring dann die entschlossene Brutalität von Joe Louis, der Schmeling regelgemäß auch dann nicht ausließ, als der sich schon an den Seilen festhielt. Dabei drehte ihm Schmeling leicht den Rücken zu und kassierte den berüchtigten Nierenschlag, der den dritten Querfortsatz seiner Wirbelsäule dreimal spaltete und ihm zwei längere Krankenhausaufenthalte in Amerika und in Deutschland einbrachte.

Der Kampf war nach zwei Minuten und vier Sekunden zu Ende. Goebbels schickte Schmeling trotzdem ein »aufmunterndes Telegramm« und Anny Ondra Blumen. »Sie können das jetzt beide vertragen.« Sieger Joe Louis versuchte Schmeling im Hospital zu besuchen, wurde aber nicht vorgelassen. Joe Jacobs und Max Machon ließen niemanden zu ihm. Doch ein Paparazzo seilte sich vom Dach ab und fotografierte Schmeling im Krankenbett.

Anny Ondra hatte den Kampf vom 22. Juni diesmal nicht in Berlin an Goebbels' Volksempfänger gehört, sondern in München, wo sie die Innenaufnahmen zu *Narren im Schnee* unter der Regie von Hans Deppe drehte. Ihr Kollege Gustav Fröhlich war im Nebenatelier mit Regisseur Gustav Ucicky und dem Film *Frau Sixta* beschäftigt. Nachts hatten alle die Übertragung des Kampfes angehört und machten Anny Ondra ihre Aufwartung, um sie zu trösten. Doch sie schluchzte heftigst weiter. Da rief ihr ein bayerischer Beleuchter zu: »Schau'g'n S', gnä' Frau, wann S' scho unbedingt an Sportsmann ham heiraten woll'n, warum ham'S dann net an Angler g'numma?« Ein Witz, den Anny Ondra schon kannte, der sie aber doch unter Tränen zum Lächeln brachte.

Ähnlich reagierte Max Schmeling, als er seine 175 000 Dollar Börse in den Vereinigten Staaten Steuern entrichten, einen schlechten Umtauschkurs – zwei Mark vierzig statt vier Mark – akzeptieren und für den Rest noch einmal deutsche Steuern zahlen mußte. Nach seinem Triumph von 1936 hatte ihm Hitler die Steuer erlassen; davon konnte diesmal natürlich keine Rede sein. Doch Schmeling konnte es verschmerzen. Er hatte Mietshäuser in Hamburg gebaut und in Ponickel in Pommern ein riesiges altes Gut gekauft, das er mit Anny Ondra auf Vordermann brachte. Und dort gedachte er auch seine Wunden zu lecken.

Seine vermeintliche gesellschaftliche Isolierung übertreibt er auch ein wenig. Am Filmball 1939 in den Räumen des Berliner Zoo nahmen er und Anny Ondra selbstverständlich teil, auf einem Schnappschuß umringt von Carola Höhn, Berta Drews, Heinrich George und Kristina Söderbaum, die ja nicht gerade als Regimegegner bekannt waren.

Vor dem Kampf mit Harry Thomas schon hatten die Schmelings im November 1937 noch Zeit gefunden, für einen Film Zerletts auf dem Sofa zu posieren. *Es leuchten die Sterne* war einer jener Filme, in denen einem jungen Mädchen die Flausen, Filmstar werden zu wollen, ausgetrieben werden, während jede Menge echte Prominenz durchs Bild springt (ein Remake von *Die große Sehnsucht*). Da waren sie wieder alle um die Kaffeetafel versammelt, ganz wie im wirklichen Leben: Anny Ondra und Max Schmeling, Luise Ullrich und eine Schmeling anhimmelnde Olga Tschechowa. Auch sie schaute ab und an bei Goebbels vorbei, zum Beispiel am 9. Oktober 1937: »Frau Tschechowa erzählt mir Sorgen und Freuden.« Noch eine Geisel – vielleicht mit Stockholm-Syndrom?

Narren im Schnee war der erste Film Anny Ondras nach dem »Rausschmiß« von Karel Lamač aus Deutschland. Ein Film, dessen Komik mit derb zu bezeichnen noch allzu freundlich wäre. Er ist eine Art Bauernschwank mit Beppo Brem und Josef Eichheim als Gastwirt namens Sepp Notnagel, dessen urwüchsige Komik vor allem darin besteht, sich den angeklebten Bart abzurasieren. Das Wunder dieses ungestümen Willens zur Zivilisation hat Anny Ondra alias Dorothee erreicht, die es aus unerfindlichen Gründen in das Alpennest und in die Arme des ungehobelten Gastwirtsohns verschlagen hat. Gleich in der ersten Skistunde, die er ihr gibt, muß Anny Ondra behaupten, es müsse Spaß machen, mit ihm verheiratet zu sein, und ihm die Haare verwuscheln. Was sie an diesem Typ ohne jeglichen Charme so betörend findet, hat Regisseur Hans Deppe, der spätere *Grün ist die Heide-* und *Schwarzwaldmädel*-Verfilmer, der immerhin 1928 mit Werner Finck und Rudolf Platte das Kabarett »Die Katakombe« gegründet hatte, mit ins Grab genommen. Deftige Komik auch durch verfilmte Sachbeschädigung: Anny Ondra wirft einer Nebenfigur, einem Erfinder mit dem Rollennamen »Der Sonderbare«, einen Zettel ins Fenster. Da am Zettel noch ein Stein hängt, ist das Fenster anschließend hin. Ein Brüller.

Max Schmeling, der seine Frau bei den Außenaufnahmen im Grödner Tal besuchte, hielt sich von den Dreharbeiten ausnahmsweise fern und faulenzte im Sporthotel Monte Pana in St. Ulrich.

Der Dreh fand in einer politisch hochbrisanten Zeit statt: Mitte März 1938 wurde Österreich »angeschlossen«. Einer der Hauptdarsteller, Paul Richter, der Siegfried aus Fritz Langs stummen *Nibelungen,* ist begeistert über die zeitliche Koinzidenz gewesen: »Wir erlebten dort die Wiedervereinigung Deutschlands mit dem Deutschen Reich. Sie können sich nicht vorstellen, wie wir gefiebert haben, wie wir an den Lautsprechern gesessen haben, damit uns auch nur nichts entging.« Als in Berlin der Filmball gefeiert wurde, vergnügte sich das Team in den Dolomiten bei einem Film-Filialball. Hans Deppe bot kabarettistische Kabinettstückchen, die mit seiner Finckschen Vergangenheit garantiert nichts zu tun hatten, denn während Finck sich im Dritten Reich von einer Verhaftung zur nächsten beinahe um Kopf und Kragen redete, hatte Deppe einen italienischen Stargast zu Besuch: Vito Mussolini, ein Neffe. Anny Ondra und Max Schmeling waren dabei und fühlten sich geschmeichelt.

Bald danach hat eine Begegnung mit Anny Ondra, Max Schmeling und Goebbels stattgefunden, die Lída Baarová in ihren Erinnerungen schildert:

»Anfang des Sommers 1938 habe ich bei einer Gesellschaft Anny Ondra und Max Schmeling getroffen. Wir haben darüber gesprochen, daß die Deutschen im Grenzgebiet auch annektiert werden wollten. Max Schmeling war damit nicht einverstanden. Er sagte, daß viele Deutsche in der Tschechoslowakei ganz zufrieden seien. In diesem Moment erschien in der Nähe unseres Tisches der Minister Goebbels, der zugehört hatte, und bestand darauf, es handle sich um das natürliche Recht der Deutschen, gleich wo sie sich befänden. Ich habe gefragt: ›Kennen Sie die Landkarte Böhmens?‹ ›Warum sollte ich sie anschauen?‹ ›Weil Sie dann sehen, daß das Land auf allen Seiten von Bergen umgeben ist. Das sind natürliche Grenzen. Die Natur können Sie nicht ändern.‹ Goebbels' Gesichtsausdruck veränderte sich völlig und er sprach mit mir, wie er noch nie gesprochen hatte. Er befahl mir, aufzustehen und zu gehen.«

Max Schmeling durfte bleiben. Hans Söhnker meinte später sympathisierend, an das Massenidol Max Schmeling hätten sich die Nazis nicht herangetraut.

Die Kritiker stellten fest, *Narren im Schnee* sei ein »ganz und gar sauberes Winterlustspiel«, Anny Ondra bescheinigt man »urwüchsige Lustspielbegabung« – das ist ihr noch nie passiert – und freut sich, wie »lebensnah, also nicht grotesk-übertrieben wie sonst« sie wirke. »Der Anny-Ondra-Film ist wieder auf ein aussichtsreiches Geleise zurückgeschoben.« Wer hatte ihn denn dort weggeräumt?! Es wird eng. Wenn es dann noch als Überraschung gewertet wird, daß Anny Ondra perfekt Schlittschuh läuft, wird endgültig klar, daß in den Redaktionen jetzt Leute sitzen, die vor 1933 keinen Fuß ins Kino gesetzt haben.

Anfang 1938 waren Anny Ondra und Max Schmeling nach Ponickel gezogen. Weg von Berlin, weg von der Touristenattraktion Scharmützelsee. Sie waren sich einig geworden, daß Saarow-Pieskow nicht der Ort war, an dem sie alt werden wollten. Und weg aus der Nähe zu Schwanenwerder? Haben sich Anny Ondra und Max Schmeling je darüber unterhalten, ob es vielleicht besser wäre, sich aus dem allzu engen Kreis der Günstlinge zu entfernen, bevor ihre willkürlichen Gönner auf dieselbe Idee kamen? Der Besitz Ponickel war im sechzehnten Jahrhundert entstanden und hatte im Lauf der Jahrhunderte vielen illustren Herrschaften gehört, meist pommerschen Adligen. Anny Ondra und Max

Schmeling gaben jedem einzelnen ihrer Arbeitnehmer zur Begrüßung die Hand und stürzten sich mit Eifer auf ihre neue Aufgabe. Das fiel natürlich um so leichter, nachdem Schmeling gegen Joe Louis verloren hatte. Max Machon war zunächst traurig über den Wegzug der Schmelings von Berlin, doch dann sah er ein, daß Schmeling Veränderung brauchte. Auch er hielt dessen Boxerlaufbahn praktisch für beendet.

Ein ganz klein wenig kabbeln sich Anny Ondra und Max Schmeling, als sie bei Harry Valérien über Ponickel sprechen. Ihr Mann habe sie mit dem Kauf des Ritterguts in Ponickel überrascht, sagt sie. »Aber du hast es doch gewußt!« sagt Schmeling leicht gekränkt. »Gewußt schon, aber ich habe es nicht gesehen«, beharrt Anny Ondra. Schmeling – ein Mann der einsamen Entschlüsse? Den neuen Besitz legte er seiner Frau wenig diplomatisch ans Herz: »Es ist 3 200 Morgen groß, ein bißchen einsam, du wirst dich erst gewöhnen müssen, auch etwas primitiv ... Aber es sind ganz dicke Hirsche da und Wildschweine!« Darüber freute sie sich dann mit ihm. Der erste Eindruck war dennoch niederschmetternd, Ponickel war verwahrlost, doch am schockierendsten fand sie die Kreuzottern, die überall zu sein schienen, auf der Türschwelle, im Garten, im Gemüsekeller. Eine Ausfahrt mit Pferd und Wagen durch die »wunderschöne, unberührte, wilde Landschaft« versöhnte Anny Ondra. Abends schmiedeten sie Pläne, die sie in den nächsten sechs glücklichen Jahren auch in die Tat umsetzten. An Geschenkideen herrschte nun bei beiden kein Mangel mehr: eine moderne Küche (Max an Anny), ein neuer starker Trecker (Anny an Max), eine neuausgebaute Molkerei (Max an Anny), eine Mähmaschine (Anny an Max), eine Bewässerungsanlage für den liebevoll angelegten Garten (Max an Anny), eine moderne Schlächterei (Anny an Max) und an einem Hochzeitstag fünfzig Obstbäume (Max an Anny). Sie züchteten Pekingenten, mit denen sie das renommierte Restaurant des gleichnamigen legendären Berliner Gastronomen Otto Horcher belieferten, und begründeten mit Hilfe des Stammvaters Kasimir eine Sumpfbiberzucht. Das Herrenhaus war gediegen eingerichtet, mit einer altitalienischen Madonna über der

Anrichte im bäuerlich gehaltenen Eßzimmer und einem Prachtband auf Schmelings Schreibtisch, der ein Unikat war: In ihm waren all die Hunderte von Telegrammen gebunden, die Max Schmeling im Plaza nach seinem Sieg gegen Joe Louis entgegengenommen hatte. Darunter auch eins von Sonja Henie.

Zu einem Erntefest dachten sich die Schmelings etwas Besonderes für ihre fleißige Arbeiterschaft aus: Auf einer großen Leinwand führten sie einen der neuesten Filme vor und taten dies von nun an öfter. Darunter können nach 1938 nur noch zwei mit Anny Ondra gewesen sein: *Der Gasmann* (1941) und *Himmel, wir erben ein Schloß* (1942).

Und irgendwann in dieser Zeit erlebten sie einen Schicksalsschlag, der vor allem Anny Ondra tief trauern ließ: Nach einem Autounfall hatte sie eine Fehlgeburt. Soviel erfährt man von Max Schmeling. Doch wer diesen Unfall wo verschuldete, erzählt er in seinen *Erinnerungen* nicht.

1938 gaben sie auch die Wohnung in der Podbielskiallee auf. »Ich kaufte mir ein Häuschen mit wenigen Zimmern im Föhrenweg in Dahlem.« Wurde Anny Ondra auch bei diesem Immobilienkauf erst danach informiert?

Und war es in diesem Haus, wo Max Schmeling zum Retter zweier jüdischer Jungen wurde? Die Schilderungen der Nacht vom 9. auf den 10. November 1938, der »Reichskristallnacht«, gehen auseinander. Eric Silver, der die Geschichten »stiller Helden« 1992 veröffentlichte, schreibt, Max Schmeling habe in jenem November in Berlin zu tun gehabt und die Söhne seines Bekannten David Lewin mit in sein Zimmer im Hotel Excelsior am Alexanderplatz genommen. Wieso wohnte Schmeling im Hotel? Hatte er die Wohnung in der Podbielskiallee schon aufgegeben und das Haus im Föhrenweg noch nicht gekauft? Am 12. November fuhr Schmeling in seinem Mercedes Coupé mit den beiden Jungen zu sich nach Hause, schreibt Silver. Nach Ponickel also?

David Lewin war ein wohlhabender Hotelbesitzer in Postdam und war glücklicherweise im Herbst 1938 schon auf die Emigration vorbereitet. Seine Söhne Heinz und Werner waren vierzehn und fünfzehn Jahre alt. Er bat Schmeling, sich für ein paar Tage um die Jungen zu kümmern. Dem amerikanischen Interviewer Laurence F. McNamee sagte Schmeling 1992: »Meine Frau und ich versteckten die Jungs lediglich bei uns zu Hause, bis sie wegkonnten. Eine Menge anderer Deutscher taten dasselbe. Ich hatte nur mehr zu verlieren – weil ich als verdächtig galt.« Und am 14. November brachte er sie zu ihren Eltern zurück, die Familie reiste nach Shanghai. 1980 las Schmeling eine Zeitungsnotiz, derzufolge Henry (Heinz) Lewin in einem Hotel in Las Vegas einen Weltmeisterschaftskampf plante, und schrieb ihm. Lewin reagierte, und so nahmen sie die Freundschaft, die zwischen Schmeling und Henrys Vater bestanden hatte, wieder auf.

Am 6. Dezember 1989 rief Gouverneur Bob Miller auf Vorschlag von Henry Lewin für Nevada den »Max-Schmeling-Tag« aus.

Henry Lewin erinnert sich ein bißchen anders an die Umstände seiner Rettung durch Max Schmeling: Schmeling habe ihn und seinen Bruder schon achtundvierzig Stunden nach den Pogromen in einem Horch-Cabriolet zu den Eltern zurückgebracht, die sich bei Freunden in einem anderen Hotel versteckt gehalten hätten:

»Als wir durch die Dunkelheit zum Auto gingen, wimmelte es auf der Straße von Gestapo-Leuten. Es war gespenstisch ruhig. Die uniformierten Männer mit ihrem Furcht einflößenden Aussehen guckten uns an, als wüßten sie genau, daß wir Juden sind. Ich glaube, sie hätten uns am liebsten sofort vernichtet. Doch alle schwiegen, keiner traute sich, den Boxchampion anzusprechen.«

Nach so vielen Jahren kann man Details verwechseln, aber es ist schade, daß über Anny Ondras Rolle bei der Lewin-Rettung auch wieder nur spekuliert werden kann.

Daß man selbst unter Freunden nicht immer offen sprechen durfte, erfuhr Max Schmeling kurz nach dem Einmarsch der deutschen Truppen in Prag im März 1939. Er saß mit dem Schauspieler und späteren Hörfunkregisseur Rolf von Goth im Roxy mit Wirt Heinz Ditgens und Michael Bohnen zusammen.

Ditgens und Goth schimpften auf Hitler. Nach kurzem Wortwechsel sprang Bohnen auf und stürmte hinaus. Kurz darauf kamen zwei Beamte der Gestapo ins Lokal und nahmen die Personalien der drei Männer auf. Goth wurde dann abgeholt, und Ditgens mußte sich zur Verfügung halten. Schmeling blieb unbehelligt und wandte sich für Goth wieder einmal an den Fotografen Heinrich Hoffmann. Hoffmann und Hinkel – als Stammgäste der Roxy-Bar – bereinigten dann die Angelegenheit, und Goth kam frei. Bohnen wurde 1945 Intendant der Städtischen Oper Berlin, doch die Freundschaft mit Max Schmeling, der ihm einst das Boxen hatte beibringen sollen, war beendet. Durch die Nazis verlor Bohnen seine Frau La Jana: Goebbels zwang sie zur Teilnahme an einer Wehrmachtstournee, auf der sie sich eine doppelseitige Lungenentzündung holte, an der sie am 13. März 1940 starb.

Max Schmeling kämpfte einen letzten Kampf vor dem Krieg im Juli 1939 in Stuttgart gegen Adolf Heuser. Er schlug ihn nach einundsiebzig Sekunden k. o. Heusers Frau stieg weinend und schreiend in den Ring, als ihr Mann lange nach dem »Aus!« immer noch nicht zu sich gekommen war. Schmeling war entsetzt: »Es fehlte mir gerade noch, daß Heuser etwas passiert! Und das in einem meiner letzten Kämpfe!« Aber Heuser erholte sich.

Der Krieg

Hans Söhnker wurde Zeuge, wie Max Schmeling mit einer kleinen Provokation wider den Stachel löckte. Der Krieg hatte schon begonnen, als er Schmeling im Haus der Kameradschaft der Deutschen Künstler bei einem Empfang für Gäste aus Finnland traf:

»Obwohl es um uns herum von braunen Bonzen nur so wimmelte, zog Schmeling seelenruhig ein Foto aus der Tasche, das ihn nach einem Match im New Yorker Madison Square-Garden zusammen mit dem US-Präsidenten Franklin D. Roosevelt zeigte. Roosevelt war damals ja eine der bevorzugten Zielscheiben der Goebbels-Propaganda und wurde ständig als ›Kriegshetzer‹, ›Whiskysäufer‹ und ›Judenknecht‹ verunglimpft. Schmeling legte das Roosevelt-Foto offen auf den Tisch und sagte mit Nachdruck: ›Ja, das ist schon ein toller Mann, nicht wahr!‹ Hut ab vor so viel Schneid! Damals freilich fuhr mir der Schreck in die Glieder. Mitten im Krieg und vor so vielen Ohren eine solche Äußerung! Das war mehr als gefährlich.«

Bald darauf wurde Max Schmeling zur Musterung befohlen. Offenbar die Rache Tschammers, denn die meisten Prominenten wurden zunächst freigestellt, und Max Schmeling war zudem mit gut vierunddreißig Jahren über das Einberufungsalter hinaus. Es begann spielerisch. Bei der Musterung traf er Bernhard Minetti, und die beiden Nackten machten gepflegt Konversation. Man habe sich doch mal bei Heinrich George gesehen, erinnerte ihn der Schauspieler. Minetti nahm die Sache locker, zu Recht, Staatsschauspieler waren unabkömmlich (»u. k. gestellt«). Schmeling wurde wirklich eingezogen. Anny Ondra nahm es ohne jeden Humor. »Die haben dich reingelegt, Max!« sagte sie verzweifelt. Zunächst holte man Schmeling zu einer Flakeinheit nach Ostpreußen, dann gelang es ihm wieder, für eine Weile mit Hilfe einer kleinen Operation am rechten Ringfinger davonzukommen. Es folgte ein scheinbar zufälliger Besuch bei einer Fallschirmeinheit, zu dem ihn ein Zeitungsredakteur eingeladen hatte. Und der nächste Schritt folgte während eines Empfangs für prominente Sportler, zu denen er also doch noch gehörte, und bei dem ihn ein Luftwaffengeneral fragte, ob er seinen Dienst nicht bei den Fallschirmspringern ableisten wolle. Max Schmeling erschrak, doch der General beruhigte ihn: Es sei nur daran gedacht, ihn der körperlichen Eignungsprüfung für die jungen Freiwilligen zu unterziehen. Tatsächlich wurde Schmeling aber ausgebildet und zog sich bei einem Training eine Meniskusverletzung zu. Wieder Klinik, und wieder vergaß man ihn nicht. Die Ausbildung ging weiter. Anfang Mai wurde er nach Griechenland verlegt. Anny Ondra verzweifelte noch mehr. Als Schmeling ihr sagt, er sei doch weder am Gewehr noch an der Handgranate ausgebildet, lacht sie ihn aus: »Das wird den Herrn von Tschammer aber sehr interessieren!«

Schließlich landete Schmeling bei einem Bataillon, das von Friedrich August von der Heydte befehligt wurde. Der hatte ihn angefordert, nachdem man ihm seinen Sportoffizier Schwarzmann, den Goldmedaillengewinner im Zehnkampf, weggenommen hatte. Promi gegen Promi. Schmeling meldete sich bei ihm mit den Worten: »Sie gestatten, mein Name ist Schmeling.« Daraufhin wurde der laxe Boxer schnurstracks von einem Hauptfeldwebel hinausgefuhrt. Nach einer Stunde kam er wieder und meldete sich stramm militärisch. Was zwischen den beiden Meldungen geschehen war, konnte sich Heydte nur ungefähr angesichts der Staubspuren auf Schmelings Uniform zusammenreimen.

In Berlin machte Anny Ondra wieder den Goebbels ihre Aufwartung. Wollte sie eine Rolle? Wollte sie schön Wetter machen für Schmeling? Oder hatten ihre Besuche nie aufgehört, wurden aber nicht mehr festgehalten? Am 12. Februar 1940 war sie jedenfalls bei Goebbels zu Besuch und sah sich mit ihm den Disney-Film *Schneewittchen* an. Eine Sondereinladung für die Märchenliebhaberin Anny Ondra? Goebbels gefällt der Film; auch Hitler ließ sich immer wieder Mickey-Maus-Filme besorgen. Der Propagandaminister notiert: »Ein Märchen für Erwachsene, bis ins Einzelne durchdacht und mit großer Menschen- und Naturliebe gemacht. Ein künstlerischer Hochgenuß!« Auch im Juli ist Anny Ondra bei den Goebbels zu Besuch; zwei Monate darauf darf sie endlich wieder einen Film drehen: *Der Gasmann* mit Heinz Rühmann unter der Regie Carl Froelichs. Froelich trat 1933 in die NSDAP ein, wurde 1937 zum Professor ernannt und im Juni 1939 zum Reichsfilmkammerpräsidenten. Während der Dreharbeiten zu *Der Gasmann* hat Froelich Geburtstag. Goebbels besucht ihn, dessen Namen er – wie die vieler anderer – penetrant falsch schreibt:

»Nachmittags zu Prof. Frölich ins Atelier. Er feiert seinen 65. Geburtstag und ich überreiche ihm im Namen des Führers mit einer kleinen Ansprache die Goethemedaille. Der alte Herr ist sehr gerührt. Er verdient diese Ehrung wie kein zweiter im deutschen Film. Er zeigt mir seine Ateliers, Farbaufnahmen und Muster zum ›Gasmann‹, die sehr komisch sind. Rühmann führt eine Szene vor: zwerchfellerschütternd! Wir lachen uns scheckig./.../ Abends bei Rühmann. Kleine Geburtstagsehrung für Frölich. Es ist sehr nett, und wir können tausenderlei besprechen. 2 Stunden Luftalarm.«

Anny Ondra nahm an dieser Feier für etwa zwanzig Personen teil wie auch Zarah Leander. Rühmann fachsimpelte mit Goebbels. Ob Goebbels vor einem kleinen Kreis anders spreche als vor den »Massen im Sportpalast«? »Selbstverständlich«, sagt Goebbels. »Bei Ihnen, Herr Rühmann, wird es nicht anders sein!« Im Oktober – dem Oktober, in dem in Warschau, Lublin, Krakau und Lódż jüdische Ghettos errichtet werden – saß man dann wieder bei den Goebbels auf Schwanenwerder zusammen: Carl Froelich, Zarah Leander, Eleonore Quandt und Anny Ondra. Doch bevor *Der Gasmann* uraufgeführt wurde – am 1. August 1941, also fast ein Jahr nach den Dreharbeiten –, geriet Max Schmeling in Gefahr.

Das Unternehmen »Merkur« begann am 20. Mai 1941. Ende April war Heydtes Bataillon nach Südungarn verfrachtet worden und hatte erst dort von dem Einsatz in Griechenland erfahren, für den er vorgesehen war. Schmeling ging es schlecht. Vor dem Einsatz auf Kreta meldete er sich bei Heydte; er sei an Diarrhoe erkrankt. Heydte blieb cool: »Ich tröstete ihn unter dem Hinweis auf die Wasserdichte und Güte unserer Sprungbekleidung.« Aus adligem Slang übersetzt heißt das ja wohl nichts anderes als »Sch … drauf, spring!« Und Schmeling sprang, was ihm in den Augen Heydtes sehr zur Ehre gereichte. Man muß bedenken: Heydte hatte Schmeling regelrecht angefordert, um sein Bataillon mit einem großen Namen schmücken zu können. Schmeling hatte großes Glück: Viele deutsche Fallschirmspringer wurden in Kreta abgeschossen. Seine alten Verletzungen – Meniskus und Wirbelsäule – machten ihm jedoch wieder zu schaffen, und er fand nur unter Schwierigkeiten zur Truppe zurück. Da begriff endlich auch Heydte, daß Schmeling an einer lebensgefährlichen Bazillenruhr erkrankt war. Schmeling wurde nach Athen ins Lazarett gebracht. Inzwischen meldeten die Nachrichtenagenturen, allen voran Reuter, der ehemalige Boxweltmeister Max Schmeling sei bei den Kämpfen auf Kreta gefallen. Goebbels notiert am 30. Mai 1941: »Unipreß meldet, daß Schmeling auf der Flucht aus der Gefangenschaft erschossen worden sei. Aber noch unbestätigt. Das wäre sehr schade um diesen anständigen, braven Jungen.« Doch am nächsten Tag gibt es Entwarnung: »Schmeling lebt nun doch noch und liegt in einem Lazarett in Athen. Ich teile das Anny Ondra telephonisch mit, die überglücklich ist. Nach soviel Qualen.«

In *Hallo Max!* erzählt Anny Ondra das etwas anders, als Max Schmeling in der Sendung erklärte, er selbst habe von seinem angeblichen Tod erst nach der Rückkehr erfahren. Originalton Anny Ondra in *Hallo Max!*: »Eine Freundin rief plötzlich an: ›Der Max lebt, der Max lebt!‹ Ich wußte gar nicht, daß er im Einsatz war.«

Wie dem auch gewesen sein mag: Goebbels beschloß, aus

Schmelings Überleben politisches Kapital zu ziehen. Er wies seine Leute in Athen an, für amerikanische Journalisten ein Interview mit Schmeling zu arrangieren. Doch der Schuß ging nach hinten los. Schmeling versicherte, er wisse rein gar nichts von Greueltaten englischer Soldaten und halte einen eventuellen Einstieg der Amerikaner in den Krieg für ein Unglück, da er Amerika immer als seine zweite Heimat angesehen habe. Goebbels war außer sich. Am 8. Juni 1941 vermerkt er:

»Von Schmeling hört man nicht gerade Gutes. Er hat einem amerikanischen Journalisten ein denkbar dummes und kindisches Interview gegeben: Wenn Boxer Politik machen. Er soll lieber kämpfen als in Athen sitzen und Sprüche klopfen.«

Ging das Interview doch auf Schmelings Initiative zurück? An dem Angriff auf Kreta hatten etwa achttausend deutsche Fallschirmjäger teilgenommen, sechstausend von ihnen fielen, wurden verwundet oder gerieten in Gefangenschaft. Von 42 000 Briten, die die Insel verteidigten, wurden mehr als fünfzehntausend getötet, verletzt oder galten als vermißt. Schmeling hatte großes Glück gehabt. Heydte, der später Staatsrecht lehrte, beschreibt den Empfang bei Hitler in der Wolfschanze:

»Während des Kaffeetrinkens sprach Hitler gut zwei Stunden lang mit einer Überzeugungskraft zu uns, die fast ans Hypnotische grenzte. Hätte er uns befohlen, jetzt und ohne Schirm von einem Kirchturm zu springen, wir hätten es ohne Zögern getan. Erst auf dem Rückflug wich die Hypnose langsam von uns/.../«

Auf eigenen Antrag hin verließ Max Schmeling danach die Fallschirmjägertruppe. Zur Uraufführung von *Der Gasmann* war er wieder daheim.

Es wurde ein reiner Heinz-Rühmann-Film. Anny Ondra ist nur noch Accessoire, Hintergrund, liebendes Frauchen, Mutter zweier wohlgeratener Jungen und in ihren Ehemann noch so verliebt, daß sie ihn am Tag seiner Rückkehr von einer Kurzreise sofort ins Bett bekommen möchte. Doch in der Geschichte von Heinrich Spoerl ist nur Platz für die mentalen Irrungen und Wirrungen des Gasmanns Heinz Rühmann, dem ein reicher Mann den Anzug abgekauft hat, weil er selbst auf keinen Fall bei der Ankunft auf dem Berliner Hauptbahnhof im Schlafanzug aus dem Schlafwagen steigen will. Rühmann muß genau das dann tun. Das allzu hohe Entgelt für seinen Anzug bringt Rühmann ins Schleudern, und seiner Ehefrau Anny Ondra vertraut er viel zu wenig, als daß sie ihm aus dem Tohuwabohu heraushelfen könnte. Zu Ondras Spiel fällt außer einem halbherzigen »ein fröhliches Wiedersehen mit Anny Ondra ...« nicht einmal den gleichgeschalteten Kritikern etwas ein. Anny Ondra als Ehefrau Erika muß sich weiter oversexed geben und eine psychologische Beratungsstelle aufsuchen, wo ihr die Fachfrau empfiehlt, den offensichtlich untreuen Ehemann mit Rohkost zu füttern. Das töte alle Triebe, sie selbst esse seit dreißig Jahren Rohkost und habe folgerichtig noch nie etwas mit einem Mann gehabt. »Da haben Sie aber viel versäumt«, sagt Ondra schmollend und ernst.

Dann wartet der reuevolle Rühmann unten auf der Straße auf Ondras Signal, ob sie ihm seinen Ehebruch verziehen hat. Und wenn sie sich auf diese Bitte um Vergebung – er hat ihr eine Schallplatte mit seiner Beichte geschickt – fahrig zurechtmacht, vorher aber neugierig die Vorhänge aufzieht, würde man an diesen sparsamen Gesten allein erkennen, welches ganz andere Potential in dieser großartigen Schauspielerin steckte, wüßte man es nicht seit Hitchcock ohnehin schon. Eine Tragödie, daß später nichts mehr daraus wurde.

Überraschend an *Der Gasmann* waren die realen Bezüge zum NS-Alltag. Sie habe einen Vetter in der Partei, darf die renitente Kundin der Gaswerke Gisela Schlüter dem Gasmann drohen. Der wiederum erklärt den Polizeibeamten – die übrigens bereits *alles* von ihm wissen, von seiner Fahrt in der zweiten Klasse zum Wannsee bis zur Anschaffung eines Klaviers –, Zinsen widersprächen seinem gesunden Volksempfinden. Mit einem Lachanfall bei der Gerichtsverhandlung verabschiedet sich Anny Ondra wieder für ein ganzes Jahr von ihrem Publikum.

Schmeling galt jetzt als kriegsverletzt und wurde nicht mehr eingezogen. Doch genauso wie sein Bild in Fallschirmjägeruniform um die Welt geschickt worden war, wurde er weiter für Propagandazwecke eingesetzt und durch die Gefangenenlager geschickt, um von seinen Kämpfen gegen Joe Louis zu erzählen. Er versuchte, amerikanischen Gefangenen zu helfen, aber auch Freunden, die durch Unbedachtsamkeiten in Gefahr geraten waren. Er bediente sich dabei mancher gefährlicher Bündnispartner, etwa des Grafen Wolf-Heinrich von Helldorf, den er gemeinsam mit seiner Frau oft bei Goebbels getroffen hatte. In seinen *Erinnerungen* betont Schmeling, daß Helldorf geholfen und zu denen gehört habe, die nach dem 20. Juli 1944 gehenkt worden seien. Das ist richtig, doch ein überzeugter Widerstandskämpfer war der fanatische Antisemit Helldorf nicht. Schon 1932 hatte er auf dem Kurfürstendamm die ersten antijüdischen Hetzjagden angezettelt. Berühmt auch sein an Goebbels gerichteter Satz, als der wieder einmal den Kabarettisten Werner Finck ins Konzentrationslager steckte: »Schicken Sie doch nicht immer nur Ihre Leute ins KZ! Andere wollen auch mal rein.«

Erst die Ausweglosigkeit von 1944 machte Helldorf zu einem Widerständler, wie Goebbels-Biograph Reuth belegt, der aus einem Gespräch des Regierungsrats Gisevius mit Helldorf zitiert: »Es sei widerlich mitanzuschauen, aber wo sich dieser tückische Zwerg blicken lasse, strömten noch heute die Menschen zusammen und fühlten sich von einem Autogramm oder Händedruck beglückt.« Helldorf half, doch wenige Tage später rief einer seiner Beamten bei Schmeling an und beschimpfte ihn: Er nutze seinen prominenten Namen ständig, um Juden oder Straffälligen zu helfen. Dieser Beamte sei später Präsident des Deutschen Roten Kreuzes geworden.

Ein andermal wandte sich Schmeling an Philipp Bouhler, Reichsleiter in Hitlers Reichskanzlei und dort für Gnadengesuche, aber auch für die Euthanasie zuständig, und bat ihn um Hilfe für den österreichischen Boxer Heinz Lazek, dessen jüdische Freundin in Wien ein Kind von ihm bekommen hatte. Bouhler half.

Irgendwann 1942 drehte Anny Ondra ihren letzten Film im Dritten Reich. *Himmel, wir erben ein Schloß* wurde am 16. April 1943 uraufgeführt. Regie führte Peter Paul Brauer, Klaus Kreimeier zufolge ein strammer Parteiaktivist. Anny Ondra agiert wie ein Zombie. Wieder ist sie auf die Rolle der guten Ehefrau und Mutter zurückgestutzt, die mit einem unvermutet zu Geld gekommenen Mann fertig werden muß. Während sie als Gutsherrin auf Schloß Gaugarten (die Vorlage lieferte Hans Fallada, der durch die Nazis zum tragischen Fall wurde, und doch – was für ein Name für ein Schloß!) sich sofort um soziale Zwecke kümmert und den Landarbeitern neue Häuschen bauen will, verfällt ihr Gatte dem Alkohol und dem Flirt. Anny Ondra ist patent und lieb und hetzt durch den Film, als sei Lachen verboten. Und das war es ja im Grunde auch. Am 18. Februar hatte Goebbels den »totalen Krieg« verkündet, im selben Monat wurden die Mitglieder der »Weißen Rose« hingerichtet, die Luftangriffe auf deutsche Städte nahmen zu, und die Lebensmittelversorgung wurde kritisch. Drei Tage nach der Premiere wurde der Aufstand im Warschauer Ghetto brutal niedergeschlagen. Anny Ondra war längst nach Ponickel zurückgekehrt. *Himmel, wir erben ein Schloß* war das viel zu frühe und traurige Ende ihrer großen Karriere. Hatte es sich für diese letzten Filme gelohnt, Magda und Joseph Goebbels so nahe zu kommen?

1943 drehte Karel Lamač in Großbritannien *They met in the dark* mit James Mason, der 1951 in Deutschland unter dem Titel *Spionagering M* ins Kino kam, zu diesem Zeitpunkt vermutlich, um das Interesse an Lamač wieder zu wecken, der seinen neuen Film in Deutschland zu planen begann. Doch vorläufig diente Lamač noch in der englischen Armee, wo auch *They met in the dark* spielt: die Geschichte eines Marineoffiziers, der einen Spionagering der Nazis aufdeckt.

Karel Lamač selbst schloß sich einer tschechischen Fliegereinheit der Royal Air Force an und drehte Dokumentarfilme über den Abwehrkrieg gegen Deutschland. In *Schweik's New Adventures* (1943) kämpft Schwejk gegen Nazi-Deutschland. Außerdem gründete er ein Synchronisationsstudio, in dem er tschechische

Versionen englischer und amerikanischer Propagandafilme herstellte. Ob auch Frank Capras *Why we fight* mit Max Schmeling in seiner unfreiwilligen Nebenrolle darunter war, ist nicht bekannt.

Im November 1943 nahm sich Paul Otto, der Périn aus *Kiki* und der Syndikus aus *Fräulein Hoffmanns Erzählungen*, mit seiner Frau Charlotte Klinder-Otto in seiner Berliner Wohnung das Leben. Der jüdische Schauspieler hatte als arisch gegolten und seine Tarnung so perfekt machen können, daß er Ende 1942 noch zum Leiter der Fachschaft Bühne in der Reichstheaterkammer ernannt worden war. Bis ihn ein Kollege am Deutschen Theater mit den Worten denunzierte: »Heil Hitler, Herr Schlesinger!« Schlesinger war Ottos Geburtsname. Der verzweifelte Paul Otto und seine Frau sahen keinen anderen Ausweg.

Viele Kollegen Anny Ondras wurden von den Nazis getötet. Ulrich Liebe hat ihr Schicksal für sein Buch *verehrt verfolgt vergessen* recherchiert. Kurt Gerron (Schmelings Retter in der Not beim Boxerlied von *Liebe im Ring*) und Max Ehrlich, die beide kleine Rollen in *Die vom Rummelplatz* gespielt hatten, dem Film, der für die Begegnung von Anny Ondra und Max Schmeling so wichtig gewesen war, wurden vor ihrem Tod besonders perfide gequält. Gerron ließ man einen Film in Theresienstadt drehen, der für das Ausland als Beweis dienen sollte, wie gut es den Juden in den Lagern gehe. Die Nazis versprachen Gerron, die Mitwirkenden an *Der Führer schenkt den Juden eine Stadt* am Leben zu lassen. Doch als der Film fertig war, mußte Gerron zusehen, wie als erste die Kinder, die er beim Spielen gefilmt hatte, nach Auschwitz abtransportiert wurden. Dann die Erwachsenen. Dann er selbst.

Max Ehrlich wird kurz vor dem Abtransport nach Auschwitz von einem Hauptsturmführer als Komiker erkannt und muß vor den SS-Männern, die mit geladenen Pistolen vor ihm stehen, Späße machen. Der Sinti-Boxer Trollmann wird 1943 im Hamburger KZ Neuengamme ähnlich verhöhnt: Die SS-Männer ziehen dem halbverhungerten Häftling Handschuhe über: »Los, Zigeuner, wehr dich!« Im April 1943 erschossen sie ihn. Kurt

Gerron und Max Ehrlich werden Ende 1944 in Auschwitz vergast. Auch Paul Morgan und Fritz Spira, ebenfalls bei *Die vom Rummelplatz* dabei, werden von den Nazis ermordet. Morgan stirbt nach dreimonatiger Haft im Dezember 1938 in Buchenwald, Spira wird beim Versuch, nach Shanghai zu fliehen, in Jugoslawien gefaßt und 1943 im KZ Ruma getötet. Julius Falkenstein, auch er in Lamačs erstem Tonfilm dabei, war schon am 29. März 1933 nach Goebbels' Filmrede in der Tagesordnung des Ufa-Vorstands mit Otto Wallburg als »nicht mehr für tragende Rollen vorzusehen« aufgelistet worden und starb an der damals grassierenden Enzephalitis am 9. Dezember 1933. Und Otto Wallburg, der Bully aus *Die Tochter des Regiments*, fand ebenfalls in Auschwitz den Tod. Heinz Rühmann fielen für den Tod von Kurt Gerron und Otto Wallburg, den vor allem er als seinen Freund bezeichnete, in seinen Erinnerungen nur ein paar Pünktchen ein. »Kurt Gerron/.../emigrierte noch rechtzeitig mit meinem Freund Otto Wallburg nach Holland. Leider nur bis Holland ...«, schreibt er in *Das war's*.

Im Januar 1944 fuhr Max Schmeling zur Feier von Georges Carpentiers fünfzigstem Geburtstag nach Paris. Elegant gekleidet und in weltmännischer Pose, ließ er sich auf einer Dachterrasse mit dem Eiffelturm im Hintergrund fotografieren. Anschließend interviewte er Carpentier für den deutschen Sender in Paris. Ein Jahr später bedauerte er das: Carpentier wurden das Interview und ein gebrauchtes Motorrad, das Schmeling ihm beschaffte, als Kollaboration ausgelegt. Dann schickten die Nazis Schmeling zum Papst, den er für die Deutschen einnehmen sollte. Doch er kann ihnen nur berichten, der Papst wolle für baldigen Frieden, nicht aber für einen baldigen deutschen Sieg beten, und da verzichtet man in Deutschland auf eine publizistische Verwertung des Gesprächs, in dessen Verlauf Papst Pius XII. Schmeling zwei Rosenkränze schenkte. Zur Erinnerung, sagte er; er wisse wohl, daß Anny Ondra und Max Schmeling Protestanten seien. Anny Ondra war katholisch, aber es stimmte: Die beiden hatten sich in einer protestantischen Kirche trauen lassen.

Ponickel findet Schmeling bei der Rückkehr von dieser letzten Mission mit Flüchtlingen überfüllt vor. Von einigen Kindern, die ihnen von Berliner Freunden anvertraut worden waren, als Ponickel sicherer als Berlin zu sein schien, waren noch zwei junge Mädchen als Gäste geblieben. Doch die Russen rückten näher. Alle mußten Ponickel verlassen. Sechs Jahre hatten Anny Ondra und Max Schmeling dort gewohnt. Max Schmeling fiel es besonders schwer, sich von seiner persönlichen Habe zu trennen. Doch Anny Ondra redete ihm gut zu: »Max, es ist doch alles nicht so wichtig! Wenn nur wir beide durchkommen!« Sie gingen und sahen sich nicht mehr um. Von Berlin reiste Anny Ondra weiter nach Rostock zu Bekannten. Max Schmeling versuchte noch einmal, nach Ponickel zurückzufahren. Doch der Weg dorthin war schon abgeschnitten. Er fuhr zurück nach Berlin. Sein Haus in Dahlem war bereits seit längerem für die Familie des Feldmarschalls Keitel beschlagnahmt worden. Da bot John Jahr Schmeling sein Haus am Roseneck an. Mit all den anderen, die in Berlin geblieben waren, beseitigte Schmeling jetzt Trümmer, reparierte Dächer und Leitungen und besuchte Kriegsgefangene, die sich zu seiner Überraschung immer noch in der Stadt befanden. Regelmäßig telefonierte er mit Anny Ondra, die ihn beschwor, zu ihr zu kommen. Kurz bevor die Russen die Stadtgrenze erreichten, verließ auch Schmeling Berlin.

Am Sachsenplatz und in Saarow-Pieskow ging der Krieg dramatisch zu Ende. Henny Porten wohnte zum Beispiel mit ihrem Mann, dem jüdischen Arzt Friedrich von Kaufmann, der ihretwegen Filmproduzent in Berlin wurde, am Sachsenplatz. Während des Dritten Reiches hatte sie sich geweigert, ihn zu verlassen, was Goebbels als Voraussetzung für neue Rollen von ihr verlangte. Als die Bomben auf Berlin fielen, durfte Friedrich von Kaufmann, gekennzeichnet mit dem gelben Stern, nicht in den Schutzkeller. Da wurde das Haus bei einem Luftangriff getroffen und der Eingang verschüttet. Alle vierzig Menschen waren gefangen. Friedrich von Kaufmann schaufelte von außen den Eingang frei, holte die Verschütteten heraus und versorgte sie. Danach versteckte er sich wieder.

In Saarow-Pieskow weigerte sich Harry Liedtke, der einst berühmte Schauspieler und frühere Nachbar der Schmelings, seine Villa aufzugeben, auch als die anderen prominenten Anwohner den Kurort längst verlassen hatten. Als die Russen kamen, vergewaltigten sie seine Frau und ermordeten danach beide. Viele Häuser am Ort wurden gebrandschatzt.

Der Krieg ist vorbei

Anny Ondra und Max Schmeling gelangten unversehrt nach Schleswig. Schmeling besaß sogar sein Auto noch. Sie erreichten telefonisch John Jahr auf Sylt und holten ihn dort ab. Im von den Engländern besetzten Hamburg beschlossen Max Schmeling, John Jahr und Axel Springer die Gründung eines Verlags. Doch die Engländer hatten Max Schmeling ins Visier genommen. Zunächst versuchten sie ihn wegen einer angeblichen Falschaussage gegenüber einem Mitglied der Militärregierung zu belangen. Das klappte nicht, doch dann bebaute Schmeling, der zunächst mit seiner Frau in die Blumenstraße gezogen war, gemeinsam mit John Jahr ein Doppelgrundstück im Maienweg an der Alsterkrugchaussee und vergaß dabei, eine Genehmigung einzuholen. Jetzt hatten ihn die Engländer. Sie verurteilten ihn zu drei Monaten Gefängnis und zu 10 000 Mark Geldstrafe. Er saß die drei Monate bis auf den letzten Tag in Fuhlsbüttel ab. Späteren Interviews kann man entnehmen, daß er das den Engländern nie verziehen hat. Eine trostreiche Entdeckung für jeden konventionell rachsüchtigen Menschen, mußte man doch nach Schmelings großherzigem Verhalten Joe Louis gegenüber fast annehmen, er habe aber auch wirklich alles verzeihen können.

Doch gleich geschah etwas, was ihm wieder Anlaß hätte geben können, auf einige Leute zornig zu werden: Als er zur Feier seiner Entlassung mit Anny Ondra in den Zirkus ging, ließ der Direktor die Scheinwerfer auf den immer noch populären Gast richten. Jubel brandete auf. Darin sahen die Engländer gleich wieder eine Demonstration für das »Boxidol des Dritten Reiches« und teilten den drei Verlagsaspiranten mit, die Genehmigung werde solange nicht erteilt, wie Schmeling am Projekt beteiligt sei. Schmeling war draußen. Und auch später kam er nicht wieder dazu, obwohl Schmeling, wie Freunde von ihm bezeugen, noch darauf gehofft hatte. Das ganz große Herz eines Boxers war dringender denn je gefragt, und Schmeling hat über seine beiden Ex-Kompagnons nie ein böses Wort verloren. In der Verfilmung von Axel Springers Leben unter der Regie von Bernd Böhlich wurde auf Rat der Anwälte der Part Schmelings in Springers Biographie umgeschrieben, aus dem Boxer wurde ein Fußballer.

Obwohl Schmeling nach dem Krieg nicht ganz so mittellos war, wie er es gern darstellte – der zerbombte Hausbesitz in Hamburg brachte natürlich zunächst keine Einnahmen –, so mußte er sich doch etwas Neues suchen. Er ärgerte sich über das verlorene Jahr. »Ich hatte in der Stunde Null einer der Ersten sein wollen und war jetzt, ein Jahr später, keinen Schritt weiter.« Schmeling haderte mit seinem Schicksal: Er, der den Ehrendolch der SA abgelehnt hatte, wie vorsichtig auch immer er sich bei dieser Zurückweisung verhalten haben mochte, wurde vom Ausland nach wie vor als Repräsentant Hitlerdeutschlands angesehen.

Schmelings lebten von der Hand in den Mund, und Anny Ondra konnte ihren Mann nur mit Mühe davon abhalten, die massiv goldene Ehrenplakette der Steuben-Gesellschaft in Chicago zu verkaufen, die auf der ganzen Welt nur sechs Personen verliehen worden war. Jemand fragte ihn dann, ob er nicht Ringrichter sein wolle, und Max Schmeling machte sich auf nach Berlin, wo gerade ein neues Boxmekka entstand. Er traf Max Machon und faßte spontan einen scheinbar verrückten Entschluß: Er wollte wieder boxen. Er war einundvierzig Jahre alt und trainierte ein Jahr lang verbissen. 1947 und 1948 bestritt Max Schmeling dann tatsächlich seine fünf letzten Kämpfe, von denen er drei gewann und zwei verlor. Die drei erfolgreichen gewann er durch K. o.

Am 28. September 1947 boxte er gegen Werner Vollmer im Frankfurter Waldstadion. Tausende von GIs brachten ihm ein Geburtstagsständchen, und schon in der ersten Runde riß eine seiner gefürchteten schweren Rechten Vollmer von den Beinen. In der siebten Runde wurde er ausgezählt. Der Boxexperte Alfred Eggert schrieb einen Artikel, der sich geradezu wie eine Hymne auf den alten Kämpfer liest. Doch Schmeling war kritischer als alle anderen: Er machte sich als einziger keine Illusionen darüber, daß seine Reaktionen um Bruchteile von Sekunden langsamer kamen, als sie hätten kommen dürfen. »Ich hatte zwar über meinen Gegner triumphiert, aber nicht über meine Jahre.« Nach vier weiteren Kämpfen zog er sich zurück. Sein Ziel hatte er erreicht. Er hatte genug Geld verdient, um sich in Hollenstedt bei Hamburg ein Stück Land und ein Haus kaufen zu können. Dorthin zogen Anny Ondra und Max Schmeling 1949. Und auch sein zweites Ziel hatte er nicht aus den Augen verloren: Er war wieder im Gespräch. Niemand sollte vergessen, daß er der einzige deutsche Boxweltmeister war.

Hollenstedt

Hollenstedt wurde Zuflucht, neue Heimat, Hühnerfarm und Nerzzucht. In alten Wochenschauen sieht man Anny Ondra tapfer Eierkisten schleppen und sich aus der Schar der freilaufenden Hühner ohne jede Scheu lachend eines herausfangen. Sie verkauften die Eier, und so konnte man in den fünfziger Jahren Max-Schmeling-Eierlikör kaufen. Die Nerzfarm betrieb Max Schmeling mit großem Ernst. Er hospitierte einige Zeit bei einem amerikanischen Farmer, wälzte Fachliteratur und züchtete als erster in Deutschland bunte Nerze, für die er prompt sechs erste Preise bei der Bundes-Pelztierschau einheimsen konnte. Eine Hamburger Freundin von Anny Ondra erinnert sich, daß Anny Ondra vor allem auf große und saubere Käfige bei der Haltung der Tiere achtete, am Ende aber sehr erleichtert war, als sie beschlossen, die Nerzzucht aufzugeben; für ihre Tierliebe war sie eine immer größere Zumutung geworden. Auch der Tabakanbau auf immerhin sechs Hektar wurde mit Ehrgeiz betrieben. Und wieder existieren Wochenschaubilder – das Interesse der Deutschen an diesem Traumpaar erlosch nie. Anny Ondra hüpfte perfekt frisiert und mit schicken Ohrringen in Bermudashorts zwischen den Tabakarbeitern umher, doch ihre Hamburger Freunde versichern, das sei keine Show gewesen; sie sei mit den Hühnern aufgestanden und habe hart gearbeitet.

Max Schmeling ließ sich immer wieder als Ringrichter engagieren, und die Filmdokumente, die davon existieren, zeigen einen kräftig gewordenen Herrn, der mit verblüffendem Temperament und großer Entschlossenheit zwischen die Kämpfer geht. Nichts von der Gemächlichkeit und Besonnenheit, die er sonst in Interviews dieser Zeit ausstrahlt.

Zu Anny Ondra drang noch einmal ein Regisseur vor, Akos von Rathony. Warum drehte sie ausgerechnet mit ihm? Der sei ein netter Kerl gewesen, versichert Hardy Krüger, der ebenfalls dabei war, kein Genie, aber auch kein schlechter Regisseur. »Und Anny Ondra war eine sehr freundlich gesonnene Kollegin, die mich als jungen Schauspieler sehr nett behandelt hat. Aber sie hat sich immer damenhaft entfernt gehalten.« Bewegt hat ihn ihre »unglaublich enge Beziehung zu Max Schmeling«, der seine Frau regelmäßig in den Drehpausen besuchte. Sonja Ziemann, die die jugendliche Hauptrolle spielte, glaubt, Anny Ondra habe bei *Schön muß man sein* nur deswegen zugesagt, weil in Hamburg gedreht wurde und sie bei Max Schmeling bleiben konnte. Die Schauspielerin erinnert sich an ein gefühlvolles Gespräch mit Anny Ondra im Café L'Arronge: »Sie sprach so entzückend von Max Schmeling, daß ihr die Tränen kamen.« Sonja Ziemann besuchte die beiden auch in Hollenstedt und wurde Zeugin der harten Arbeit, die sie dort leisteten.

Schön muß man sein war ein eher belangloser Film, der an die harmlosen Komödien der Vorkriegszeit anzuknüpfen suchte. Anny Ondra ist die alternde Diva Rose de Lila, der eine junge ehrgeizige Sängerin die Hauptrolle in einer Revue abjagt. Zu Anny Ondra fiel dem Regisseur erkennbar nichts Neues ein. Es kommt sogar zum Finale mit zwei konkurrierenden Frauen auf der Bühne, wie Anny Ondra es von *Kiki* kannte. Aber diesmal war sie diejenige, die schlechter dastand. Und wieder einmal ließ sie – im Film – einen Scherz auf ihre Kosten zugunsten Max Schmelings zu. Ein kleiner Junge bittet die Diva um ein Autogramm und noch eins und noch eins … »Warum drei?« »Die tauschen wir in der Schule wie Briefmarken. Drei Rose de Lilas gegen einen Max Schmeling!« Gleich danach baut Madame de Lila – ganz Frau am Steuer – einen törichten Unfall beim Ausparken und weist die Frage eines Polizisten nach ihren Papieren weit von sich: »Aber Herr Polizist, Sie glauben doch nicht, daß mir irgendjemand einen Führerschein gibt?!«

Das also war der Film, in den sie so große Hoffnungen gesetzt hatte. »Eine Frau, die so viel gefilmt hat wie ich, hängt doch mit ganzer Seele daran!« erklärte sie nach den Dreharbeiten. »Jetzt, da ich weiß, daß ich hier schon einmal ein paar Wochen entbehrlich bin, werde ich beim Filmen wieder die ganze Welt vergessen und nur noch sein, was ich darzustellen habe!« Gerne fährt sie nach Berlin zur Premiere, um den Presserummel mitzumachen. Doch sie ist skeptisch: Vielleicht werde es ja wieder zehn Jahre dauern, bis man sie zum Film hole? »Und dann werde ich vielleicht als Nachfolgerin der Sandrock eine neue Karriere machen?!« Aber es kam keiner mehr nach Hollenstedt, der sie hervorlocken konnte. Nicht einmal Hitchcock schaffte das, obwohl er regelmäßig bei Deutschlandbesuchen auch Anny Ondra seine Aufwartung machte. Oder kam er nur als Freund und machte gar keine Angebote mehr?

Eine Ironie des Schicksals war es wohl, daß Max Schmelings Karriere als Schauspieler länger dauerte als die von Anny Ondra. 1953 spielte er ein letztes Mal in einem Spielfilm, wenn auch nur sich selbst. *Keine Angst vor großen Tieren* mit Heinz Rühmann in der Hauptrolle zeigte den ehemaligen Boxweltmeister als Zuschauer in einem Zirkus.

Und dann kam Karel Lamač wieder. Das Kriegsende hatte er in London erlebt, wo während der deutschen Bombenangriffe auch das Haus getroffen wurde, in dem er lebte. Die Bombe riß das halbe Haus weg, doch den erschöpft schlafenden Lamač weckte erst am nächsten Tag die Feuerwehr. Anfang 1952 schloß er in Hamburg mit der Pontus-Film einen neuen Vertrag über mehrere neue Filme. Seit fünf Jahren hatte er überhaupt nicht mehr gedreht. Sein letzter Film war *Eine Nacht im Tabarin* gewesen, den er 1947 in Frankreich gedreht hatte. Dann war Lamač nach Amerika ausgewandert, hatte sich dort auf seine technische Begabung besonnen und vor allem auf diesem Gebiet weiterexperimentiert. Otto Heller war in Amerika geblieben und wurde in Hollywood äußerst erfolgreich. Er starb dort erst 1970 mit vierundsiebzig Jahren.

Für Karel Lamač sollte *Die Diebin von Bagdad* mit Sonja Ziemann in der Titelrolle ein Neuanfang werden. Er besuchte sofort Anny Ondra und Max Schmeling in Hollenstedt. Die Freude über das Wiedersehen war groß. Sie hatten überlebt. Lamač bewunderte die Nerzfelle.

In der Hamburger Clique der Stammgäste vom Café L'Arronge

fühlte er sich bald zu Hause. Gisela L'Arronge, die Frau des Besitzers Paul, eine gute und hilfsbereite Freundin der Schmelings, fuhr ständig Freunde und Besucher zwischen Hamburg und Hollenstedt hin und her. Auch Lamač wurde von ihr gefahren. Im April 1952 hatte *Die Diebin von Bagdad* Premiere. Die Kritiken waren schlecht, doch man lastete die mangelnde Qualität vor allem dem Skript und der Idee von Gustav Kampendonk an. Anny Ondra und Max Schmeling fuhren in die Steiermark, wo sie die Nachricht von Karel Lamačs Tod erreichte; er war am 2. August 1952 gestorben. Sie fuhren sofort zurück und kamen gerade noch rechtzeitig zur Beerdigung. Im Nationalen Filmarchiv in Prag findet sich ein Kondolenzbrief Anny Ondras an Verwandte Lamačs in Prag:

»/.../mich hat es furchtbar schwer getroffen, ich kann immer noch nicht darüber hinwegkommen, Karl war doch noch so jung, so voller Arbeitslust, voller Humor, er wollte noch so viel Schönes schaffen, ich kann es einfach nicht fassen, daß er nicht mehr da ist. Als er aus Amerika hier eintraf, hatte er gerade eine schwere Nierenerkrankung überstanden, er sah sehr krank aus, ich bekam einen Schreck, als ich ihn nach soviel Jahren wiedersah. Er blieb bei uns, der Arzt kam jeden Tag und bald hatte er sich so gut erholt, daß er einen Film machen konnte.«

Nach Fertigstellung des Films war Lamač in ein Sanatorium am Bodensee gegangen, doch Anny Ondra war entsetzt, als sie ihn danach wiedersah. Er hatte vierzig Pfund abgenommen, und war nur noch ein Schatten seiner selbst.

»Wir trafen uns in Hamburg und ich bat ihn, sich zu schonen. Er wollte noch nach Berlin fliegen, versprach mir aber gleich danach wieder zu uns aufs Land zu ziehen und da in Ruhe den nächsten Film vorzubereiten.«

Hat Lamač also doch vor und nach seinem ersten und letzten bundesdeutschen Film bei Schmelings gewohnt? Die Freunde von damals verneinen das; vielleicht meint Anny Ondra auch ein Hotel im nahegelegenen Harburg, vielleicht aber doch das Gästehaus, wenn sie nach Prag berichtet: »bei uns«. Vielleicht aber hätte man in Prag einfach nicht verstanden, weshalb ein so guter alter Freund nicht Logiergast werden konnte und im Hotel einquartiert wurde, und sie blieb deshalb absichtlich diffus. Schmeling verschweigt in seinen *Erinnerungen* jede Begegnung mit Karel Lamač nach dem Krieg.

Anny Ondra und Max Schmeling galten nach wie vor als das Vorzeigepaar unter deutschen Ehepaaren. Für Peter Frankenfeld wurden sie Maskottchen des Glücks, als er im Juni 1956 Lonny Kellner heiratete und die Schmelings als Trauzeugen lud. »Wir hatten Max und Anny um diesen Dienst gebeten: wer hätte uns bessere Ehetips geben können?«

1957 hatte die rustikale Maloche ein unerwartet gutes Ende. Schluß mit Hühnern und Nerzen. Schmeling traf James Farley wieder, der damals als Wahlkampfmanager Franklin D. Roosevelt in Schmelings amerikanisches Trainingscamp bugsiert hatte. Von 1933 bis 1940 war er Postminister; Schmeling hatte nie versäumt, den Philatelisten mit Briefmarken zu versorgen. Doch als Farley Roosevelt, der seine eigenen Ansprüche auf eine dritte Amtsperiode noch nicht öffentlich gemacht hatte, 1940 seine Ambitionen auf das Präsidentenamt anvertraut hatte, warf der den Kopf in den Nacken und lachte herzhaft. Farley ging in die Wirtschaft.

Als Schmeling ihn wiedertraf, war er Chef von Coca-Cola und kam mit dem deutschen Boxer ins Geschäft: Schmeling wurde Chef von Coca-Cola in Norddeutschland. Das war wie eine Lizenz zum Gelddrucken.

Die Schmelings feierten das auf ihre Weise: Helmut Käutner gelang es, die beiden, wenn auch nur in ihrer offenbar schönsten Rolle als Ehepaar Schmeling, vor die Kamera zu lotsen. In die *Züricher Verlobung* von 1957 hocken sie etwas verloren auf einem Sofa herum, während zwischen Lilo Pulver und Bernhard Wicki die Funken zu sprühen beginnen.

Ihrer eigenen Heirat gewannen sie ein Jahr später mit einer feierlichen Wiederholung des Eheversprechens neues Feuer ab: Zur Silberhochzeit reisten sie nach Winterthur zu Pastor Kurt Lang, der sie 1933 getraut hatte, und feierten in dessen kleiner Kirche. Bei Pastor Lang zu Hause setzten sie das Fest fort. Dort fand es Max Schmeling noch feierlicher, denn die Tür zum Nebenzimmer ging auf und ein Mädchenchor sang.

Anny Ondra war sechsundfünfzig Jahre alt und brauchte nicht mehr mit den Hühnern aufzustehen, tat es aber trotzdem und ging auch mit ihnen zu Bett. Schmeling war nach wie vor selbstverständlich bei den Reichen und Schönen zu Gast – Kristina Söderbaum traf ihn viele Jahre nach dem Krieg bei Annmarie von Bismarck in Friedrichsruh wieder –, sorgte dafür, daß man ihn immer wieder in seiner Abfüllanlage besuchte und fotografierte, und gab jedem die Homestory, die er verdiente. Er pflegte seine Kontakte zu Wirtschaftsbossen und Prominenten und ging im Hause Burda ein und aus. Aenne Burda bekannte sich schon immer und auch öffentlich zu ihrer Lust an der Macht: »Man muß net über Leichen gehen, aber man muß ziemlich rücksichtslos sein, wenn man seinen Weg gehen und Erfolg haben will. /.../ Und ich sag' Ihnen ehrlich, wenn ich einen kaputtmachen konnte, dann war ich glücklich und selig.« Schmeling konnte das nachempfinden. Gesagt hätte er so etwas nie.

Kein Politiker, der sich nicht mit ihm hätte fotografieren lassen. Die Scharte mit Hindenburg wetzten sie alle bereitwillig aus, von Heinrich Lübke bis Helmut Schmidt. Schmeling war immer dabei, und schon lange vor 1995 war sein Lächeln in der Öffentlichkeit »absichtslos freundlich«, wie es Hanns-Bruno Kammertöns beschrieb, und sein Selbstbewußtsein unangreifbar: Er mußte niemandem mehr irgend etwas beweisen. Und es war ihm eigentlich egal, wer neben ihm stand. Glaubwürdig war daher seine Gefaßtheit, als ihm der Hamburger Senat die Ehrenbürgerschaft zu seinem 95. Geburtstag im Herbst 2000 nicht geben wollte. So wurde Siegfried Lenz Ehrenbürger, der Schriftsteller, der sich zu Schmelings Freude so anerkennend zu Schmelings *Erinnerungen* geäußert hatte – Ludwig Maibohm sei Dank.

Überraschend dagegen mutet Max Schmelings völliges Desinteresse an der Kunst nach dem Ende seiner Boxkarriere an. Fragt man nach Kunstwerken in seinem Hollenstedter Haus, nach Kontakten zu Malern und Bildhauern, deren Freundschaft er sich einmal so gerühmt hatte und deren Respekt ihm so wichtig gewesen zu sein schien, geraten seine Freunde in ratloses Grübeln. Sobald ihm die Vertreter der Schönen Künste gesellschaftlich nicht mehr nützten, gerieten sie dem sich einst so leidenschaftlich als Kunstliebhaber gebärdenden Athleten offenbar völlig aus dem Sinn.

Max Schmeling reiste weiter alleine durch die Welt, wie er es immer getan hatte, und wie stets machte sich Anny Ondra große Sorgen. Deshalb sagte er ihr oft gar nicht, wohin er eigentlich fuhr. Als er sie einmal von Australien aus anrief, gestand er ihr nicht, daß er gleich nach China weiterfliegen würde. Naturgemäß steigerte sich ihre Ängstlichkeit, nachdem in Max Schmelings Abwesenheit ein nächtlicher Einbrecher ins Haus eingedrungen war. Für eine kurze Weile verzichtete sie auf ihr luxuriöses Schlafzimmer – das von Max Schmeling war klein und spartanisch – und zog in den Hollenstedter Hof.

Ihr habe es nichts ausgemacht, hinter Schmeling in der zweiten Reihe zu stehen, versichern alle Freunde. Denn das tat sie, und Max Schmeling trug nicht dazu bei, sie nach vorne zu holen. Seine Popularität blieb ungebrochen. Charisma, Ausstrahlung, das gewisse Etwas – und dennoch ein Rätsel. Hans-Joachim Leyenberg vermutet, Schmelings Art, mit ausgestreckten Händen auf seine Mitmenschen zuzugehen, habe Generationen dazu bewogen, ihn auf Händen zu tragen.

Von Festivitäten – das Ehepaar Schmeling war in den fünfziger Jahren von keinem Sportler- oder Filmball wegzudenken – zog sich Anny Ondra oft früher als ihr Mann ins Hotel zurück, um ihn und besonders gute Freunde morgens, gutgelaunt im Bett sitzend und einen Apfel essend, neugierig und begeisterungsfähig wie ein Kind auszufragen: »Wie war's?« Als sie älter wurde, stellte sie jedoch immer häufiger nach solchen Einladungen fest: »Das war aber jetzt wirklich das letzte Mal!« Für jeden großen

Auftritt kaufte sie glücklich ein neues Kleid; Heinz Schulze-Varell, der ehemalige Kostümchef der Ufa, war ihr Lieblingsschneider. Auch sie war eine treue Seele wie Max Schmeling, der ein Leben lang bei derselben Automarke blieb, weil ihm die entsprechende Firma einmal geholfen hatte.

Anny Ondras Hamburger Freunde liebten ihre freundliche und naive Art, ihre arglose Liebenswürdigkeit und neckten die große Komikerin mit ihrer Begriffsstutzigkeit, was Witze betraf: »Anny lacht immer erst am nächsten Tag«, sagten sie. Vor ihrem Gesundheitswahn, der zum Abendessen oft nur ein Blatt Salat und einen Apfel vorsah, floh Schmeling in reiner Notwehr ab und an zu Sülzkotelett und Bratkartoffeln bei seinen Skatbrüdern. Doch eigentlich war sie eine phantastische Köchin nicht nur böhmischer Rezepte. Fasan war ihre Spezialität.

Sie blieb rank und schlank ihr Leben lang. Auf dem kleinen Teich im Hollenstedter Anwesen lief sie im Winter Schlittschuh, so lange es nur ging, und radelte durch den Wald. Ihr Garten war ihre Leidenschaft, rein biologischer Anbau immer schon selbstverständlich. Sie blieb schön – und auf sympathische Weise eitel. Wenn sie Max Schmeling nach Hamburg begleitete und ihre Besorgungen machte, während er ins Büro fuhr, wartete sie anschließend im Café L'Arronge auf ihn, damals *dem* In-Treffpunkt der Hamburger. Paul L'Arronge ließ seinem Stammgast Lesestoff bringen und kam später wieder. »Na, Annylein, alles in Ordnung?« Aber ja, sie lese ja! Wortlos drehte ihr Paul L'Arronge die Zeitung richtig herum. Eine Brille wollte Anny Ondra in der Öffentlichkeit keinesfalls tragen … Winnie Markus bestätigt, daß Anny Ondra, Pragerin wie sie selbst, ihren Mann zu den berühmten Jagdfesten auf Schloß Fuschl gerne begleitete. Dem eigentlichen Jagen blieb sie dort genauso konsequent fern wie früher den Boxkämpfen Schmelings. In Hollenstedt hatte sie sich beim trauten Zusammensein mit ihrem Mann auf dem Hochsitz einmal in einen besonders schönen Bock verguckt. »Den schießt du aber nicht!« beschwor sie Max. Der hatte lange ein schlechtes Gewissen, weil er sich den Schuß eines Tages doch nicht mehr versagen konnte.

1978 wurde der Kampf zwischen Schmeling und Louis von 1938 zum Mittelpunkt des Fernsehfilms *Ring of Passion* gemacht. Stephen Macht spielte Schmeling, Britt Ekland war Anny Ondra, und Bernie Casey gab Joe Louis unter der Regie von Robert Michael Lewis. Im wirklichen Leben hatte Schmeling Joe Louis gleich bei seiner ersten Nachkriegsreise in Chicago besucht und sich mit ihm ausgesprochen. Im Gegenzug besuchte Joe Louis die Schmelings in Hollenstedt. Einmal rutschte der Offizierstochter ein Rüffel für Louis' Tischmanieren heraus: »Den brauchst du nicht mehr mitzubringen! Der schmatzt!« sagte sie pikiert zu ihrem Mann. Schmeling lachte. Anny Ondra hatte recht: Es war unmöglich, mit Max Schmeling zu streiten. Angesichts von Honeymoonern schrieb Theodor Fontane einmal in einem Brief an seine Frau, »immer Küssen geht über die menschliche Kraft«. Immer Harmonie im Normalfall auch. Es schien, als hätten Anny Ondra und Max Schmeling beschlossen, mit ihrer Ehe den Gegenbeweis anzutreten.

Als die L'Arronges ihr Café 1970 aufgaben, verlor nicht nur Max Schmeling seinen Stammtisch, sondern vor allem auch Anny Ondra. Sie ging immer seltener aus, fuhr aber bis ins hohe Alter mit ihrem kleinen Auto die wenigen Kilometer vom Gut nach Hollenstedt zum Einkaufen. Einmal rollte der Wagen auf sie zurück, und sie, die gerade das Tor schließen wollte, blieb stundenlang hilflos eingeklemmt; der Preis des einsamen Wohnens auf einem riesigen Grundstück mitten im Wald. Als auch ihre Einkäufe aufhörten, machten sich freundliche Nachbarn Sorgen um die gut Achtzigjährige: »Anny« solle mal rausgehen »wie der Max«, empfahl noch 1985 eine benachbarte Gärtnerin, als Hans-Joachim Leyenberg der diskreten Nachbarschaft Details über das zurückgezogene Leben des Paares zu entlocken suchte. Doch Max Schmeling machte sich tatsächlich Gedanken: Anny fühle sich immer so müde, erzählte er Freunden traurig.

Am 28. Februar 1987 starb Anny Ondra zu Hause in Hollenstedt.

Max Schmeling und seinen engsten Vertrauten gelang es, die Nachricht von ihrem Tod bis nach der Beerdigung zurückzuhalten, und so gaben ihr auf dem Hollenstedter Friedhof nur Max Schmeling und eine Handvoll Vertrauter das letzte Geleit.

Im April 1993 gab Max Schmeling sein offiziell letztes Interview. Die Ärzte hatten ihm dazu geraten. Doch 1995 zu seinem neunzigsten Geburtstag ließ er doch noch einmal ein paar Besucher in sein Büro in der Wandsbeker Straße. Dort erzählte er ausführlich von den Wohltaten seiner Stiftung, von all den Pastoren, Gemeinden, Behinderten, in Not geratenen Boxern und Sportjournalisten. Er wollte nicht, daß es ausposaunt wurde, und erzählte es dennoch bereitwillig, wunderte sich nicht nur Leyenberg.

Bis etwa Anfang 1999 fuhr Max Schmeling wie zu Anny Ondras Zeiten jeden Tag in seine Firma nach Hamburg und kümmerte sich weiter persönlich um seine Stiftung, bewußt unter Verzicht auf andere Spender. Er will sich von niemandem hineinreden lassen. Sein und Anny Ondras Erbe ist den SOS-Kinderdörfern zugedacht. Das haben seine Frau und er schon vor langer Zeit so beschlossen. Die Stiftung trägt dennoch nur den Namen des Boxers allein. 1999 nahm Schmeling in seinem Haus von Henry Maske den Milleniumsbambi entgegen und wurde während der Zuspielung vom Bambipublikum mit stehenden Ovationen gefeiert.

Anny Ondras Lieblingsmärchen war *Fliedermütterchen* von Hans Christian Andersen. Ein verwinkeltes Märchen, gesponnen um ein altes Paar, das auf einer Bank unter einem herrlich blühenden Fliederbaum sitzt. »Es war ein alter, alter Seemann und seine alte, alte Frau; sie/.../sollten bald ihre goldene Hochzeit feiern, aber sie konnten sich des Datums nicht recht entsinnen.« Oft mußte der alte Seemann fortsegeln,

»›viele Jahre, weit fort, auf langen Reisen!‹ ›Ja, ich habe oft um dich geweint‹, sagte sie. ›/.../Manche Nacht stand ich auf und sah, ob die Wetterfahne sich drehte; ja, sie drehte sich wohl, aber du kamst nicht!‹«

Der Knabe, dem dieses Märchen im Märchen erzählt wird, ist unzufrieden. »Aus der Wirklichkeit wächst gerade das wundersamste Märchen«, tadelt ihn das Fliedermütterchen freundlich und läßt auch den Knaben ins Schlafen und Träumen geraten, fliegt mit ihm um die Welt und führt ihm ein blondes Mädchen zu, das gerade wie die beiden Alten vom Anfang nun am Ende des Märchens mit ihm alt und grau geworden auf einer Bank sitzt. Falls sich Anny Ondra im Alter noch dieser Geschichte entsonnen haben sollte, glaubte sie gewiß, mit Max Schmeling solches Märchenglück gelebt zu haben.

Dank

Für wertvolle Anregungen, Hintergrundinformationen und Gespräche danke ich Hardy Krüger, Brigitte Maibohm, Winnie Markus, Gitta und Sepp Scherbauer, Dr. Claudia Schmölders, Fritz Seltmann, Hans-Jürgen Virnich, Harry Valérien, Herbert Woltmann und Sonja Ziemann, vor allem aber auch Vladimír Opěla, dem Leiter des Nationalen Filmarchivs in Prag, und seinen Mitarbeiterinnen, dem Deutschen Filminstitut in Frankfurt und in Wiesbaden, der Friedrich-Wilhelm-Murnau-Stiftung in Wiesbaden, dem Bundesarchiv-Filmarchiv in Berlin, Dr. Reinhold Ferdinand und dem Zweiten Deutschen Fernsehen, Andreas Mittrenga und KirchMedia, Uwe Schmidt vom Verlag Kettermann + Schmidt für die Vorabüberlassung des Lamač-Kapitels aus Lída Baarovás »Die süße Bitterkeit des Lebens«, dem British Film Institute, der Cinémathèque française und dem CineGraph in Hamburg.

Literatur

Andersen, Hans Christian: Sämtliche Märchen und Geschichten. Band I. Hanau 1984

Baarová, Lída: »Die süße Bitterkeit des Lebens«. Memoiren eines Ufa-Stars. Herausgegeben von Richard Kettermann und Uwe Schmidt. Koblenz 2001

Baarová, Lída: Uteky. Toronto 1983

Baarová, Lída: Zivota sladké horkosti. Ostrau 1992

Bak, Richard: Joe Louis. The Great Black Hope. Dallas 1998 (Dallas 1996)

Bathrick, David: Max Schmeling on the Canvas. Boxing as an Icon of Weimar Culture. In: *New German Critique*, Nr. 51, 1990

Baum, Vicki: Es war alles ganz anders. Erinnerungen. Köln 1987 (Frankfurt a. M. 1962)

Birdwell, Michael E.: Das andere Hollywood der dreißiger Jahre. Die Kampagne der Warner Bros. gegen die Nazis. Hamburg/Wien 2000 (New York 1999)

Bitterling, Kathrin: Aenne Burda. Mode für Millionen. Dokumentarfilm, NDR 1999

Blumenberg, Hans-Christoph: Beim nächsten Kuß knall' ich ihn nieder! Die erstaunliche Lebensgeschichte des deutschen Schauspielers und Regisseurs Reinhold Schünzel. In: *Focus*, Nr. 44–46, 1994

Blumenberg, Hans-Christoph: In meinem Herzen, Schatz ... Die Lebensreise des Schauspielers und Sängers Hans Albers. Frankfurt a. M. 1991

Bogdanovich, Peter: Who the Devil Made It. New York 1997

Brecht, Bert: Der Kinnhaken und andere Box- und Sportgeschichten. Herausgegeben von Günter Berg. Frankfurt a. M. 1995

Brownlow, Kevin: Mary Pickford Rediscovered: Rare Pictures of a Hollywood Legend. New York 1999

Carpentier, Georges: Meine Methode des Boxens. In: Drews (1996), S. 147 ff.

Charlier, Jean-Michel und Jacques de Launay: Eva Hitler geb. Braun.

Die führenden Frauen des Dritten Reiches. Stuttgart 1979 (Paris 1978)
Cohen, Paula Marantz: Alfred Hitchcock: The Legacy of Victorianism. Lexington 1995
Czech Feature Film. Band I: 1898–1930. Herausgegeben vom Nationalen Filmarchiv Prag. Prag 1995
Czech Feature Film. Band II: 1930–1945. Herausgegeben vom Nationalen Filmarchiv Prag, Prag 1998
Cziffra, Géza von: Es war eine rauschende Ballnacht. Eine Sittengeschichte des deutschen Films. München 1985
Cziffra, Géza von: Kauf dir einen bunten Luftballon. Erinnerungen an Götter und Halbgötter. München 1975 (Lizenzausgabe Bergisch-Gladbach o. J.)
Cziffra, Géza von: Ungelogen. Erinnerungen an mein Jahrhundert. Frankfurt a. M. 1989 (Frankfurt a. M. 1988)
Dachs, Robert: Willi Forst. Eine Biographie. Wien 1986
Dal, Güney: Teestunden am Ring. München 1999
Das Ufa-Buch. Kunst und Krisen. Stars und Regisseure. Wirtschaft und Politik. Herausgegeben von Hans-Michael Bock und Michael Töteberg. Frankfurt a. M. 1994 (Frankfurt a. M. 1992)
de Kowa, Victor: Als ich noch Prinz war in Arkadien. Nürnberg 1955
Dempsey, Jack: Round by Round. An Autobiography. New York 1940
Der Querschnitt. Herausgegeben von Alfred Flechtheim. Berlin 1921–1933
Drewniak, Boguslaw: Der deutsche Film 1938–1945. Ein Gesamtüberblick. Düsseldorf 1987
Drews, Tobias (Hg.): Max Schmeling. Stuttgart 1996
Drews, Tobias: Die deutschen Boxstars. Ihr Leben. Ihre Kämpfe. Ihre Siege. Stuttgart 1999
Evangelisches Gesangbuch. Ausgabe für die Evangelisch-Lutherischen Kirchen in Bayern und Thüringen. O. J.
Eyman, Scott: Mary Pickford. America's Sweetheart. New York 1989
Forster, Mathias: Max Schmeling. O. O. 1986
Frankenfeld, Peter: Das war mein Leben. Aufgezeichnet von Lonny Kellner-Frankenfeld. München 1982
Fritz, Walter: Die österreichischen Spielfilme der Stummfilmzeit (1907–1930). Wien 1967

Fritz, Walter: Kino in Österreich 1896–1930. Der Stummfilm. Wien 1981
Fritz, Walter: Kino in Österreich 1929–1945. Der Tonfilm. Wien 1991
Fröhlich, Gustav: Waren das Zeiten. Mein Film-Heldenleben. München 1983 (München 1982)
Gesek, Ludwig: Gestalter der Filmkunst; darin: Graf Sascha Kolowrat, S. 53 ff. Wien 1948
Goebbels, Joseph: Tagebücher. Herausgegeben von Elke Fröhlich. München ab 1987
Grosz, George: Ein kleines Ja und ein großes Nein. Sein Leben von ihm selbst erzählt. Reinbek 1995 (Reinbek 1974)
Hamann, Carl Otto: Ein Leben auf eigene Faust. Hamburg. O. J.
Heesters, Johannes: Ich bin gottseidank nicht mehr jung. Aufgezeichnet von Willibald Eser unter Verwendung von Heesters' Lebensgeschichte »Es kommt auf die Sekunde an«. München 1993
Hellmis, Arno: Max Schmeling. Die Geschichte eines Kämpfers. Berlin 1937
Herzstein, Robert Edwin: Roosevelt and Hitler. Prelude to War. O. O. 1988
Hess, Robert: Sie kommen nie wieder. Die abenteuerliche Geschichte des Boxsports. Frankfurt a. M. 1963
Heydte, Friedrich August Freiherr von der: »Muss ich sterben – will ich fallen ...« Ein ›Zeitzeuge‹ erinnert sich. Berg am See 1987
Horn, Camilla: Verliebt in die Liebe. Erinnerungen. München 1985
Kahn, Roger: A Flame of Pure Fire. Jack Dempsey and the Roaring '20 s. New York 1999
Kammertöns, Hanns-Bruno: Die letzte Instanz. »Ich beweise nichts mehr« – Max Schmeling, Boxweltmeister aller Klassen, wird neunzig. In: *Die Zeit* vom 22. 9. 1995
Karel Lamač – filmový režisér, herec a technik. Prag 1958 (mit herzlichem Dank an Marie Staesche für die Übersetzung)
Kessler, Harry Graf: Tagebücher von 1918 bis 1937. Herausgegeben von Wolfgang Pfeiffer-Belli. Frankfurt a. M. 1961 (Frankfurt a. M. 1996)
Kirst, Hans Hellmut: Heinz Rühmann. Ein biographischer Report. München 1969
Knebworth, Viscount: Boxing. A Guide to Modern Methods. London 1931

Kohr, Knud und Martin Krauss: Kampftage. Die Geschichte des deutschen Berufsboxens. Göttingen 2000

Kohtes, Michael: Boxen. Eine Faustschrift. Frankfurt a. M. 1999

Korte, Helmut: Der Spielfilm und das Ende der Weimarer Republik. Göttingen 1998

Kortner, Fritz: Aller Tage Abend. München 1996 (München 1959)

Kreimeier, Klaus: Die Ufa-Story. Geschichte eines Filmkonzerns. München 1992

Laude, Achim und Wolfgang Bausch: Der Sport-Führer. Die Legende um Carl Diem. Göttingen 2000

LaValley, Albert J.: Focus on Hitchcock. Englewood Cliffs 1972

Leip, Hans: Max und Anny. Die Geschichte zweier Sterne. Der Tatsachen-Roman über Max Schmeling und Anny Ondra. Hamburg 1935

Leip, Hans: Das Tanzrad oder Die Lust und Mühe eines Daseins. Frankfurt a. M. 1979

Leyenberg, Hans-Joachim: Den großen Max hat Schmeling nie herausgekehrt. In: *FAZ* vom 28. 9. 1985

Leyenberg, Hans-Joachim: Mythos ohne Kratzer: Max Schmeling wird 90. In: *FAZ* vom 28. 9. 1995

Liebe, Ulrich: verehrt verfolgt vergessen. Schauspieler als Naziopfer. Weinheim 1997 (Weinheim 1992)

Louis, Joe: Die Geschichte meines Lebens. Schwäbisch-Gmünd o. J. (1951)

McNamee, Laurence F.: A Rare Interview with Max Schmeling. In: Punches on the Page, S. 87 ff.

Meinhardt, Birk: Boxen in Deutschland. Hamburg 1996

Modleski, Tania: Rape vs. Mans/laughter: Blackmail. In: Perspectives on Alfred Hitchcock. Herausgegeben von David Boyd. New York 1995

Moeller, Felix: Der Filmminister. Goebbels und der Film im Dritten Reich. Berlin 1998

Mühl-Benninghaus, Wolfgang: Das Ringen um den Tonfilm. Strategien der Elektro- und der Filmindustrie in den 20er und 30er Jahren. Düsseldorf 1999

Nürnberg, Rolf: Max Schmeling. Die Geschichte einer Karriere. Berlin 1932

Oates, Joyce Carol: Über Boxen. Ein Essay. Zürich 1988 (Ontario 1987)

Punches on the Page: A Boxing Anthology. Herausgegeben von David Rayvern Allen. Edinburgh 1998

Pörtner, Rudolf (Hg.): Mein Elternhaus. Ein deutsches Familienalbum. München 1986 (Düsseldorf 1984); darin Max Schmeling: Eigentlich sollte ich eine Maxi werden

Reuth, Ralf Georg: Goebbels. München 1990

Riess, Curt: Das gab's nur einmal. Die große Zeit des deutschen Films. Band 2. Wien 1977

Riess, Curt: Das war ein Leben! Erinnerungen. Frankfurt a. M. 1977

Ring frei! Ein Lesebuch vom Boxen. Herausgegeben von Manfred Luckas. Stuttgart 1997

Romains, Jules: Donogoo-Tonka oder Die Wunder der Wissenschaft. Eine Filmgeschichte. München 1920

Rothenburg, Walter: Kampf um Meister und Millionen. Bacharach 1949

Rühmann, Heinz: Das war's. Erinnerungen. Frankfurt a. M. 1982

Ryall: Blackmail. London 1993

Sammons, Jeffrey T.: Beyond the Ring. The Role of Boxing in American Society. University of Illinois 1988

Sandrock, Adele: Mein Leben. Ergänzt von Wilhelmine Sandrock. Berlin 1940

Scherbauer, Sepp: Die großen Boxsport-Stars. München 1994

Schloz, Reiner: Faszination Boxen. München 1996

Schmeling, Max: Mein Leben – Meine Kämpfe. Leipzig 1930

Schmeling, Max: 8–9-aus! Stuttgart 1956

Schmeling, Max: Ich boxte mich durchs Leben. Stuttgart 1967

Schmeling, Max: Erinnerungen. Frankfurt 1995 (Frankfurt a. M. 1977)

Scholz, Bubi: Der Weg aus dem Nichts. Frankfurt a. M. 1998 (Frankfurt a. M. 1980)

Sharkey, Jack: Ich bin der wahre Weltmeister. In: Drews (1996), S. 93 ff.

Silver, Eric: Sie waren stille Helden. Frauen und Männer, die Juden vor den Nazis retteten. München 1994 (London 1992)

Söderbaum, Kristina: Nichts bleibt immer so. München 1992 (neu durchgesehene und erweiterte Auflage)

Söhnker, Hans: Kein Tag zuviel. Hamburg 1974

Sohre, Helmut: Bis zur letzten Runde. Schicksale deutscher Faustkämpfer. Berlin 1962

Sterritt, David: The Films of Alfred Hitchcock. Cambridge 1993

Strait, Raymond und Leif Henie: Queen of Ice – Queen of Shadows. The Unsuspected Life of Sonja Henie. Lanham 1990 (New York 1985)

Taylor, John Russell: Hitchcock. Biographie. Frankfurt 1982 (München 1980, englische Originalausgabe o.O. 1978)
Trenker, Luis: Alles gut gegangen. Geschichten aus meinem Leben. München 1965
Truffaut, François: Mr. Hitchcock, wie haben Sie das gemacht? München 1973 (Paris 1966)
Tschechowa, Olga: Ich verschweige nichts! Berchtesgaden 1952
Tschechowa, Olga: Meine Uhren gehen anders. München 1973
Tunys, Ladislav: Otomar Korbelár vzpomíná ... Prag 1999
Ullrich, Luise: Komm auf die Schaukel, Luise. Balance eines Lebens. Frankfurt a. M. 1993 (Frankfurt a. M. 1990)
Wedekind, Frank: Die Büchse der Pandora (1904), zitiert nach der Ausgabe im Aufbau-Verlag, Berlin und Weimar 1969
Wendtland, Karlheinz: Geliebter Kintopp. Sämtliche deutsche Spielfilme von 1929–1945. Neun Bände und Gesamtregister. Berlin 1989–1991
Weston, Stanley: Max war niemals ein Nazi. Nie! In: Drews (1996), S. 124 ff.
Whitfield, Eileen: Pickford. The Woman Who Made Hollywood. Lexington 1997
Witte, Karsten: Lachende Erben, Toller Tag. Filmkomödie im Dritten Reich. Berlin 1995
Witter, Ben: Spaziergänge (XVIII). Mit Schmeling durch die Vergangenheit. In: *Die Zeit* vom 19. Juli 1968
Wondratschek, Wolf: Menschen – Orte – Fäuste. Zürich 1987
Ziemann, Sonja: Ein Morgen gibt es immer. Erinnerungen. München 1998

Personenregister

Bildnachweis

Bundesfilmarchiv, Berlin (Signat. BA-FA P-Lamac, Carl) 4
Deutsches Filminstitut-DIF, Frankfurt 8, 21
dpa, Frankfurt 11
Friedrich-Wilhelm-Murnau-Stiftung, Wiesbaden 5, 6, 9
Národní filmový archiv, Praha 2, 3, 7
Privat 31
Stern, Hamburg 33
Ullstein, Berlin 1, 10, 12, 13, 14, 15, 16, 17, 18, 19, 20, 23, 24, 25, 26, 27, 28, 29, 32, 34, 35

In einzelnen Fällen konnte der Verlag die Rechteinhaber nicht ausfindig machen. Berechtigte Ansprüche werden selbstverständlich abgegolten.